Beck im dtv

# So gründe und führe ich eine GmbH

Beck im dtv

# So gründe und führe ich eine GmbH

## Vorteile nutzen · Risiken vermeiden

Von Dr. Wolfram Waldner, M. A.,
Notar a.D., Lauf a.d. Pegnitz,
Lehrbeauftragter an der Universität Erlangen-Nürnberg,
und Erich Wölfel, Rechtsanwalt, Nürnberg

11., neu bearbeitete Auflage

**www.dtv.de**
**www.beck.de**

**Originalausgabe**

dtv Verlagsgesellschaft mbH & Co. KG,
Tumblingerstraße 21, 80337 München

Druck und Bindung: Druckerei C.H. BECK, Nördlingen
(Adresse der Druckerei: Wilhelmstraße 9, 80801 München)
Satz: ottomedien GmbH, Darmstadt
Umschlaggestaltung: Agentur 42, Bodenheim

chbeck.de/nachhaltig

ISBN 978-3-423-51283-1 (dtv)
ISBN 978-3-406-79754-5 (C. H. Beck)
ISBN 978-3-406-79767-5 (eBook)

# Vorwort

Zielgruppe dieses Ratgebers sind alle, die sich mit dem Gedanken tragen, eine GmbH zu gründen, sich an einer bestehenden GmbH zu beteiligen oder dort das Amt des Geschäftsführers zu übernehmen. Nur die Kenntnis zumindest der Grundlagen des GmbH-Rechts ermöglicht es Ihnen, die Vorteile dieser Gesellschaftsform möglichst effektiv zu nutzen und die Gefahren zu vermeiden, die mit einem Engagement trotz der „beschränkten Haftung“ insbesondere vor Eintragung der Gesellschaft und im Fall einer finanziellen Krise zwangsläufig verbunden sind.

Inzwischen ist auch die ohne Mindestkapital zu gründende Unternehmergesellschaft (UG) als „kleine Schwester“ der GmbH in der Rechtspraxis fest etabliert. Das vorliegende Buch informiert sowohl darüber, was bei der Gründung einer GmbH oder UG zu beachten ist, als auch, was diejenigen beachten müssen, die eine bereits früher gegründete GmbH führen.

Zahlreiche neue Gerichtsentscheidungen – insbesondere zur Einziehung von Geschäftsanteilen und zur Einreichung neuer Gesellschafterlisten, aber auch zu Fragen der Handelsregisteranmeldung und zum Sozialversicherungsrecht – sind in der Neuauflage ebenso berücksichtigt worden, wie die seit 1.8.2022 mögliche – aber in der Praxis bisher kaum genutzte – Möglichkeit der „Online-Gründung“. Da alle Entscheidungen des BGH seit 2000 im Internet kostenlos gelesen und auch heruntergeladen werden können, geben wir für die Leser, denen die juristischen Fachzeitschriften nicht zur Verfügung stehen, bei diesen Entscheidungen außer einer gedruckten Fundstelle auch Datum und Aktenzeichen an, so dass jeder Internetnutzer auf sie zugreifen kann.

Es versteht sich, dass man in einem Buch dieses Zuschnitts nicht auf alle in der Praxis auftretenden Fragen eine Antwort finden wird. Es kann und will auch die Beratung durch den Notar und den Steuerberater im Einzelfall nicht ersetzen. Wir hoffen aber, dass derjenige, der sich mit den in dieser Einführung vermittelten Informationen vertraut gemacht hat, auch dem Beratungsgespräch mit einem Fachmann besser gewachsen sein und mehr Gewinn daraus ziehen wird.

Entsprechend seiner Zielsetzung beschäftigt sich dieser Grundriss ausführlich mit dem, was vor und bei der Gründung einer GmbH zu bedenken ist. Da aber nicht jede GmbH mit Glück am Geschäftsverkehr teilnimmt und deshalb die GmbH in der Krise, die Auflösung und Liquidation in der Rechtspraxis große Bedeutung haben, ist auch diesen Fragen Raum gewidmet.

Die am häufigsten vorkommenden und im Text behandelten Rechtsgeschäfte sind im Formularteil durch Muster der entsprechenden Notarurkunden illustriert. Es versteht sich, dass die dort verwendeten Namen und Handelsregisternummern frei erfunden sind und Ähnlichkeiten mit existierenden Personen oder Gesellschaften rein zufällig wären.

Für Hinweise und Anregungen aus dem Kreis der Benutzer sind wir stets dankbar.

Lauf a.d. Pegnitz/Nürnberg, im Januar 2023 *Wolfram Waldner*
*Erich Wölfel*

# Inhaltsübersicht

# Inhaltsverzeichnis

# Abkürzungsverzeichnis

a.a.O. ................. am angegebenen Ort
a.F. ..................... alte Fassung
AFG ................... Arbeitsförderungsgesetz
AG ..................... Aktiengesellschaft
AktG .................. Aktiengesetz
AnfG .................. Gesetz über die Anfechtung von Rechtshandlungen eines Schuldners außerhalb des Insolvenzverfahrens
Anm. ................. Anmerkung
AO ..................... Abgabenordnung
ArbGG ............... Arbeitsgerichtsgesetz
AÜG .................. Arbeitnehmerüberlassungsgesetz
AuslG ................. Ausländergesetz
BAG ................... Bundesarbeitsgericht
BayObLG ........... Bayerisches Oberstes Landesgericht
BetrAVG ............ Betriebsrentengesetz
BeurkG .............. Beurkundungsgesetz
BFH ................... Bundesfinanzhof
BFH/NV ............ Sammlung der Entscheidungen des Bundesfinanzhofs
BGB ................... Bürgerliches Gesetzbuch
BGBl. ................. Bundesgesetzblatt
BGH .................. Bundesgerichtshof
BMF .................. Bundesministerium der Finanzen
BSG ................... Bundessozialgericht
BStBl. ................. Bundessteuerblatt
BZRG ................. Bundeszentralregistergesetz
DB ..................... Der Betrieb (Zeitschrift)
d.h. .................... das heißt
EFG ................... Entscheidungen der Finanzgerichte
EGBGB .............. Einführungsgesetz zum Bürgerlichen Gesetzbuch
EStDV ............... Einkommensteuer-Durchführungsverordnung

| | |
|---|---|
| EStG .................. | Einkommensteuergesetz |
| EU ..................... | Europäische Union |
| EuGH ............... | Europäischer Gerichtshof |
| EWR .................. | Europäischer Wirtschaftsraum |
| FamFG .............. | Gesetz über das Verfahren in Familiensachen und in den Angelegenheiten der freiwilligen Gerichtsbarkeit |
| FG ..................... | Finanzgericht |
| FGPrax .............. | Praxis der Freiwilligen Gerichtsbarkeit (Zeitschrift) |
| GastG ................ | Gaststättengesetz |
| GbR ................... | Gesellschaft des bürgerlichen Rechts |
| GesLV ................ | Verordnung über die Ausgestaltung der Gesellschafterliste |
| GewO ............... | Gewerbeordnung |
| GewStG ............. | Gewerbesteuergesetz |
| GmbH ............... | Gesellschaft mit beschränkter Haftung |
| GmbHG ............ | GmbH-Gesetz |
| GmbHR ............ | GmbH-Rundschau (Zeitschrift) |
| GNotKG ............ | Gerichts- und Notarkostengesetz |
| GrEStG ............. | Grunderwerbsteuergesetz |
| GüKG ............... | Güterkraftverkehrsgesetz |
| HwO ................. | Handwerksordnung |
| HGB .................. | Handelsgesetzbuch |
| h.M. ................... | herrschende Meinung |
| HRA .................. | Handelsregister Abteilung A |
| HRB .................. | Handelsregister Abteilung B |
| HRV .................. | Handelsregisterverordnung |
| i.d.F. .................. | in der Fassung |
| IHK ................... | Industrie- und Handelskammer |
| InsO .................. | Insolvenzordnung |
| KAGG ................ | Gesetz über die Kapitalanlagegesellschaften |
| KG ..................... | Kommanditgesellschaft |
| KGaA ................ | Kommanditgesellschaft auf Aktien |
| KStG .................. | Körperschaftsteuergesetz |
| KWG ................. | Gesetz über das Kreditwesen |
| LSG ................... | Landessozialgericht |

| | |
|---|---|
| LStDV | Lohnsteuer-Durchführungsverordnung |
| MoMiG | Gesetz zur Modernisierung des GmbH-Rechts und zur Vermeidung von Missbräuchen |
| n.F. | neue Fassung |
| NJW | Neue Juristische Wochenschrift (Zeitschrift) |
| NotBZ | Zeitschrift für die notarielle Beratungspraxis |
| NZG | Neue Zeitschrift für Gesellschaftsrecht |
| NZI | Neue Zeitschrift für Insolvenzrecht |
| OFD | Oberfinanzdirektion |
| OHG | Offene Handelsgesellschaft |
| OLG | Oberlandesgericht |
| PBefG | Personenbeförderungsgesetz |
| RGBl. | Reichsgesetzblatt |
| Rpfleger | Rechtspfleger (Zeitschrift) |
| RVG | Rechtsanwaltsvergütungsgesetz |
| StGB | Strafgesetzbuch |
| StVG | Straßenverkehrsgesetz |
| UG | Unternehmergesellschaft |
| UmwG | Umwandlungsgesetz |
| UVZ-Nr. | Urkundenverzeichnisnummer |
| ZIP | Zeitschrift für Wirtschaftsrecht und Insolvenzpraxis |
| ZPO | Zivilprozessordnung |

**Hinweis**

Die römische Ziffer hinter einem Paragraphen bezeichnet die Nummer des Absatzes, die arabische Ziffer die Nummer des Satzes.

# Literaturverzeichnis

**Hinweis**

Die Literatur zur GmbH im Allgemeinen und zu einzelnen Problemen im Besonderen ist selbst für den Fachmann kaum noch überschaubar. Wir geben eine Auswahl weiterführender Literatur an, in der man wiederum Schriften zu Einzel- und Spezialfragen verzeichnet findet.


*Altmeppen,* GmbHG, 10. Aufl. 2021

*Bartl/Bartl/Beine/Koch/Schlarb/Schmitt,* GmbH-Recht, 8. Aufl. 2019

Beck'sches Formularbuch GmbH-Recht, 2010

Beck'sches Handbuch der GmbH, 6. Aufl. 2021

*Brandl/Karollus/Kirchmayr-Schliesselberger/Leitner,* Handbuch Verdeckte Gewinnausschüttung, 3. Aufl. 2021

*Dinkhoff,* Der faktische Geschäftsführer in der GmbH, 2003

*Eckardt/Mayer/van Zwoll,* Der Geschäftsführer der GmbH, 2. Aufl. 2014

*Ek/Kock,* Die Haftung des GmbH-Geschäftsführers, 2. Aufl. 2020

*Götz,* Der fehlerhaft angewiesene GmbH-Geschäftsführer, 2022

*Haas,* Anstellungsvertrag des GmbH-Fremd-Geschäftsführers, 2. Aufl. 2011

*Habersack/Casper/Löbbe,* GmbHG, 3. Aufl. 2019 ff.

*Heckschen/Heidinger,* GmbH-Gestaltungspraxis, 4. Aufl. 2018

*Hoffmann/Liebs,* Der GmbH-Geschäftsführer, 3. Aufl. 2009

*Jaeger,* Der Anstellungsvertrag des GmbH-Geschäftsführers, 6. Aufl. 2016

*Janssen/Rehfeld,* Verdeckte Gewinnausschüttungen, 12. Aufl. 2016

*Jula,* Der GmbH-Geschäftsführer, 5. Aufl. 2019

*Kühn,* GmbH-Geschäftsführer, 5. Aufl. 2022

*Langenfeld/Miras,* GmbH-Vertragspraxis, 8. Aufl. 2019

*Lutter/Hommelhoff,* GmbH-Gesetz, 20. Aufl. 20120

*Melot de Beauregard,* Das Anstellungsverhältnis des GmbH-Geschäftsführers, 2011

*Meyer-Landrut,* Formular-Kommentar GmbH-Recht, 5. Aufl. 2022

*Meyke,* Die Haftung des GmbH-Geschäftsführers, 4. Aufl. 2004

*Michalski/Heidinger/Leible/J. Schmidt,* GmbHG. Kommentar, 4. Aufl. 2023

Münchener Handbuch des Gesellschaftsrechts, Bd. 3: GmbH, 5. Aufl. 2018

Münchener Kommentar zum GmbHG, 4. Aufl. 2023

*Noack/Servatius/Haas,* GmbHG, 23. Aufl. 2022

*Oppenländer/Trölitzsch,* Praxishandbuch der GmbH-Geschäftsführung, 3. Aufl. 2020

*Passarge/Torwegge,* Die GmbH in der Liquidation, 3. Aufl. 2020

*Preißer/Acar,* Die Unternehmergesellschaft, 2016

*Prühs,* Anstellungsvertrag des GmbH-Gesellschafter-Geschäftsführers, 3. Aufl. 2011

*Prühs/Prühs,* GmbH-Geschäftsführer: ABC der Haftungsrisiken, 4. Aufl. 2020

*Rauch/Schnüttgen,* Die Gesellschafterversammlung der GmbH, 2013

*Reichert/Weller,* Der GmbH-Geschäftsanteil, 2006

*Rowedder/Pentz,* GmbH-Gesetz, 7. Aufl. 2022

*Sattler/Jursch/Müller,* Der GmbH-Beirat, 2. Aufl. 2013

*Schauhoff,* Handbuch der Gemeinnützigkeit, 4. Aufl. 2023

*Schmidt/Uhlenbruck,* Die GmbH in Krise, Restrukturierung und Insolvenz, 6. Aufl. 2023

*Scholz,* Kommentar zum GmbH-Gesetz, 12. Aufl. 2018/2021

*Sernetz/Haas,* Kapitalaufbringung und Kapitalerhaltung in der GmbH, 2. Aufl. 2013

*Stocks,* Dienst- und gesellschaftsvertragliche nachvertragliche Wettbewerbsverbote, 2022

*Tillmann/Mohr,* GmbH-Geschäftsführer, 11. Aufl. 2020

*Tillmann/Schiffers/Wälzholz/Rupp,* Die GmbH im Gesellschafts- und Steuerrecht, 6. Aufl. 2015

*Volkelt,* Die Unternehmergesellschaft (UG), 5. Aufl. 2022

*Wicke,* GmbHG. Kommentar, 4. Aufl. 2020

*Wilhelm,* Kapitalgesellschaftsrecht, 5. Aufl. 2020

# 1. Kapitel

## Die Grundlagen der GmbH

### I. Bedeutung und gesetzliche Regelung

Die Bedeutung, die die GmbH im heutigen Wirtschaftsleben hat, wird wohl am besten durch die Entwicklung der Gesamtzahl aller deutschen GmbHs nach dem Krieg illustriert: Gab es 1953 nur 27.907 GmbHs, so stieg ihre Zahl bis Ende 1968 auf 67.416, erreichte Ende 1980 255.940 und am 31.12.1992 schließlich 549.659 mit einem Stammkapital von 251,8 Milliarden DM. Die Bundesstatistik wird über dieses Datum hinaus nicht fortgesetzt, so dass die heutige Anzahl nicht genau angegeben werden kann; zum 1.1.2015 hat eine private Zählung bei allen Handelsregistern die Zahl von 1.156.434 ergeben. 105.341 dieser GmbHs sind Unternehmergesellschaften. Dabei steht die „kleine" Gesellschaft mit wenigen Gesellschaftern ganz im Vordergrund; 99,7% der GmbHs erzielen jährliche Umsätze von weniger als 50.000.000 €. In der genannten Zahl sind aber auch etliche „Karteileichen" enthalten. Die Gesamtzahl der Kapitalgesellschaften (die also außer den GmbHs auch die zahlenmäßig kaum ins Gewicht fallenden Aktiengesellschaften und Kommanditgesellschaften auf Aktien enthält), die Umsatzsteuervoranmeldungen abgeben und/oder Beschäftigte haben, hat das Statistische Bundesamt für das Jahr 2021 mit 789.472 ermittelt.

Die GmbH wurde durch das GmbHG vom 20.4.1892 (RGBl. S. 477) in das Rechtsleben eingeführt. Der Gesetzgeber beabsichtigte, neben der Aktiengesellschaft eine zweite Form der Kapitalgesellschaft zu schaffen, in der unternehmerischer Einsatz von Kapital ohne persönliches Engagement und ohne Risiko möglich sein sollte.

In diesem Haftungsprivileg und gleichzeitig gegenüber dem Recht der Aktiengesellschaft wesentlich einfacherer rechtlicher Gestaltung und Handhabung liegt auch heute noch der Hauptgrund für die Beliebtheit und Attraktivität der GmbH bei Unternehmensgründungen. An ihr hat auch das nicht sonderlich hohe Ansehen dieser Gesellschaftsform – man denke etwa an die Auflösungen „Gehste mit, biste hin" oder „Gesellschaft mit beschränkter Hochachtung" für das Kürzel GmbH – wenig ändern können.

Das Recht der GmbH (Gesetz i.d.F. vom 20.5.1898, RGBl. S. 846) ist in den Jahren 1980, 1985, 1998 und vor allem 2008 grundlegend umgestaltet worden.

Neben die GmbH mit einem Mindeststammkapital von 25.000 € ist seit 2008 die „Unternehmergesellschaft (haftungsbeschränkt)" – abgekürzt UG (haftungsbeschränkt) – getreten, bei der keine Untergrenze des Stammkapitals besteht und die daher äußerstenfalls mit einem Stammkapital von 1 € gegründet werden kann. Der Gesetzgeber hat damit die „Flucht" in die vergleichbare englische Gesellschaftsform der Limited (vgl. dazu V. 7., S. 31 f.) praktisch bedeutungslos gemacht. Wenn im Folgenden von „der GmbH" die Rede ist, ist damit auch die UG gemeint, wenn nicht ausdrücklich etwas anderes gesagt wird.

An den Grundlagen des GmbH-Rechts haben diese Gesetzesänderungen allerdings nicht gerührt. Nach wie vor stehen deshalb zwei Gesichtspunkte im Vordergrund, wenn eine GmbH neu gegründet wird:

(1) Bei der GmbH haften die Gesellschafter nicht mit ihrem ganzen Vermögen, sondern grundsätzlich nur auf den Betrag des Stammkapitals der Gesellschaft. Eine Haftung der Gesellschafter (sog. Durchgriffshaftung) ist grundsätzlich ausgeschlossen und kommt nur in Fällen offensichtlichen Missbrauchs (ein Beispiel bei OLG Naumburg, GmbHR 2008, 1149) in Frage.

(2) Die GmbH ist eine **juristische Person.** Ihr, nicht den Gesellschaftern, „gehört" das von ihr betriebene Unternehmen, den Ge-

sellschaftern gehören nur Anteile an der GmbH. Das höchste englische Gericht hat diese Tatsache für die Limited, die englische Schwester der GmbH, schon im Jahre 1897 in Sachen Salomon gegen A. Salomon & Co. Ltd. auf den Punkt gebracht: „Either the limited company was a legal entity or it was not. If it was the business belonged to it and not to Mr. Salomon." Diese Trennung wird sogar dann konsequent durchgeführt, wenn eine GmbH nur einen einzigen Gesellschafter hat. Wird bei diesem beispielsweise eine Sache gepfändet, die der GmbH gehört, kann die GmbH gegen den Gläubiger auf Freigabe des ihr gehörenden Gegenstands klagen (BGH, 16.10.2003 – IX ZR 55/02, ZIP 2003, 2247).

Die rechtliche Selbstständigkeit der GmbH ist von besonderer Bedeutung, wenn die GmbH einen Handwerksbetrieb hat. Eine natürliche Person dürfte ein solches Geschäft nicht betreiben, wenn sie nicht in die Handwerksrolle eingetragen ist, also – von Ausnahmen abgesehen – nicht die Meisterprüfung abgelegt hat (§ 1 HwO). Bei der GmbH genügt es, wenn *diese* in die Handwerksrolle eingetragen ist, wozu es wiederum genügt, dass sie einen (angestellten) Meister beschäftigt.

## II. Die Haftungsbeschränkung

Wie bereits der Name „Gesellschaft mit beschränkter Haftung" nahelegt, steht das Haftungsprivileg bei der GmbH in der Regel im Mittelpunkt des Interesses. Zwar ist die GmbH – insbesondere nach den 1980 eingeführten Vorschriften zum Schutz der Gesellschaftsgläubiger – kein Freiraum für wirtschaftliches Handeln bei völligem Risikoausschluss; es ist, wie sich zeigen wird, nicht einmal so, dass die Haftung der Gesellschafter in jedem Fall und unter allen Umständen auf den Betrag des Stammkapitals beschränkt ist. Trotzdem ist die GmbH nach wie vor die beliebteste Organisationsform, wenn die Haftung einer natürlichen Person für Forderungen in möglicherweise existenzbedrohender Höhe ausgeschlossen werden soll.

## 1. Begriff der Haftung

Zum Verständnis dieses Haftungsprivilegs ist es erforderlich, sich klarzumachen, wie Haftung im Rechtsleben entstehen kann. Haftung ist das Einstehenmüssen für eine Verbindlichkeit gegenüber einem Dritten. Sie kann dadurch entstehen, dass sich eine Person zur Erbringung einer Leistung verpflichtet. Ein typisches Beispiel hierfür ist der Abschluss eines Vertrages. Bei einem Kaufvertrag über ein Auto verpflichtet sich der Verkäufer, das Auto zu übereignen, der Käufer, den Kaufpreis zu bezahlen. Bei der Aufnahme eines Darlehens verpflichtet sich der Darlehensgeber zur Hingabe des vereinbarten Geldbetrages, der Darlehensnehmer zur Rückzahlung. In beiden Fällen haben die Schuldner ihre Verpflichtung bewusst auf sich genommen.

Verbindlichkeiten können aber auch aus dem bloßen Verhalten einer Person entstehen, ohne dass diese den Willen hatte, sich zu verpflichten. Wer durch Verletzung der Verkehrsvorschriften einen Verkehrsunfall verursacht, haftet dem Unfallkontrahenten auf Schadensersatz allein wegen seines schuldhaften Verhaltens. Es gibt sogar Ansprüche, die sowohl vom Willen als auch vom Verhalten des Verpflichteten unabhängig sind, weil sie sich unmittelbar aus dem Gesetz ergeben. Ein Beispiel ist die Verpflichtung zur Zahlung von Grundsteuer, die sich allein aus dem Umstand ergibt, dass eine Person Grundbesitz hat.

Für eine Verbindlichkeit haftet der Verpflichtete grundsätzlich mit seinem ganzen Vermögen. Wenn gegen ihn eine vollstreckbare gerichtliche Entscheidung ergangen ist, kann der Gläubiger seinen Anspruch im Wege der Zwangsvollstreckung in alle Vermögenswerte des Schuldners durchsetzen. Lediglich die für den Schuldner zur Führung eines menschenwürdigen Lebens unentbehrlichen, sog. „unpfändbaren Sachen“ (§ 811 ZPO) und, bis zu einer bestimmten Höhe, der Pfändungsfreigrenze, das Arbeitseinkommen des Schuldners (§ 850 ZPO) sind der **Pfändung** entzogen. Von diesen (und einigen weiteren) Ausnahmen abgesehen ist das Vermögen sowohl gegenständlich wie auch betragsmäßig unbeschränkt Vollstreckungsobjekt.

Besonders geregelt ist die Haftung für ererbte Verbindlichkeiten. Beim Tod eines Menschen gehen dessen Vermögen und dessen Verbindlichkeiten auf den oder die Erben über. Diese können jedoch ihre Haftung auf den Nachlass beschränken und dadurch verhindern, dass wegen Schulden des Erblassers in ihr eigenes, nicht ererbtes Vermögen vollstreckt wird.

## 2. Regelung bei der GmbH

Der Name „Gesellschaft mit beschränkter Haftung" legt nahe, dass bei der GmbH eine ähnliche Regelung wie bei einem Erbfall vorliegen könnte. Insoweit führt die Bezeichnung allerdings in die Irre: Die Haftung der Gesellschafter für Verbindlichkeiten der GmbH ist nicht etwa „beschränkt" – sie haften vielmehr *überhaupt nicht:* Die GmbH ist eine selbstständige – juristische – Person, und die sie treffenden Verbindlichkeiten schlagen nicht auf die Gesellschafter durch.

Wie bei der Geburt eines Menschen entsteht mit der Gründung einer GmbH und deren Eintragung in das Handelsregister neues Leben. Das Lebewesen GmbH ist nicht aus Fleisch und Blut. Es entwickelt jedoch wirtschaftliche Aktivität und wird rechtlich wie eine natürliche Person behandelt. Um diese Wesensgleichheit deutlicher zu machen, spricht man nach vollzogener Entstehung einer GmbH von der Entstehung einer **„juristischen Person"**. Damit wird zum Ausdruck gebracht, dass die GmbH wie eine natürliche Person entsteht, lebt und agiert und irgendwann – jedoch nicht notwendigerweise – wieder erlischt. Ebenso wie die natürlichen Personen kann die GmbH als juristische Person Rechte und Pflichten haben, Verbindlichkeiten eingehen, Grundstückseigentümer sein, Erbe werden, klagen und verklagt werden (§ 13 I GmbHG); sie ist **rechtsfähig**.

Dadurch unterscheidet sich die juristische Person von anderen Personenvereinigungen, z.B. dem nicht eingetragenen Verein, der Gesellschaft bürgerlichen Rechts, der OHG und der KG. Diese Vereinigungen besitzen nur eingeschränkte Rechtsfähigkeit. Damit ist gemeint, dass sie gerade nicht in jeder Beziehung rechtsgleich mit natürlichen Personen sind.

Die OHG und die KG können unter ihrer Firma Rechte erwerben und Pflichten begründen (§ 124 HGB). Sie sind damit den juristischen Personen angenähert, unterscheiden sich aber von diesen dadurch, dass zwangsläufig mindestens ein Gesellschafter persönlich für alle Gesellschaftsverbindlichkeiten haften muss.

Neben der GmbH bilden insbesondere der eingetragene Verein und die AG rechtsfähige juristische Personen. Diese treten zwischen die Gesellschafter und die Geschäftspartner der Gesellschaft. Damit wird klar, warum im eigentlichen Sinn des Wortes keine Haftungsbeschränkung durch die GmbH begründet wird: Ein Gläubiger der GmbH kann einen Anspruch gegen diese nicht durch Vollstreckung in das Vermögen des Gesellschafters durchsetzen. Das Privatvermögen des Gesellschafters haftet nicht, es haftet nur das Vermögen der GmbH (§ 13 II GmbHG). Bereits der Anspruch des Gesellschaftsgläubigers ist nicht gegen den Gesellschafter, sondern nur gegen die Gesellschaft gerichtet. In ihrer Person ist der Anspruch auf einem der oben beschriebenen Wege entstanden. Der Gesellschafter ist damit nie in die Stellung des Schuldners gekommen, was eine Haftung von vornherein ausschließt.

Anstelle einer Haftungsbeschränkung findet wirtschaftlich gesehen eine **Haftungsabwälzung** statt. Die juristische Person der GmbH ist nicht selbstlos tätig. Ihr Zweck besteht in der Regel darin, für die Gesellschafter Gewinn zu erwirtschaften. Diese statten sie deshalb mit Kapital aus und erhalten sie am Leben. Da die Gesellschafter für die Verbindlichkeiten der Gesellschaft nicht selbst einzustehen haben, trifft sie aus den Geschäften der GmbH kein Risiko. Der maximale Schaden für die Gesellschafter besteht darin, dass das ihr zugewendete Kapital verloren geht. Es ist letztendlich diese *Schadensbegrenzung*, die mit dem Namen „Gesellschaft mit beschränkter *Haftung*" ausgedrückt werden soll.

Trotz der beschriebenen Gleichbehandlung darf natürlich nicht übersehen werden, dass es wesentliche Unterschiede zwischen der natürlichen Person und der juristischen Person der GmbH gibt. Diese Unterschiede beruhen zum einen darauf, dass die GmbH als fiktives Wesen in eigener Person weder sprechen noch denken kann. Ein weiterer Unterschied besteht darin, dass die GmbH auch nicht sterben kann. Sie kann aber aufgelöst und vollständig abgewickelt und dadurch beendet werden. Einen Nachlass oder eine Erbschaft nach einer beendeten GmbH gibt es nicht.

Demgegenüber löst das Gesetz die zuvor genannten Probleme auf herkömmliche Weise, d.h. ähnlich wie bei gleich gelagerten Fällen natürlicher Personen. Auch hier gibt es bei Kindern und Geisteskranken die Situation, dass eine Person unfähig ist, Entscheidungen zu treffen und für sich selbst zu handeln. Diese Geschäftsunfähigkeit wird dadurch überwunden, dass eine zweite Person als gesetzlicher Vertreter bestellt wird. Bei Kindern sind dies beide Eltern gemeinsam. Bei einem Geisteskranken nimmt der gerichtlich bestellte Betreuer die Aufgabe der Vertretung wahr.

Bei der GmbH wird die mangelnde Handlungsfähigkeit dadurch ausgeglichen, dass sie Organe hat: Die Gesellschafterversammlung denkt für sie und trifft Entscheidungen („Hirn" der GmbH), der Geschäftsführer handelt für sie entsprechend diesen Entscheidungen („Arm" der Gesellschaft).

Für dritte Personen, die mit der Gesellschaft Verträge abzuschließen haben oder an diese Ansprüche herantragen, ist der Geschäftsführer der alleinige Ansprechpartner. Soweit die Entscheidung über das Anliegen nicht in seine Kompetenz fällt, hat er es weiter an die Gesellschafterversammlung zu tragen. Wenn deren Entscheidung ergangen ist, handelt der Geschäftsführer nicht als Vertreter der Gesellschafterversammlung, sondern der Gesellschaft dem Dritten gegenüber, schließt den angebotenen Vertrag bzw. lehnt ihn ab oder erfüllt den geltend gemachten Anspruch für die Gesellschaft bzw. weist ihn zurück.

Im letzten Falle ist der Anspruchsteller darauf angewiesen, seinen Anspruch gerichtlich geltend zu machen. Hierbei hat er zu beachten, dass die juristische Person der GmbH sein Gegenüber ist. Die GmbH kann, wie oben dargestellt, Trägerin von Rechten und Pflichten sein. Sie kann ihre Ansprüche vor Gericht selbst geltend machen und hat für die gegen sie erhobenen Forderungen vor Gericht selbst einzustehen. Damit ist die GmbH als Auswirkung ihrer Rechtsfähigkeit auch parteifähig. Ihre mangelnde Fähigkeit, sich im **Prozess** selbst zu artikulieren und Prozesshandlungen vorzunehmen (Prozessfähigkeit) wird entsprechend ihrer Geschäftsunfähigkeit dadurch ausgeglichen, dass der Geschäftsführer als gesetzlicher Vertreter an ihrer Stelle handelt.

Wenn also beispielsweise die in unserem Muster Nr. 2 des Anhangs (S. 207) gegründete GmbH verklagt werden soll, muss geklagt werden gegen „die Ritter Aquarienbedarf GmbH mit dem Sitz in Hausen, gesetzlich vertreten durch ihren Geschäftsführer Gotthold Ritter, Hausen, Bürgermeister-Schnack-Straße 12“. Falsch wäre es, gegen den Geschäftsführer Gotthold Ritter selbst zu klagen; diese Klage wäre gegen die falsche Person gerichtet und daher abzuweisen.

Wenn dagegen in der Klageschrift nur der Name der GmbH erscheint und der Geschäftsführer nicht angegeben ist, kann die Klage nicht zugestellt werden. Zur Zustellung gehört die Entgegennahme der Klageschrift, und letztere stellt eine natürliche Handlung dar, die von der GmbH selbst nicht ausgeführt werden kann. Ohne die Bezeichnung der natürlichen Person, welcher der Postbote die zuzustellende Klageschrift aushändigen soll, kommt das Verfahren erst gar nicht in Gang.

Der Geschäftsführer kann im Prozess auch nicht als Zeuge vernommen werden. Die Waffengleichheit der Parteien fordert vielmehr, dass er sich nur als Sprachrohr der GmbH äußern kann. Er kann deshalb nur als Partei vernommen werden.

Die GmbH als juristische Person ist damit mit allem ausgestattet, was für die Teilnahme am Rechtsverkehr notwendig ist: Mit der Gesellschafterversammlung hat sie ein Willensbildungsorgan, das die notwendigen Entscheidungen trifft. Mit dem Geschäftsführer besitzt sie ein Organ, das sie nach außen vertritt und die Beschlüsse ausführt. Darüber hinaus besitzt sie ein Gesellschaftsvermögen, mit dem sie die Gesellschafter ausgestattet haben und das als Startkapital für ihre Tätigkeit dient.

## 3. Zugriff auf das GmbH-Vermögen

Es ist leicht einzusehen, dass immer wieder versucht wird, die GmbH als Schutzschild gegen Vollstreckungsversuche von Privatgläubigern der Gesellschafter einzusetzen. Die dargestellte rechtliche Selbstständigkeit der GmbH als juristische Person begünstigt ein solches Vorgehen. Zahlt ein Gesellschafter 25.000 € als Einlage an die GmbH, so sind diese 25.000 € seinen Gläubigern ebenso entzogen, als wenn er sie an die Bank zur Abdeckung bestehender Schulden oder an einen Autohändler zur Leistung des Kaufpreises für einen Pkw bezahlt hätte. Der Privatgläubiger des Gesellschafters kann sich in allen drei genannten Fällen nicht an die Empfänger der Zahlung halten, weil er ihnen gegenüber keine Anspruchsberechtigung besitzt.

Trotzdem kann der Gesellschafter durch die GmbH nicht ohne weiteres Vermögen beiseiteschaffen. Durch die Zahlung an die GmbH hat nämlich der Anteil des Gesellschafters an Wert gewonnen. Der Gesellschaftsanteil ist ein vermögenswertes Gut, das wie das Eigentumsrecht an einer Sache oder eine Forderung dem Vollstreckungszugriff unterliegt. Die **Zwangsvollstreckung** in einen GmbH-Anteil erfolgt entsprechend § 857 ZPO: Der gerichtliche Pfändungs- und Überweisungsbeschluss ist dem Geschäftsführer in seiner Funktion als gesetzlicher Vertreter der GmbH zuzustellen; die Forderung des Vollstreckungsgläubigers ist dann aus dem Erlös bei der Veräußerung des Anteils zu befriedigen.

Es nutzt auch nichts, wenn im Gesellschaftsvertrag die Abtretung von besonderen Voraussetzungen abhängig gemacht ist oder sogar ganz ausgeschlossen ist (§ 15 V GmbHG). Auf den Geschäftsanteil wird nämlich § 851 II ZPO angewandt, und damit auch in diesem Fall die Pfändung zugelassen; die Pfändbarkeit als solche kann ohnehin nicht wirksam ausgeschlossen werden.

Nicht erfolgreich ist auch die Variante, dass im Gesellschaftsvertrag vereinbart ist, dass ein gepfändeter Gesellschaftsanteil ersatzlos eingezogen werden soll. Zwar ist die Vereinbarung einer solchen Einziehung grundsätzlich möglich. Die Pfändung des Gesellschaftsanteils würde sich dann als Schlag ins Wasser erweisen, der Vollstreckungsgegenstand löst sich gewissermaßen in Luft auf. Zwar wäre in diesem Fall der Gesellschafter um seinen Anteil gebracht; die Vollstreckung hätte dem Gläubiger jedoch außer Kosten und Gebühren nichts eingebracht. Er hätte deshalb wohl von vorneherein darauf verzichtet.

Dem hat die Rechtsprechung jedoch dadurch einen Riegel vorgeschoben, dass sie eine unentgeltliche Einziehung im Pfändungsfall für unwirksam erklärt hat. Sie lässt zwar bei der Einziehung Abstriche vom wahren Vermögenswert zu (vgl. die Regelung in den §§ 10 und 13 des Gesellschaftsvertrags in Muster Nr. 4 des Anhangs, S. 212); grundsätzlich setzt sich aber die Pfändung des eingezogenen Geschäftsanteils an dem unverzichtbaren Abfindungsanspruch des Gesellschafters fort.

Bei einer Einpersonen-GmbH (s. unten 2. Kap. XI. 1., S. 91) können die Gläubiger eines Gesellschafters die Vermögensübertragung außerdem **anfechten** und das ihm entzogene Vermögen „zurückholen", weil diese GmbH jedenfalls nach Ansicht des BGH (NJW 1995, 659) als „nahestehende Person" ihres Schuldners im Sinne von § 3 AnfG gilt – so vertraulich können Juristen von einer juristischen Person sprechen!

Der Weg des Vollstreckungsgläubigers, der in den GmbH-Anteil seines Schuldners vollstrecken will, ist also zwar dornenvoll, endgültig können Vermögenswerte durch Einbringung in eine GmbH dem Gläubigerzugriff jedoch nicht entzogen werden.

## 4. Schuldenabwälzung auf die GmbH

Wenn schon vorhandenes Vermögen über die Einlage in eine GmbH vor dem Gläubigerzugriff nicht gesichert werden kann, so ist daran zu denken, Verbindlichkeiten auf die GmbH abzuwälzen. Diese Möglichkeit beruht wiederum darauf, dass die GmbH eine eigenständige Rechtsperson ist: Ebenso wenig wie die Gesellschaft für Privatschulden der Gesellschafter haftet, haben diese für Verbindlichkeiten der Gesellschaft einzustehen.

Es liegt deshalb nahe, dass die Gesellschafter risikoreiche Geschäfte durch die GmbH abwickeln lassen. Sie könnten auch daran denken, die Gesellschaft dazu einzusetzen, auf ihren Namen Waren einzukaufen, deren Gebrauch dann unentgeltlich den Gesellschaftern zur Verfügung gestellt wird. Auf diese Weise bleiben die Gesellschafter von der Haftung frei und erlangen trotzdem geldwerte Vorteile.

Wer mit dieser Überlegung die Errichtung einer GmbH oder den Eintritt in eine solche plant, sollte an folgendes denken: Grundsätzlich ist die Haftungsabwälzung in der dargestellten Form möglich, in der Praxis funktioniert sie jedoch nur sehr eingeschränkt, und das aus zwei Gründen.

Zum einen unterliegt die GmbH der Zwangsvollstreckung und muss mit ihrem Vermögen für die eingegangenen Verpflichtungen geradestehen. Jedes Teil ihres Anlage- und Betriebsvermögens, vorhandene Rechte und Grundstücke, können ihr gepfändet werden. Ihr gesamtes Vermögen kann aber auch im Rahmen einer **Insolvenz** beschlagnahmt und im Ganzen verwertet werden. Mit der Eröffnung des Insolvenzverfahrens ist die GmbH aufgelöst (s. unten 4. Kap. I. 2., S. 172), so dass die Haftungsüberwälzung grundsätzlich nur für eine beschränkte Zeit möglich ist.

Sie stößt daneben auf ein praktisches Hindernis, das oft übersehen wird. Eine GmbH mit dem Mindeststammkapital von 25.000 € und erst recht eine Unternehmergesellschaft mit noch niedrigerem Stammkapital genießt im allgemeinen Geschäftsverkehr als solche keinerlei Kredit. Es wird sich zwar vielleicht ein Geschäftsmann finden, der einer GmbH auf Kredit Waren liefert, ohne dass ihm Sicherheiten gestellt werden. Bankkredite wird sie in der Regel aber nur erhalten, wenn einer oder mehrere Gesellschafter als Mitschuldner oder Bürgen fungieren oder ihr Privatvermögen verpfänden. Oft vergessen die Banken dabei allerdings, die Vorschriften des BGB über Verbraucherkredite zu beachten, die nicht für die GmbH, wohl aber nach der Rechtsprechung für den von ihnen zum Mitschuldner gemachten Gesellschafter als Privatperson gelten und haben dann das Nachsehen. Immer wieder einmal kommt es auch vor, dass jede Vorsichtsmaßregel unterlassen wird. Nur so sind nämlich spektakuläre GmbH-Insolvenzen mit Millionenschäden für die Gläubiger zu erklären. In der Regel muss aber eine GmbH, die nicht mit betrügerischen Mitteln arbeitet, damit rechnen, dass sie für jeden geliehenen Cent Sicherheiten stellen muss und sie damit in der Regel strenger behandelt wird als eine natürliche Person. Von daher sind der Haftungsabwälzung auf die GmbH von vorneherein sehr enge Grenzen gesteckt.

Die Rechtsprechung zog diese Grenzen zeitweise noch enger, hat aber in den letzten 30 Jahren mehrmals mit neuen Auffassungen überrascht. Zunächst hatte der BGH angenommen, dass der Allein- oder Mehrheitsgesellschafter einer GmbH, der gleichzeitig deren alleiniger Geschäftsführer ist und sich außerdem als Einzelkaufmann unternehmerisch betätigt, wie in einem **„faktischen Konzern“** haftet, d.h. den Gläubigern der GmbH stets zur Zahlung verpflichtet bleibt, wenn diese mit ihrer Forderung gegen die Gesellschaft ausgefallen sind (BGH, NJW 1991, 3142). Dann wäre die mit einer GmbH bezweckte Haftungsbeschränkung bei der beschriebenen Fallgestaltung praktisch gegenstandslos. Später wurde diese Rechtsprechung ganz aufgegeben (BGH, 17.9.2001 – II ZR 178/99, NJW 2001, 3622) und (nur) ein Schutz der Gesellschaft vor existenzvernichtenden Eingriffen der Gesellschafter angenommen. Nach diesem Konzept hafteten die Gesellschafter einer GmbH den Gläubigern auf Schadensersatz, wenn sie der GmbH planmäßig deren Vermögen entzogen und auf eine andere ihnen gehörende Gesellschaft verlagerten, so dass die GmbH in eine masselose Insolvenz getrieben wurde, während eine andere GmbH den Geschäftsbetrieb weiterführte (BGH, 20.9.2004 – II ZR 302/02, NZG 2004, 1107). Heute beurteilt der BGH derartige Praktiken (nur noch) unter dem Gesichtspunkt der missbräuchlichen Schädigung des im Gläubigerinteresse zweckgebundenen Vermögens; Ansprüche bestehen hiernach dann, wenn eine vorsätzliche sittenwidrige Schädigung nach § 826 BGB anzunehmen ist (BGH, 16.7.2007 – II ZR 3/04, NJW 2007, 2689). Das wurde in einem Fall erwogen, in dem eine insolvenzreife GmbH auf eine andere verschmolzen und dadurch die Insolvenz der übernehmenden GmbH herbeigeführt wurde (BGH, 6.11.2018 – II ZR 199/17, NJW 2019, 589), dagegen nicht bei der Gründung einer GmbH mit einem wenig sachkundigen Geschäftsführer samt

Verschleierung des tatsächlichen Gründers durch einen Treuhandvertrag (OLG Düsseldorf, NZI 2023, 80). Die Entscheidung zum Skandal um die Werften der „Bremer Vulkan" (BGH, 13.5.2004 – 5 StR 73/03, NJW 2004, 2248) zeigt übrigens, dass sich Geschäftsführer dabei nicht nur unkorrekt verhalten, sondern auch leicht wegen Untreue (§ 266 StGB) strafbar machen können.

## 5. Stammkapital und Gesellschaftsvermögen

Im Recht der GmbH wird sehr viel Wert auf den Gläubigerschutz gelegt (§§ 30 ff. GmbHG). Dieser Schutz basiert auf dem Grundkonzept, dass die Gesellschafter die Gesellschaft bei der Gründung mit einem gewissen Vermögen ausstatten, der Wert dieses Vermögens im Handelsregister eingetragen wird und den Gläubigern der Gesellschaft als Haftungsfonds gewährleistet sein soll. Dieses Vermögen heißt Stammkapital und darf nicht mit dem Gesellschaftsvermögen verwechselt werden. Das Stammkapital gibt nur an, mit welchem Vermögen die GmbH bei ihrem Entstehen ausgestattet wurde. Der Betrag des Stammkapitals bleibt deshalb in der Regel während der gesamten Zeit des Bestehens einer Gesellschaft oder wenigstens über mehrere Jahre hinweg gleich. Das Gesellschaftsvermögen hingegen ändert sich von Tag zu Tag und gibt den Betrag wieder, der als Erlös bei der Liquidation der Gesellschaft erzielt werden könnte. Das Stammkapital und das Gesellschaftsvermögen sind nur am Tag der Gründung der Gesellschaft gleich. Wie schnell eine Differenz zwischen beiden Werten entstehen kann, zeigt folgendes

**BEISPIEL:** Die Gesellschafter einer Transport-GmbH legen zur Gründung zusammen einen Geldbetrag von 25.000 € ein. In diesem Augenblick betragen Stammkapital und Gesellschaftsvermögen je 25.000 €. Am darauf folgenden Tag wird vom Kapital der Gesellschaft ein Lastkraftwagen gekauft, der wieder einen Tag später einen Totalschaden erleidet und nur noch den Schrottpreis von 500 € wert ist. Das Stammkapital der Gesellschaft beträgt nach wie vor 25.000 €. Das Gesellschaftsvermögen dagegen ist auf 500 € gesunken.

Der Fall zeigt exemplarisch, warum für einen Geschäftspartner der GmbH die Feststellung von deren Stammkapital im Handelsregister allein wenig Wert hat. Haftungsgrundlage ist für ihn allein das gegenwärtige Gesellschaftsvermögen, und dieses kann verständlicherweise in seiner täglichen Veränderung nicht im Handelsregister eingetragen sein.

Trotzdem ist das Stammkapital von großer Bedeutung: Es ist nämlich die unterste Grenze, bis zu der das Gesellschaftsvermögen durch Leistungen an die Gesellschafter vermindert werden darf.

## 6. Aufbringung und Erhaltung des Stammkapitals

Das Gesellschaftsvermögen darf also durch Geschäftsverluste, z.B. einen Autounfall oder Fehlspekulationen in Warentermingeschäften, unter das Stammkapital absinken. Es muss aber zunächst einmal aufgebracht worden sein und darf nicht durch direkte oder indirekte Zuwendungen an die Gesellschafter vermindert werden.

### a) Aufbringung des Stammkapitals

Die Gesellschafter sind also verpflichtet, der Gesellschaft zunächst einmal Vermögen im Wert des Stammkapitals zuzuführen. Dies muss nicht bei der Gründung geschehen (Näheres s. unten 2. Kap. V., S. 58). Die Zahlungen an die Gesellschaft können in Raten von unterschiedlicher Höhe und unterschiedlichem zeitlichem Abstand geschehen. Sie brauchen auch für die einzelnen Gesellschafter weder absolut noch relativ gleich zu sein. Für die Gläubiger der Gesellschaft kommt es ausschließlich darauf an, dass die Gesellschafter gegenüber der Gesellschaft verpflichtet sind, insgesamt das Stammkapital aufzubringen. Soweit dies noch nicht geschehen ist, besteht ein Anspruch der Gesellschaft gegen ihre Gesellschafter, den der Gläubiger pfänden und sich zur Einziehung überweisen lassen kann (§ 835 ZPO). Im Fall der Insolvenz einer GmbH wird es die erste Tätigkeit des Insolvenzverwalters sein, die Einlagen auf das Stammkapital nachzuprüfen und einen etwaigen Fehlbetrag von den Gesellschaftern einzufordern. Das Stammkapital ist deshalb keineswegs ein beliebig einzusetzender Betrag, sondern eine Summe, auf die alle

Gesellschafter haften – wenn einer nicht zahlen kann, für dessen Anteil mit (§ 24 GmbHG).

### b) Erhaltung des Stammkapitals

Nicht nur die Zahlung des Stammkapitals, sondern auch seine Erhaltung zugunsten der Gesellschaftsgläubiger ist im GmbHG geregelt (§§ 30 bis 34 GmbHG).

§ 30 I GmbHG bestimmt, dass das zur Erhaltung des Stammkapitals erforderliche Vermögen der Gesellschaft nicht an die Gesellschafter ausbezahlt werden darf. Maßgebend sind dabei die Buchwerte in der Bilanz (BGH, GmbHR 1990, 209). Entfaltet ein Gesellschafter-Geschäftsführer keinerlei Tätigkeit, so verstößt eine Vergütung für ihn gegen das Auszahlungsverbot (OLG Düsseldorf, GmbHR 1990, 134). Eine verbotene Umgehung des Auszahlungsverbots ist regelmäßig auch die Zahlung an ein von einem Gesellschafter beherrschtes Unternehmen und die Gewährung eines Darlehens von der Gesellschaft an einen Gesellschafter (OLG Hamm, GmbHR 1994, 472); ist dieser zugleich Geschäftsführer, ist die Darlehensgewährung durch § 43a GmbHG ohnehin verboten. Bei verbotener Auszahlung ist der Gesellschafter zur Rückzahlung an die Gesellschaft verpflichtet. Allerdings hat das MoMiG das sog. „Cash-Pooling", nämlich das zentrale Cash-Management in Konzernen für erlaubt erklärt (§ 30 I 2 GmbHG). Es ist deshalb heute erlaubt, wenn eine Muttergesellschaft Liquidität von den Tochtergesellschaften abzieht und bei der Muttergesellschaft zentral für alle Konzerngesellschaften verwaltet, wodurch oft bessere Zinserträge erzielt und/oder unnötige Kreditzinsen vermieden werden.

Der Anspruch aus § 31 GmbHG auf Rückgabe eines verbotswidrig weggegebenen Vermögensgegenstands wird in der Regel dann geltend gemacht, wenn die GmbH insolvent geworden ist. Tritt nach der Weggabe eine Wertminderung ein, haftet der Empfänger für diese, wenn er nicht beweisen kann, dass die gleiche Wertminderung eingetreten wäre, wenn der Vermögensgegenstand bei der Gesellschaft verblieben wäre (BGH, 17.3.2008 – II ZR 24/07, NZG 2008, 467). Der Insolvenzverwalter hat sich mit dem Geschäftsverlauf der Gesellschaft zu befassen. Anhand der Geschäftsunterlagen lässt sich in der Regel sehr leicht feststellen, wann das Vermögen der GmbH unter das Stammkapital abgesunken ist. Soweit nach diesem Zeitpunkt Vermögenswerte an die Gesellschafter geflossen sind, wird sie der Insolvenzverwalter erforderlichenfalls im Klageweg zur Insolvenzmasse zurückfordern. Eine Aufrechnung gegen Forderungen aus § 31 GmbHG ist nicht möglich (BGH, 27.11.2000 – II ZR 83/00, NJW 2001, 830), und die Forderung bleibt auch dann bestehen, wenn später das Stammkapital wiederhergestellt wird (BGH, 29.5.2000 – II ZR 118/98, NJW 2000, 2577).

Bei unkontrollierbarer Vermischung von Privat- und Geschäftsvermögen kann der Gesellschafter den Gläubigern sogar mit seinem gesamten Privatvermögen persönlich haften („Durchgriffshaftung", BGH, 14.11.2005 – II ZR 178/03, NJW 2006, 1344). Das Fehlen doppelter Buchführung reicht allerdings hierfür nicht aus. § 30 GmbHG ist sehr weit auszulegen und umfasst nicht nur offene Auszahlungen wie z.B. Gewinnausschüttungen, sondern auch verdeckte Zuwendungen wie z.B. Gehaltszahlungen. Vermögenszuwendungen der Gesellschaft sind allerdings dann nicht zurückzuerstatten, wenn von den Gesellschaftern dafür angemessene Gegenleistungen erbracht wurden. Als Beispiel sei der Fall einer kleinen Handwerks-GmbH genannt, deren Gesellschafter Ehegatten sind, der Mann als Geschäftsführer, die Frau als Sekretärin für die Buchhaltung in den Diensten der Gesellschaft. Solange das Gesellschaftsvermögen das Stammkapital nicht unterschreitet, sind die Eheleute nach GmbH-Recht nicht gehindert, für sich „Phantasiegehälter" zu vereinbaren (ob das Finanzamt sie akzeptiert, ist eine andere Frage, vgl. dazu 6. Kap. I., S. 190). Sobald aber Unterdeckung eintritt, greift § 30 GmbHG ein, und Gehälter, die das übliche Gehalt derartiger Bediensteter übersteigen, stellen eine unzulässige Rückgewähr der Geschäftsanteile dar.

Als Auszahlung im Sinn der genannten Vorschriften ist auch die Zuwendung von geldwerten Gebrauchsvorteilen, z.B. eines Pkws, anzusehen; auch Zahlungen an Dritte können den Anspruch aus § 31 I GmbHG auslösen (OLG Düsseldorf, GmbHR 2017, 239). Der Schutz der Gesellschaftsgläubiger rechtfertigt eine solche ausdehnende Auslegung des Aushöhlungsverbots in § 30 GmbHG.

Eine Ausnahme ist nur dort zu machen, wo der Empfänger in gutem Glauben, d.h. ohne Kenntnis der Unterschreitung des Stammkapitals Vermögenswerte erhalten hat. Allerdings hat er im Streitfall seinen guten Glauben nachzuweisen und ist zur Rückzahlung verpflichtet, soweit ihm dies nicht zur Überzeugung des angerufenen Gerichts gelingt oder die Erstattung zur Befriedigung der Gesellschaftsgläubiger erforderlich ist. Ist der Empfänger zahlungsunfähig, müssen die übrigen Gesellschafter anteilig zahlen (§ 31 III GmbHG). Diese Ausfallhaftung erfasst aber nicht den gesamten Fehlbetrag, sondern ist auf den Betrag des Stammkapitals beschränkt (BGH 25.2.2002 – II ZR 196/00, NJW 2002, 1803). Dabei darf der eigene Anteil des in Anspruch genommenen Gesellschafters am Stammkapital nicht abgezogen werden (BGH, 22.9.2003 – II ZR 229/02, NJW 2003, 3629).

Unterstützt werden die Vorschriften über die Erhaltung des Stammkapitals durch § 39 I Nr. 5 InsO, wonach Darlehensrückzahlungsansprüche von Gesellschaftern im Fall einer Insolvenz stets nur nachrangig nach denen anderer Gläubiger befriedigt werden. Ob mit solchen Darlehen Eigenkapital ersetzt werden soll oder ob diese andere Gründe haben, spielt keine Rolle. Für Gesellschafter, die nicht Geschäftsführer sind und eine Beteiligung von nicht mehr als 10% am Stammkapital haben, gilt § 39 I Nr. 5 InsO jedoch nicht.

## III. Die Kaufmannseigenschaft

Die GmbH ist Kaufmann. Genauer müsste es heißen: Die GmbH ist „Formkaufmann". Kaufmann ist hier also nicht ein anderer Ausdruck für Händler oder Krämer. Der Begriff Kaufmann ist, ebenso wie der später noch zu behandelnde Begriff der Firma, als juristischer Terminus gebraucht. Er wird nur dann richtig verstanden, wenn man das Handelsgesetzbuch, das Gesetz also, das sich mit dem Kaufmann und seinen Rechten und Pflichten befasst, als Fortentwicklung eines ehemaligen Standesrechts begreift. Wie sich leicht denken lässt, war dessen Zielgruppe gerade nicht der Kolonialwarenhändler an der Ecke oder die Gemüsefrau, sondern der reiche Handelsherr in seinem Kontor.

Aufgrund von § 13 III GmbHG ist die GmbH Handelsgesellschaft, und auf diese findet nach § 6 HGB das Spezialrecht der Kaufleute ohne weitere Einschränkungen Anwendung. Mit dieser Herleitung ist zugleich klargestellt, dass sich die Kaufmannseigenschaft nicht auf den Geschäftsführer bzw. die Gesellschafter der GmbH erstreckt.

Der Leser wird nun nach den Vorteilen der Kaufmannseigenschaft fragen. Er wird über die Antwort nicht weniger überrascht sein als bei einem Blick in andere Standesrechte. Die Aufzählung der Pflichten überwiegt nämlich die Rechte bei weitem.

Die wichtigste dieser Pflichten ist die Buchführungspflicht, die in § 238 HGB und den folgenden Bestimmungen geregelt ist. Handelsbücher und Bilanzen sind die augenfälligste Demonstration eines in kaufmännischer Weise eingerichteten Geschäftsbetriebs, gleichzeitig aber auch eine nicht geringe Schwierigkeit für junge GmbH-Gründer.

Erfüllt wird diese Verpflichtung in der Regel durch die **„doppelte Buchführung“.** Diese zeichnet sich dadurch aus, dass jeder Geschäftsvorgang auf zwei Konten festgehalten wird, und zwar auf einem Soll- und einem Habenkonto. Aus dieser Buchführung ist am Ende des Geschäftsjahrs die Bilanz zu erstellen, den Gesellschaftern vorzulegen und beim Bundesanzeiger einzureichen. Einfache Buchführung ist nur unter besonderen Voraussetzungen, insbesondere bei geringem und übersichtlichem Geschäftsanfall ausreichend.

Aus der **Bilanz** muss sich das Gesellschaftsvermögen, aufgegliedert in Aktiv- und Passivposten ergeben. Die Aufgliederung muss den Anforderungen der §§ 242 ff. HGB entsprechen und so sinnvoll gestaltet werden, dass der dahinter stehende Gedanke nachvollziehbar und die Ergebnisse nachrechenbar sind (Einzelheiten s. 3. Kap. VI. 1. b, S. 121).

Die Bilanz muss darüber hinaus wahr sein. Sowohl die Vermögensgegenstände als auch die Schulden müssen umfassend und abschließend wiedergegeben sein und dürfen weder über- noch unterbewertet sein. Aus der Bilanz muss sich der tatsächliche finanzielle Stand der Gesellschaft ergeben. Sie darf weder negativ – etwa im Hinblick auf die Steuerschulden – geschminkt sein noch ein bewusst zu optimistisches Bild zeigen, etwa zur Rechtfertigung des Geschäftsführers vor den Gesellschaftern.

Vor allem ist jedoch darauf zu achten, dass jede neue Bilanz nahtlos an die vorhergehende anschließt und zwischen den einzelnen Bilanzen keine Fehlbeträge bestehen.

Als weiteres „Privilegium" des Kaufmanns neben der Buchführungs- und Bilanzpflicht sind einige formale Erleichterungen im Geschäftsverkehr zu nennen. So kann beispielsweise ein Kaufmann eine Bürgschaft, ein Schuldversprechen oder ein Schuldanerkenntnis formfrei, d.h. zum Beispiel mündlich abgeben (§ 350 HGB). Eine entsprechende Erklärung eines Nichtkaufmanns bedarf zur Wirksamkeit mindestens der Schriftform.

Daneben hat bei der Auslegung der rechtsgeschäftlichen Willenserklärung eines Kaufmanns der Handelsbrauch besondere Beachtung zu finden. Er geht so weit, dass das Schweigen eines Kaufmanns auf einen ihm zugegangenen Vertragsantrag als Vertragsannahme gelten kann, § 362 HGB. Diese Regelung, die freilich voraussetzt, dass zwischen den Vertragspartnern bereits vorher eine Geschäftsverbindung bestand, darf auf Nichtkaufleute unter keinen Umständen übertragen werden. Bei ihnen kann aus dem Schweigen grundsätzlich nie die Abgabe einer Willenserklärung, schon gar nicht die Vertragsannahme konstruiert werden.

Die wenigen aufgezeigten Beispiele mögen deutlich machen, dass bei der Prüfung von Sachverhalten aus dem Vertragsrecht auf jeden Fall ein Blick in die Spezialregeln der §§ 343 ff. HGB notwendig ist. Dort finden sich nicht selten Regelungen, die die Entscheidung eines praktischen Rechtsfalls genau umgekehrt gestalten wie bei einem privaten Beteiligten.

Ein wirkliches „Privilegium" der Kaufmannseigenschaft ist jedoch das Recht, eine Firma führen zu dürfen.

## IV. Der Firmenname

Die Firma ist der Name der GmbH. Während bis zum 30.6.1998 Gesetz und Rechtsprechung sehr kleinlich waren, ist heute der Phantasie Freiraum gelassen. Es liegt bei dem GmbH-Gründer, diesen Raum möglichst werbewirksam zu nutzen. Zum Verständnis, wie dies geschehen kann, ist zunächst eine allgemeine Betrachtung des Firmenrechts notwendig.

## 1. Allgemeines zum Firmenrecht

Die „Firma" im juristischen Sinn ist von der umgangssprachlichen Bedeutung des Worts zu trennen. Während gemeinhin die „Firma" die Gesamtheit eines Unternehmens einschließlich der Belegschaft bezeichnet, ist nach § 17 HGB die Firma der Name eines Kaufmanns, unter dem er seine Geschäfte betreibt und im Handelsverkehr auftritt. Die Firma ist also gleichsam ein zweiter Name des Inhabers eines Handelsgeschäfts. Sie bezeichnet ihn und nicht das Geschäft oder das Geschäftslokal.

Zum Verständnis ist es sehr hilfreich, wenn man bei dem juristischen Begriff der Firma an einen „Spitznamen" denkt. Die Firma ist für einen Kaufmann nichts anderes als sein „Spitzname" im Geschäftsverkehr, wo er als Kaufmann auftritt. Und wie sich unter Freunden, in der Wirtschaft oder in einem Verein der Spitzname einer Person manchmal aus deren Eigentümlichkeit entwickelt, manchmal aber auch ohne jeden objektiven Bezug zum Namensträger ist, können auch Gewerbetreibende ihrem Laden auf dem Türschild einen ihnen passend scheinenden Namen geben. Das gilt zunächst für die sog. Etablissementbezeichnungen, die z.B. bei Apotheken und Gaststätten sehr verbreitet sind. Die „Adler-Apotheke" oder das „Gasthaus zum Roten Ochsen" sind Beispiele hierfür.

Von solchen Etablissementbezeichnungen unterscheidet sich die Firma eines Kaufmanns dadurch, dass sie im Handelsregister eingetragen ist und der Kaufmann einen **Rechtsformzusatz** führen muss, aus dem sich ergibt, ob es sich um einen Einzelkaufmann, eine Handelsgesellschaft oder um eine juristische Person handelt. Beim Einzelkaufmann lautet dieser Zusatz „eingetragener Kaufmann" oder eine allgemein verständliche Abkürzung hiervon, meistens „e.K.". Alle anderen Einschränkungen sind seit 1998 entfallen. Weder Vor- noch Familienname des Kaufmanns muss seitdem in der Firma enthalten sein, reine Sachfirmen und Phantasiefirmen sind ebenso zulässig, aber auch jede Kombination dieser Möglichkeiten.

**BEISPIEL:** Der Inhaber eines Fertigungsbetriebs für Schuhe, Ledertaschen und Ledermäntel kann danach seine Firma etwa folgendermaßen bilden:

- Ernst Weinmann e. K.
- Karl Ernst Weinmann Ledererzeugnisse e. K.
- Schuh- und Lederwaren Weinmann e. K.

  aber auch (reine Sachfirma):
- KEW Lederwarenfabrik e. K.
- Der Ledermacher W e. K.

  und sogar (Phantasiefirma):
- Die gute Ledertasche e. K.
- Das war die Haut von einem Kamel e. K.

Darüber hinaus ist die Firma in § 21 HGB als verwertbares Vermögensrecht angelegt. Der Grundsatz der **Firmenbeständigkeit** bedeutet, dass der Inhaber eines Unternehmens die mit diesem verbundene Firma vererben oder veräußern kann. Der wirtschaftliche Vorteil dieser Möglichkeit wird dann klar, wenn man an ein Unternehmen denkt, das unter dem Namen seines Gründers Bekanntheit erlangt hat. Dem Erwerber des Unternehmens wird hier sehr viel daran gelegen sein, für den Betrieb und die Produkte die werbeträchtige, weil bekannte Firma zu führen. Mit Einwilligung des Veräußerers kann der Erwerber dessen Firma übernehmen. Er kann, muss jedoch nicht auf die unrichtig gewordene Firma hinweisen.

**BEISPIEL:** Hat Herr Meier die Schuhfabrik Weinmann erworben, kann er mit Zustimmung des Veräußerers künftig dessen Firma

- Ernst Weinmann e. K. oder
- Ernst Weinmann Nachfolger e. K.

und selbstverständlich auch jede Sach- oder Phantasiefirma führen und unter dieser Firma auch seine Unterschrift leisten.

Der Grundsatz der **Firmenwahrheit** besagt, dass eine Firma grundsätzlich richtig sein muss und keine falschen Vorstellungen hervorrufen darf. Allerdings ist das firmenrechtliche Irreführungsverbot seit 1998 wesentlich entschärft worden. Nur noch eine offensichtliche Irreführung ist verboten; dass sich ein Teil der angesprochenen

Verkehrskreise vielleicht falsche Vorstellungen macht, führt nicht dazu, dass eine Firma unzulässig wäre. Deshalb hat das BayObLG, Rpfleger 1999, 448 mit Recht die Firma „Meditec GmbH“ für eine Computerhandelsfirma für zulässig gehalten, obwohl mancher unbefangene Leser dahinter eine Firma aus dem Bereich der Medizintechnik vermuten mag. Neuerdings hat sich das OLG Düsseldorf bei der Beanstandung von Firmennamen besonders hervorgetan. So soll „Not und Elend GmbH“ für eine Gesellschaft, die Spielhallen betreibt, irreführend sein (OLG Düsseldorf, NZG 2020, 308) und „TAX-Care GmbH“ unzulässig sein, wenn die GmbH keine Steuerberatungsgesellschaft ist (OLG Düsseldorf, NZG 2020, 835); überzeugend ist dies nicht. Nach wie vor unzulässig sind Firmen, mit denen zu Werbezwecken die wirtschaftliche Bedeutung des Unternehmens überhöht wird. So verhält es sich beispielsweise, wenn der Inhaber einer unbedeutenden Sprachenschule ohne einen einzigen muttersprachlichen Lehrer die Firma „Paul Wolf, Fremdsprachenakademie“ führt. Sehr großzügig ist insoweit OLG Frankfurt, NZG 2019, 1232: Eine UG soll sich als Holding bezeichnen dürfen, auch wenn noch gar keine Holding-Struktur besteht, sondern deren Errichtung erst beabsichtigt ist.

Zwei weitere Grundsätze des Firmenrechts sind die **Firmeneinheit** und die Firmenausschließlichkeit. Ersterer bedeutet, dass einem Kaufmann aus einem Unternehmen auch nur eine Firma erwächst. Dagegen ist jedoch nicht verboten, dass ein Kaufmann, der Inhaber mehrerer Unternehmen ist, mehrere Firmen führt. Die **Firmenausschließlichkeit** dagegen besagt, dass die Firma individuell sein muss. Sie soll sich von allen anderen an demselben Ort bereits bestehenden und in das Handelsregister eingetragenen Firmen deutlich unterscheiden. Der Zweck dieses Grundsatzes ist verständlich, wenn man bedenkt, dass die Firma ein Name ist und zur Identifikation einer Person dient. Um das Firmenrecht brauchbar zu erhalten, ist es deshalb notwendig, diesen Grundsatz sehr streng auszulegen.

**BEISPIEL:** So kann es nicht als zulässig angesehen werden, wenn neben der Firma „Ernst Weinmann Lederwaren-Fabrik" am gleichen Ort eine Firma „Ernst Wainmann" eingetragen werden soll. Wegen der gleich lautenden Aussprache der beiden Familiennamen wird als Unterscheidungsmerkmal als klärender Zusatz die Angabe des Geschäftsbereichs erforderlich. Eine zulässige Firma müsste deshalb z.B. „Ernst Wainmann Gaststättenbetrieb" lauten.

## 2. Die Firma der GmbH

Die vorstehenden Grundregeln des Firmenrechts gelten auch für die GmbH. § 4 GmbHG verlangt lediglich den Rechtsformzusatz „Gesellschaft mit beschränkter Haftung", „Gesellschaft mbH" oder einfach „GmbH" – nicht unbedingt in deutscher Sprache, so dass das LG Nürnberg-Fürth, GmbHR 1994, 706 mit Recht die Firma „X-Company mbH" für zulässig gehalten hat. Weniger Auswahl besteht bei der Unternehmergesellschaft, bei der nur „Unternehmergesellschaft (haftungsbeschränkt)" und „UG (haftungsbeschränkt)" zur Wahl stehen; das Wort „haftungsbeschänkt" darf dabei nicht abgekürzt werden. Und wer seine UG im Rechtsverkehr frech als „GmbH" bezeichnet, haftet für alle Geschäfte persönlich (BGH, 12.6.2012 – II ZR 256/11, GmbHR 2012, 953).

**BEISPIEL:** Gründen Ernst Weinmann, Otto Halbig und Klaus Fischer eine GmbH und wollen sie den Namen eines oder mehrerer Gesellschafter in die Firma aufnehmen, kann diese etwa lauten:

- Weinmann Halbig Fischer GmbH
- Weinmann & Co. GmbH
- Ernst Weinmann, Halbig und Fischer GmbH.

Es gibt aber keinerlei Zwang zur Aufnahme eines Gesellschafternamens; deshalb sind auch die reinen Sachfirmen

- WHF Lederwarenfabrik GmbH
- Die Ledermacher W & H GmbH

und genauso die Phantasiefirmen

- Die gute Ledertasche GmbH
- Das war die Haut von einem Kamel GmbH

ohne weiteres zulässig.

Eine bis zum 30.6.1995 in das Handelsregister eingetragene GmbH konnte und kann sich auch weiterhin „Weinmann & Partner GmbH“ nennen. Deshalb braucht auch die GmbH in unserem Beispiel Muster 7 des Anhangs (S. 223) ihre Firma nicht zu ändern. Seit dem 1.7.1995 sind dagegen jedenfalls nach der Meinung des BGH (NJW 1997, 1854) die Bezeichnungen **„Partnerschaft“**, „und Partner“ (auch in den Schreibweisen „+ Partner“ oder „& Partner“) für die neue Gesellschaftsform der Partnerschaftsgesellschaft (s. unten V. 4., S. 30) auch dann reserviert und dürfen von anderen Gesellschaftsformen nicht verwendet werden, auch wenn durch den GmbH-Zusatz jede Verwechslung ausgeschlossen ist. Die Entscheidung ist nicht nur wegen der Abgrenzungsprobleme (wie ist es mit den Zusätzen „und Partnerin“, „und Partnerinnen“?) höchst fragwürdig, sondern verschließt nur wegen der gar nicht bestehenden Verwechslungsgefahr mit einer praktisch fast bedeutungslosen Gesellschaftsform Tausenden von GmbHs eine sehr populäre Art der Firmenbildung – aber die Praxis muss sie so lange beachten, bis der Gesetzgeber eingreift. Immerhin hat die Rechtsprechung das Verbot bereits „verwässert“ und entschieden, dass nur der Zusatz „Partner“ selbst geschützt ist; in Verbindung mit Zusätzen („GV-Partner“) ist er dagegen ebenso erlaubt (OLG München, Rpfleger 2007, 205) wie der englische Plural „partners“ (BGH, 13.4.2021 – II ZB 13/20, NJW 2021, 1952).

Auch wenn ein in der Firma genannter Gesellschafter ausscheidet, braucht sich diese nach dem Grundsatz der Firmenbeständigkeit nicht zu ändern. Dagegen verlangt die Firmenwahrheit, dass bei der Neueintragung einer GmbH-Firma ausschließlich Namen von Gesellschaftern oder Personen verwendet werden, die mit der Gesellschaft in rechtlicher Verbindung stehen; die Aufnahme des Namens einer lebenden Person, die nichts mit der Gesellschaft zu tun hat, dürfte nach wie vor ersichtlich irreführend und damit unzulässig sein (LG Frankfurt/Oder, GmbHR 2002, 966). Es gibt allerdings auch Registergerichte, die in diesem Punkt großzügiger sind (z. B. OLG Rostock, GmbHR 2015, 37; OLG Düsseldorf, GmbHR 2017, 373 hält jedenfalls die Verwendung des Namens des verstorbenen Urgroßvaters für zulässig).

In jedem Fall ist zu beachten, dass nicht die Vorstellung von der Gesellschafterposition der genannten Person erweckt wird. Bei der Firma „Küchenstudio Bocuse GmbH" wird niemand auf diesen Gedanken kommen, bei „Beckenbauer Fußballartikel GmbH" vielleicht schon (das meint jedenfalls OLG Jena, GmbHR 2010, 1094). Auch wenn die Firma zulässig ist, setzt aber eine solche Firma die Zustimmung der genannten Person voraus, die dafür in der Regel ein angemessenes Entgelt fordern wird. Ganz unbedenklich ist die Verwendung von Namen, die nach der Verkehrsauffassung überhaupt nicht auf einen Namensträger hinweisen („Bismarck-Herings-GmbH") oder von fiktiven Namen („Mandarkanant GmbH").

Am Grundsatz der Firmenwahrheit wurden bisher vor allem Firmen mit **geographischen Hinweisen** gemessen. Eine geographische Angabe darf der Verbraucher für den Wirkungs- und Bekanntheitskreis des Unternehmens halten und wird daraus Rückschlüsse auf dessen wirtschaftliche Bedeutung ziehen. Wird hierbei zu einer falschen Vermutung verleitet, erweist sich die gewählte Firmenbezeichnung als unzulässig. Diese Schwelle wurde von der früheren Rechtsprechung als sehr schnell erreicht angesehen: Die Angabe eines Ortes, einer Region oder Zusammensetzungen mit „deutsch", „europäisch" oder „international" wurden nur gestattet, wenn das betreffende Unternehmen in dem entsprechenden Bereich eine führende Stellung innehatte (so noch die wohl nur mit Lokalpatriotismus erklärbare Entscheidung LG Aurich, Rpfleger 2006, 198 zum Firmenbestandteil „Ostfriesland"). Weil nach dem neuen Firmenrecht nur ein ersichtlich zur Täuschung geeigneter Firmenzusatz verboten ist, sind neue Entscheidungen wesentlich großzügiger: Sie halten insbesondere die Zusätze „Euro", „europäisch" und „international" schon dann für zulässig, wenn sich das Unternehmen europaweit oder grenzüberschreitend betätigt; marktführend oder auch nur bedeutend braucht es danach nicht mehr zu sein (OLG Hamm, Rpfleger 1999, 545); auch „Münchner Hausverwaltung GmbH" bedeutet nach OLG München, Rpfleger 2010, 515 lediglich, dass die Gesellschaft im Großraum München tätig ist; nach der gleichen Entscheidung ist diese Firma selbst dann nicht irreführend, wenn der Sitz der Gesellschaft in einer Nachbargemeinde ist. Da die Rechtsprechung aber selbst beim gleichen Gericht unterschiedlich großzügig ist (vgl. OLG München, FGPrax 2022, 264 mit Rpfleger 2010, 515), sollte man in Zweifelsfällen trotzdem vorher mit dem Registergericht oder der IHK sprechen, ob gegen eine derartige Firma Bedenken erhoben werden.

Nach wie vor streng ist die Rechtsprechung im Interesse des Schutzes von Kapitalanlegern vor windigen Vermittlern bei der Aufnahme des Firmenbestandteils „Investment". Diesen dürfen nur Kapitalanlagegesellschaften im Sinne des KAGG führen, nicht aber Firmen, die nur Kapitalanlagen vermitteln und in Vermögensfragen beraten (BayObLG, Rpfleger 1999, 281).

Jede Firma muss zur Kennzeichnung der GmbH geeignet sein und Unterscheidungskraft besitzen, sie muss, wie man sagt **„individualisiert"** sein. Wenn kein Gesellschaftername in der Firma enthalten sein soll, ist es deshalb oft nötig, eine Sachfirma wie „Profi-Handwerker GmbH" oder „Outlets.de GmbH", die als solche nicht individualisiert wären (OLG Frankfurt, GmbHR 2011, 202), mit einem Zusatz zu verstehen, wobei Buchstabenkombinationen beliebt sind, also z.B. „ALPM Profi-Handwerker-GmbH". Großzügiger ist eine Entscheidung, die „Autodienst Berlin GmbH" für eine zulässige Firmierung gehalten hat (KG, NZG 2008, 80). Allerdings dürfen nicht bereits andere Unternehmen mit einer gleichen oder ähnlich klingenden Firma existieren. Dies ist bei Abkürzungen sehr häufig der Fall. Gerade bei sinnfreien Buchstabenkombinationen ist zur problemlosen Unterscheidung ein deutlicher Unterschied zu fordern. Phantasiefirmen müssen auch „artikulierbar" sein (BGH, 8.12.2008 – II ZB 46/07, ZIP 2009, 168). Deshalb sind Firmen unzulässig, die im Wesentlichen aus sinnlosen Buchstabenreihungen bestehen („AAA AAA AAA AB ins Lifesex-TV.de GmbH"; OLG Celle, GmbHR 1999, 412). Firmen, die das Zeichen @ enthalten, werden inzwischen praktisch überall anstandslos eingetragen, während ein Slash (/) dem BGH (25.1.2022 – II ZB 15/21, Rpfleger 2022, 338) nicht hinreichend artikulierbar erscheint.

Eine Ausnahme von dem Grundsatz, dass es im Wirkungsbereich einer bereits eingetragenen Firma mit einer Phantasie-(Abkürzungs-)Firma keine zweite mit gleicher, ähnlicher oder verwechselbarer Kombination geben darf, besteht dann, wenn die Unternehmen zu einer Gruppe gehören und auf Zusammenarbeit angelegt sind.

Die Firma einer GmbH kann nach der Eintragung in das Handelsregister durch **Änderung** des Gesellschaftsvertrags abgeändert werden. Die GmbH wird dadurch keine andere. Vielmehr tritt ein Namenswechsel ein, wie er bei natürlichen Personen nach der Eheschließung, Adoption oder Einbenennung erfolgt. Vollstreckungstitel, die auf den alten Namen der GmbH lauten, müssen nicht umgeschrieben werden. Gegebenenfalls ist durch einen Handelsregisterauszug nachzuweisen, dass durch die alte und neue Firma dieselbe Gesellschaft bezeichnet wird.

**Hinweis**

Für die Neugründung einer GmbH empfiehlt sich folgendes Vorgehen: Haben die Gesellschafter eine ihnen zusagende Firma für ihre GmbH gefunden bzw. erfunden, sollten sie bei der örtlichen Industrie- und Handelskammer deren Stellungnahme einholen, ob die Firmenbildung für zulässig gehalten wird. Hierbei wird zunächst festgestellt werden, ob es eine gleiche, ähnliche oder verwechselbare Firma bereits gibt und ob die Grundsätze des Firmenrechts beachtet sind. Eine solche Vorab-Anfrage kann das spätere Eintragungsverfahren der GmbH sehr beschleunigen und unnötige Rückfragen und Umfirmierungen vermeiden.

## V. Alternativen zur GmbH

Wer im Begriff ist, eine GmbH zu gründen, wird sich vorher sehr genau über die Handlungsalternativen Gedanken gemacht haben. In den allermeisten Fällen besteht der Zweck einer GmbH in der Führung eines Geschäftsbetriebes. Will der Initiator des neuen Unternehmens allein tätig sein und ohne Teilhaber und Partner auskommen, so steht er vor der Wahl, als Einzelgewerbetreibender aufzutreten oder mit einer Einpersonen-GmbH zu arbeiten. Letzteres bietet den Vorteil der Risikobegrenzung auf 25.000 € oder – bei der

Unternehmergesellschaft – sogar auf einen beliebig kleinen Betrag. Der Nachteil gegenüber der Tätigkeit als Einzelgewerbetreibender besteht in der geringen Kreditwürdigkeit der GmbH. Diese macht in der Regel eine Mithaftung des Gesellschafter-Geschäftsführers in Form der Bürgschaft, des Schuldbeitritts oder der Stellung sonstiger Sicherheiten notwendig, wodurch die Risikobegrenzung relativiert, wenn nicht gar aufgehoben wird.

Trotzdem wird die Organisationsform der GmbH oft dann gewählt, wenn es um den Betrieb eines Handwerksbetriebs geht und der Unternehmer nicht die Meisterqualifikation besitzt (s. dazu schon oben I., S. 3). Die Ausübung eines **Handwerks** ist nämlich nur Personen gestattet, die in die Handwerksrolle eingetragen sind (§ 1 HwO). Für diese Eintragung ist bei vielen Handwerken die Meisterprüfung unabdingbare Voraussetzung (§ 7 HwO). Eine GmbH wird dann in die Handwerksrolle eingetragen, wenn der Betriebsleiter diese Voraussetzung erfüllt. Ein Handwerksbetrieb kann also in der Form einer GmbH mit einem angestellten Handwerksmeister geführt werden. Dessen Tätigkeit wird in der Praxis oft auf die unbedingt notwendige Überwachungstätigkeit beschränkt. Die Handwerkskammern können allerdings gegen offensichtlichen Missbrauch einschreiten.

Wenn der junge Unternehmer mit einem oder mehreren Partnern zusammenarbeiten will oder muss, sind die Vor- und Nachteile der GmbH im Verhältnis zu anderen Gesellschaftsformen zu überlegen.

## 1. Gesellschaft bürgerlichen Rechts

Die Gesellschaft bürgerlichen Rechts, kurz GbR oder auch BGB-Gesellschaft genannt, ist mit einem Mindestaufwand an Formalitäten zu gründen. Es bedarf im Grunde nur des gesprochenen Wortes, mit dem sich zwei oder mehrere Personen zur gemeinsamen Führung des beabsichtigten Geschäfts verabreden.

Bei der GbR haften grundsätzlich sämtliche Gesellschafter persönlich für die eingegangenen Verbindlichkeiten, und zwar als Gesamtschuldner, also nicht etwa anteilig, sondern jeder für jede Forderung in voller Höhe. Eine Haftungsbeschränkung auf das Gesellschaftsvermögen ist bei Forderungen aus Verträgen zwar theoretisch möglich; die Rechtsprechung stellt aber daran so hohe Anforderungen, dass sie praktisch ausgeschlossen ist. An der Haftung aller Gesellschafter für Schädigungen Dritter lässt sich bei der GbR überhaupt nichts ändern. Für die innere Organisation der GbR enthalten die §§ 705 ff. BGB nur einige rudimentäre Vorschriften, daher ist nahezu alles von den Gesellschaftern frei regelbar. Infolge der solidarischen Haftung der Gesellschafter sind keine Gläubigerschutzvorschriften zu beachten. Da der Gesellschaftsvertrag formlos geschlossen werden kann, fallen keine zwangsläufigen Gründungskosten an. Allerdings können GbRs ab 1.1.2024 nur Grundbesitz und Rechte an Grundstücken erwerben und als Gesellschafter in ein Register eingetragen werden, wenn sie ihrerseits in dem hierfür mit Wirkung vom gleichen Tag geschaffenen Gesellschaftsregister eingetragen werden.

## 2. Offene Handelsgesellschaft

Die persönliche Haftung aller Gesellschafter bei der OHG entspricht derjenigen bei der GbR; eine Haftungsbeschränkung ist hier ausgeschlossen. Allerdings wird die OHG in das Handelsregister eingetragen und kann deshalb unter ihrem Namen Rechte und Pflichten erwerben. Die OHG bietet sich für ein Handelsgewerbe an, wenn die Gesellschafter gemeinsam in ihrem Unternehmen arbeiten und zwischen ihnen ein besonderes Vertrauensverhältnis besteht. Allerdings schreckt auch dann nicht selten die unbeschränkte persönliche Haftung.

## 3. Kommanditgesellschaft

Bei der KG, der „Schwester" der OHG, gilt Vorstehendes entsprechend. Allerdings haftet nur (mindestens) eine Person, der Komplementär, mit seinem ganzen Vermögen für die Verbindlichkeiten der Kommanditgesellschaft; die Kommanditisten haben nur die festgesetzte Einlage zu erbringen. Soweit diese geleistet ist, haften sie den Gläubigern der Gesellschaft nicht mehr. Erforderlich ist aber, dass sie Vertrauen in die Führung der Geschäfte durch den Komplementär haben, da sie von der Geschäftsführung und Vertretung der KG ausgeschlossen sind. Bei der KG ist die Eintragung in das Handelsregister erforderlich.

## 4. Partnerschaftsgesellschaft

Die Partnerschaftsgesellschaft ist eine Sonderform der OHG, die nur den Angehörigen freier Berufe (z.B. Ärzte, Zahnärzte, Krankengymnasten, Vermessungsingenieure, Rechtsanwälte, Unternehmensberater, Buchprüfer, Architekten) zur Ausübung ihrer Berufe offensteht. Diese Personengruppen dürfen sich aber selbstverständlich nach wie vor als Gesellschaft bürgerlichen Rechts oder als GmbH organisieren. Die praktische Bedeutung der Partnerschaftsgesellschaft ist bisher nicht sehr groß.

## 5. Stille Gesellschaft

Die stille Gesellschaft kann in verschiedenen Formen betrieben werden. Bei der „typischen" stillen Gesellschaft nimmt der Stille am Gewinn und Verlust des Handelsgeschäfts teil (§§ 231, 232 HGB). Es kann aber auch ausgemacht sein, dass das gesamte Vermögen der Gesellschaft als gemeinsames Vermögen behandelt werden soll, so dass im Fall einer Auflösung der Stille einen Anteil wie bei der Auflösung einer GbR erhält (sog. „atypische" stille Gesellschaft). Auch im letzteren Fall wirkt diese Abrede aber nur im Innenverhältnis, denn bei der stillen Gesellschaft entsteht kein gemeinschaftliches Gesellschaftsvermögen. Der Stille hat seine Einlage vielmehr auf den Partner zu übertragen, der allein in seinem Namen das Geschäft betreibt; nur er wird daraus berechtigt und verpflichtet. Der Stille ist als solcher von jeglicher Mitwirkung ausgeschlossen. Die stille Gesellschaft setzt deshalb ein absolutes Vertrauensverhältnis zwischen dem Stillen und dem nach außen hin allein auftretenden Geschäftsinhaber voraus.

## 6. Aktiengesellschaft

Schließlich ist neben der GmbH auch an die Gründung einer Aktiengesellschaft zu denken. Während für die GmbH ein Stammkapital von 25.000 € und für die UG sogar ein beliebig kleiner Betrag ausreicht, bedarf es bei der AG eines Kapitals von mindestens 50.000 €. Deshalb, wegen ihrer umfangreicheren Organisation und ihrer trotz der 1994 eingefügten Erleichterungen noch immer strengeren Formvorschriften ist sie für ein Unternehmen mit wenigen Gesellschaftern weniger geeignet.

## 7. Limited

Nach einem Urteil des Europäischen Gerichtshofes müssen Gesellschaften, die in einem Mitgliedstaat der Europäischen Union wirksam gegründet sind, auch in allen anderen Mitgliedstaaten anerkannt werden – auch dann, wenn sie in ihrem Gründungsstaat überhaupt keine Tätigkeit entfalten und überhaupt nur wegen der großzügigen Vorschriften dort gegründet worden sind (EuGH, NJW 2003, 3331). Es konnte nicht ausbleiben, dass geschäftstüchtige Initiatoren nun anbieten, bei der Gründung ausländischer Gesellschaften, die etwa der deutschen GmbH entsprechen, behilflich zu sein. Das sei viel billiger und die deutsche GmbH im Grunde überholt. Durchgesetzt hat sich dabei die englische Limited, bei der eine Kapitalausstattung mit 1 £ genügt und von der es zeitweise mehr als 60.000 ausschließlich in Deutschland tätige Gesellschaften gab; sie wurde deshalb bevorzugt, weil in England und Wales die Formalitäten geringer erscheinen und nur die Eintragung beim Gesellschaftsregister in Cardiff erforderlich ist.

Es ist freilich nicht alles Gold, was glänzt. Die laufenden Kosten einer Limited sind höher, denn Jahresabschluss und steuerliche Pflichten müssen nicht nur in Deutschland, sondern auch im Gründungsstaat erfüllt werden. Wenn sie in Deutschland einen Handelsregistereintrag erhalten wollen, müssen sie hier eine „Zweigniederlassung“ (die in Wirklichkeit der einzige Firmensitz ist!) eintragen lassen – dafür müssen die ausländischen Dokumente übersetzt und ein deutscher Notar in Anspruch genommen werden: wieder Kosten! Vor allem sollte man aber bedenken, dass kein vernünftiger Mensch eine Limited etwa mit der Erbringung einer Bauleistung beauftragen würde, weil er nicht sicher sein kann, dass eine Haftung (auch gegen die angebliche „Zweigniederlassung") durchsetzbar sein wird. Erst recht gilt das seit dem Brexit. Es ist seitdem unklar, ob Limiteds überhaupt noch juristische Personen sind und an Prozessen beteiligt sein können (verneinend OLG München, NZG 2021, 1518; bejahend BFH, DStR 2022, 250). Seit es die UG gibt, entscheidet sich die große Mehrheit der Gesellschaftsgründer, die die Mindesteinzahlung auf das Stammkapital einer GmbH in Höhe von 12.500 € (vgl. unten 2. Kap. V., S. 58), nicht aufbringen können, für die UG. Deren Nachteil besteht vor allem in der gewöhnungsbedürftigen Firmierung: Während man sich unter einer Limited weltweit im Handelsverkehr etwas vorstellen kann, wirkt die vorgeschriebene Firmierung „UG (haftungsbeschränkt)" doch sehr schwerfällig und hat außerhalb Deutschlands keine Parallele in anderen Sprachen.

## VI. Die Entscheidung für die GmbH oder UG

Deshalb ist dann, wenn eine oder mehrere wirtschaftlich interessierte Personen eine Gewinnchance am Markt sehen, die sie ausnutzen wollen, die Gründung einer GmbH oder einer UG in aller Regel die richtige Entscheidung. Wenn sie oder einer von ihnen den Betrieb selbst führen wollen und können, bietet es sich an, dass diese Geschäftsführer werden. Ebenso gut kann die Führung des Betriebs aber einer dritten Person, die das Vertrauen der Gesellschafter genießt, anvertraut werden.

Die Gesellschafter haben mit der GmbH die Gewähr, dass sie beim gewöhnlichen Lauf der Dinge nicht über die festgesetzte Einlage hinaus zur Haftung mit ihrem Vermögen herangezogen werden können. Das Verlustrisiko ist somit begrenzt und lässt sich mit den Gewinnaussichten von vorneherein in ein berechenbares Verhältnis setzen.

# 2. Kapitel

## Gründungsvoraussetzungen

Die GmbH als juristische Person entsteht mit der Eintragung im Handelsregister (§ 11 I GmbHG). Dieser Geburtsakt ist von der Erfüllung einer Reihe von Voraussetzungen abhängig. Sie sind nicht Selbstzweck, ihre Erfüllung wird vielmehr durch den Registerrichter geprüft, der die Eintragung abzulehnen hat, wenn es an einer Voraussetzung fehlt. Bildlich gesprochen muss die zu gründende GmbH vor der Eintragung durch ein sehr niedriges Tor gehen, das in der Prüfung der Eintragungsvoraussetzungen durch das Registergericht besteht. Die folgende Aufzählung kann für die Gründer einer neuen GmbH als „Laufzettel" herangezogen werden.

Die Gründung einer GmbH beginnt damit, dass eine Person ihre Errichtung beschließt oder mehrere Personen sich über die Gründung einigen. Dabei wird man besprechen, welchem Zweck die GmbH dienen soll, wie ihr Name lauten soll und welches Kapital für sie aufgebracht werden kann. Nach der Einigung über diese Punkte werden die Gründer einen Notar aufsuchen und dort einen Gesellschaftsvertrag aufsetzen und beurkunden lassen. Sie können in bestimmten Fällen, nämlich dann, wenn nicht mehr als drei Gesellschafter und nicht mehr als ein Geschäftsführer vorhanden sind, auch ein vom Gesetz vorgegebenes „Musterprotokoll" verwenden (s. unten Anhang Nr. 1 und Nr. 3). Empfehlenswert ist dies aber nur für die Einpersonen-Gesellschaft. Das Musterprotokoll für die GmbH mit mehreren Gesellschaftern regelt die wichtigsten Fragen (Kündigung; Ausschluss eines Gesellschafters bei Tod oder Vermögensverfall; Zustimmungspflichtigkeit einer Veräußerung von Geschäftsanteilen) überhaupt nicht. Bei Verwendung des Musterprotokolls (s. unten IV., S. 58) wird der erste Geschäftsführer zwingend im Vertrag selbst bestimmt. Bei Verwendung eines individuellen Vertrages können die Gesellschafter den ersten Geschäftsführer der GmbH ebenfalls sogleich im Vertrag benennen oder in einer ersten Gesellschafterversammlung durch Beschluss die Bestellung des Geschäftsführers vornehmen. Der frisch ernannte Geschäftsführer wird daraufhin von den Gesellschaftern die Einlagen einfordern und nach Erhalt beim Registergericht die GmbH unter Vorlage des Gesellschaftsvertrags und anderer Unterlagen anmelden. Daran schließt sich die Prüfung der Unterlagen durch den Registerrichter an, der – wenn er es für erforderlich hält – die IHK um eine Stellungnahme zu Firma und Unternehmensgegenstand bittet. Die Gründer *können* sich vor der Anmeldung selbst an die IHK wegen einer positiven Stellungnahme wenden. Das beschleunigt möglicherweise das Eintragungsverfahren, kann vom Registergericht aber nicht gefordert werden (OLG Zweibrücken, GmbHR 2011, 934). Sind alle Gründungsvoraussetzungen erfüllt und ergeben sich sonst keine Hindernisse, wird der Registerrichter die Eintragung anordnen, was heute überall nicht mehr im Wortsinn durch Anlegung einer Karteikarte, sondern durch Aufnahme des Eintragungstextes in einen weltweit im Internet zugänglichen Datenspeicher (www.handelsregister.de) geschieht. Die Veröffentlichung der Eintragung zur Kenntnisnahme der Öffentlichkeit erfolgt seit 2009 nur noch elektronisch auf dieser Webseite. Veröffentlichungen in Zeitungen sind erlaubt, aber erfolgen durch den jeweiligen Zeitungsverleger nach seinem Ermessen und ohne Kosten für die Beteiligten. Ein großes Ärgernis sind Adressbuchverlage, die – vor allem nach Ersteintragungen – routinemäßig GmbHs anschreiben und überteuerte Angebote auf Aufnahme in sinnlose private Verzeichnisse anbieten, die in betrügerischer Absicht in die Form einer Rechnung gekleidet sind, die der echten Rechnung der jeweiligen Justizkasse täuschend ähnlich sind.

Mit der Eintragung ist die GmbH entstanden. Auch wenn der Registerrichter Mängel bei der Gründung übersehen hat, berührt dies die Existenz der GmbH nicht mehr.

Bei dem beschriebenen Ablauf ist im Einzelnen das Nachfolgende zu beachten.

# I. Der Gesellschaftsvertrag

## 1. Allgemeines

Der Gesellschaftsvertrag stellt die eigentliche Keimzelle dar, aus der die spätere GmbH entsteht. Diese bildliche Vorstellung mit der Anknüpfung an die Biologie ist insoweit berechtigt, als der Gesellschaftsvertrag in Form der Satzung bereits eine Regelung der gesamten Organisation für die GmbH beinhaltet, wie dies bei einer Eizelle durch die Gene für das Wachstum des Lebewesens entsprechend der Fall ist. Für den Gesellschaftsvertrag ist ein Mindestinhalt vorgeschrieben und die darüber hinaus gehende vertragliche Ausgestaltung der Gesellschaft freigestellt.

Wie jeder Vertrag erfordert der Gesellschaftsvertrag die Abgabe übereinstimmender Willenserklärungen mehrerer Personen. Er lässt sich darüber hinaus in zwei Regelungsbereiche einteilen.

Zum einen erklären die Gesellschaftsgründer ihre Einigkeit, eine GmbH gründen zu wollen und verpflichten sich, dafür Leistungen, nämlich einen finanziellen Beitrag, zu erbringen. Man könnte diesen Teil als Verpflichtungsgeschäft bezeichnen. Dabei besteht Einigkeit, dass der Vertrag insoweit nicht als gegenseitiger Vertrag im Sinne der §§ 320 ff. BGB anzusehen ist. Ein solcher gegenseitiger Vertrag hat seinen Zweck im Austausch von Leistung und Gegenleistung. Bei der Verpflichtung im GmbH-Vertrag handelt es sich demgegenüber nicht um ein Versprechen gegenseitiger Leistungen zwischen den Gesellschaftern. Die versprochene Leistung hat vielmehr an die Gesellschaft, also eine dritte Person neben den Gesellschaftern, zu erfolgen. Die Gesellschaft soll zur Einforderung der versprochenen Leistungen berechtigt sein und diese einsammeln. Im Gegensatz zum Austauschcharakter des gegenseitigen Vertrages lässt sich der verpflichtende Teil des Gesellschaftsvertrags deshalb als Sammelvertrag bezeichnen.

Damit ist grundsätzlich die unmittelbare Anwendung der Vorschriften des gegenseitigen Vertrags, z.B. die Möglichkeit der Einrede des nicht erfüllten Vertrags oder der Rücktritt vom Vertrag nach Säumnis eines Vertragspartners, ausgeschlossen. Aus dem Grundsatz von Treu und Glauben kann jedoch auch für die Erfüllung einer gesellschaftsvertraglichen Pflicht ein **Zurückbehaltungsrecht** entstehen, wenn bei einer Zweiergesellschaft der andere Vertragspartner nicht zu vertragsgerechter Erfüllung bereit oder in der Lage ist. In jedem Fall sind jedoch für die Zubilligung eines solchen Zurückbehaltungsrechts ganz außergewöhnliche Umstände erforderlich.

Neben dem Teil des Gesellschaftsvertrags, der die Verpflichtung des einzelnen Gesellschafters enthält, muss gleichzeitig die Organisation der GmbH geregelt werden. Im Gesellschaftsvertrag muss deshalb die Satzung der Gesellschaft enthalten sein. Was darunter zu verstehen ist, wird klar, wenn man bedenkt, dass die Gesellschaft wie ein lebender Organismus funktioniert. Es sind Verwaltungsaufgaben zu erfüllen, die sofort mit Entstehung der GmbH, teilweise auch davor, bewältigt sein wollen. Da ist zu klären, wie Entscheidungen in der GmbH zu treffen sind und wie sie am besten auszuführen sind. Da sind die Rechte und Pflichten der Gesellschafter, soweit sie nicht die Einzahlung auf den Geschäftsanteil betreffen, zu regeln. Da ist weiter zu klären, wann oder unter welchen Umständen die Gesellschaft ihr Ende finden soll. Über all diese Fragen kann nach Art einer Verfassung eine genaue Aufgabenverteilung, eine Reglementierung und Verzahnung der Befugnisse niedergelegt werden.

Dieser organisatorische Teil kann, wenn die Gesellschafter dies wollen, auf ein absolutes Minimum verkürzt werden. Das GmbHG enthält nämlich eine Vielzahl von Regeln über das Funktionieren der GmbH. Diese treten beim Fehlen entsprechender Regelungen im Gesellschaftsvertrag gewissermaßen als Notverfassung in Kraft. Es handelt sich dabei jedoch um ein veränderbares (dispositives) Recht. Gesellschaftsvertragliche Regelungen gehen der gesetzlichen Notordnung in jedem Fall vor.

## 2. Die Gesellschafter

Wer kann nun Vertragspartner des Gründungsvertrags über eine GmbH sein? Zunächst alle natürlichen Personen; Einschränkungen hinsichtlich Stand, Alter, Staatsangehörigkeit etc. bestehen nicht. Eine nicht voll geschäftsfähige Person wird bei Abschluss des Gesellschaftsvertrages durch ihren gesetzlichen Vertreter vertreten. Besonders zu beachten ist dabei, dass **Minderjährige** (unter 18 Jahren) von ihren *beiden* Elternteilen vertreten werden (§ 1629 I 2 BGB). D.h., dass sowohl Mutter als auch Vater bzw. einer von beiden mit Bevollmächtigung des anderen den Gesellschaftsvertrag abschließen muss. Nur in Ausnahmefällen, nämlich nach einer gerichtlichen Übertragung der elterlichen Sorge auf einen Elternteil, ist dieser alleine berechtigt, für den Minderjährigen zu handeln. Daneben bedarf es zur Wirksamkeit der Vertretung einer nicht voll geschäftsfähigen Person bei Abschluss des Gesellschaftsvertrages in jedem Fall der familiengerichtlichen Genehmigung, §§ 1643, 1852 Nr. 2 BGB.

Neben natürlichen Personen können bei der Gründung einer GmbH auch **Personenzusammenschlüsse** mitwirken. Es steht nichts entgegen, dass Vereine, rechtsfähige wie nicht rechtsfähige, BGB-Gesellschaften oder Gesamthandsgemeinschaften Gründungsmitglieder und später Gesellschafter der GmbH sein können. Ebenso können die im Handelsregister eingetragenen Gesellschaften wie OHG, KG, GmbH oder AG Bindungserklärungen abgeben.

Es macht dabei für die spätere GmbH keinen Unterschied, ob ihre Gesellschafter natürliche Personen oder ihrerseits wieder Gesellschaften sind. Das einzige Problem besteht darin, dem Registerrichter für die Eintragung der GmbH die wirksame Vertretung solcher Gesellschaften bei Abschluss des Gesellschaftsvertrags nachzuweisen. Darauf ist ebenso wie auf den Nachweis der wirksamen Vertretung einer natürlichen Person bei Abschluss des Gesellschaftsvertrags, die selbstverständlich zulässig ist, später noch einzugehen. Im Zusammenhang mit der Vertretung eines Gründungsmitglieds taucht immer wieder die Schwierigkeit auf, dass das gleichzeitige Auftreten einer Person für mehrere Vertragsteile, das sog. **Selbst-**

**kontrahieren,** grundsätzlich verboten ist (§ 181 BGB). Dahinter steht die Furcht vor einem unredlichen Handeln der Person, die mit sich selber Geschäfte abschließt. Unzulässig ist es deshalb, wenn bei einem zwei- oder mehrseitigen Vertrag die Willenserklärungen mehrerer auf verschiedenen Vertragsseiten stehender Beteiligter von einer einzigen Person abgegeben werden. Beim Abschluss des Gesellschaftsvertrags kommt eine solche Konstellation relativ häufig vor, wenn nämlich dem Initiator der Gründung von mehreren Gründungsmitgliedern Vollmacht zu ihrer Vertretung erteilt wurde. Allerdings können diese – wenn sie davon ausgehen, dass der vom Gesetz befürchtete Interessenkonflikt nicht besteht – dem Bevollmächtigten **Befreiung von den Beschränkungen des § 181 BGB** erteilen. Ist dies geschehen, kann der Bevollmächtigte für sich selbst und für alle anderen handeln, die ihm in dieser Weise Vollmacht erteilt haben.

## 3. Präsenzgründung und Online-Gründung

Der Gesellschaftsvertrag bedarf der notariellen Beurkundung (§ 2 I 1 GmbHG). Ist diese Form nicht eingehalten, so ist der Vertrag unwirksam (§ 125 BGB). Die Vollmacht zum Abschluss eines GmbH-Vertrags muss mindestens öffentlich beglaubigt sein (§ 2 II 1 GmbHG).

Notarielle *Beurkundung* bedeutet, dass der Vertragsinhalt von den Gründern vor dem Notar erklärt wird und dieser eine Niederschrift über die Verhandlung aufnimmt (§ 8 BeurkG). Diese wird den Beteiligten vorgelesen, von ihnen genehmigt und eigenhändig unterschrieben. Durch die Beurkundung ist sichergestellt, dass die Beteiligten wissen und wollen, was sie erklären. Sie können dem Notar Fragen stellen; unabhängig davon informiert sie der Notar über die rechtliche Bedeutung der einzelnen Bestimmungen. Ein Verzicht auf das vollständige Vorlesen des beurkundeten Textes ist nicht möglich; eine nicht (vollständig) verlesene Urkunde ist unwirksam. Grundsätzlich anders ist all dies bei der notariellen *Beglaubigung* (s. dazu unten VII. 1., S. 63).

Die Beurkundung des Gesellschaftsvertrags kann in einem einzigen Termin geschehen, in dem alle Gesellschafter erscheinen, dem Notar ihre Wünsche unterbreiten und der Notar über die vor ihm abgegebenen Erklärungen eine Niederschrift aufnimmt, die sodann vorgelesen und von ihm und allen Gesellschaftern unterschrieben wird.

Gleichzeitige Anwesenheit aller Gesellschafter ist aber nicht gesetzlich vorgeschrieben. Die Gesellschafter können auch nacheinander erscheinen und das Handeln des zuerst Erschienenen genehmigen. Der Vertrag kommt dann mit der Unterschrift des letzten Gesellschafters zustande.

Zuständig für die Beurkundung ist jeder Notar im Inland. Die „normale" und bis zum 31.7.2022 einzig mögliche Art der Gründung war die im Wege des persönlichen Erscheinens des oder der Gründer vor dem Notar und die Errichtung einer Niederschrift als Papierdokument. Aufgrund einer EU-Richtlinie war der deutsche Gesetzgeber aber verpflichtet, eine Möglichkeit zu schaffen, eine GmbH zu gründen, ohne dass die Gründer persönlich vor einer Amtsperson erscheinen müssen. Deshalb ist seit 1.8.2022 auch eine **Online-Gründung** möglich, wenn nur Bareinlagen vereinbart sind (§ 2 III GmbHG). Ab 1.8.2023 besteht diese Einschränkung nicht mehr. Der Notar darf einen solchen Wunsch nur ablehnen, wenn er die Erfüllung seiner Amtspflichten nicht gewährleisten kann, insbesondere er sich nicht von der Identität einer beteiligten natürlichen Person oder der Existenz einer beteiligten juristischen Person überzeugen kann (§ 16a II BeurkG).

Die Online-Gründung erfolgt über ein Videokommunikationssystem, das die Bundesnotarkammer betreibt. Damit ist der Zugriff Dritter auf das Beurkundungsverfahren ausgeschlossen. Die Errichtung der Niederschrift über die Gründung geschieht durch Erstellung eines elektronischen Dokuments, das die Beteiligten mittels qualifizierter elektronischer Signaturen unterschreiben (§ 16b BeurkG); dazu braucht der Beteiligte eine Signaturkarte, ein Kartenlesegerät und die entsprechende Software. Die Identitätsfeststellung der Beteiligten erfolgt anhand eines elektronisch übermittelten Photos und eines amtlichen Ausweises eines EU-Mitgliedsstaats; Angehörige anderer Staaten ohne EU-Ausweis können daher an einer

Online-Gründung nicht teilnehmen. Möglich ist dagegen eine „gemischte“ Beurkundung, bei der Beteiligte beim Notar persönlich anwesend sind und andere im Wege der Videokommunikation teilnehmen (§ 16e BeurkG). In gleicher Weise wie die Gründung der GmbH kann die Errichtung von Gründungsvollmachten erfolgen (§ 2 II 2 GmbHG). Ein Notar darf – anders als bei der Präsenzbeurkundung, bei der die Beteiligten den Notar frei wählen können – eine Online-Beurkundung nur durchführen, wenn der Sitz der neuen GmbH in seinem Amtsbereich liegt oder ein Gründungsgesellschafter in seinem Amtsbereich wohnt; das soll verhindern, dass sich Online-Beurkundungen bei einigen großen „Urkundenfabriken“ konzentrieren. Allerdings besteht eine solche Gefahr bisher ohnehin nicht: Schon wegen der hohen technischen Anforderungen an die Beteiligten wird die Möglichkeit der Online-Gründung kaum genutzt; die Präsenzgründung ist angesichts der heutigen Verkehrsverhältnisse und der Möglichkeit jedes Gesellschafters, eine GmbH-Gründung, an der er nicht teilnehmen konnte, durch schlichte Genehmigungserklärung bei jedem deutschen Notar zu genehmigen, deutlich komfortabler. Zudem entstehen für die nachträgliche Genehmigungserklärung in der Regel nur kaum ins Gewicht fallende Kosten an (vgl. 5. Kap., S. 183 f.).

Im Ausland kann die Beurkundung durch einen deutschen Konsularbeamten erfolgen; dies hat die gleiche Wirkung wie die Beurkundung durch einen inländischen Notar (§ 10 II Konsulargesetz). Allerdings dürfen in manchen Ländern die Konsularbeamten nur Erklärungen deutscher Staatsangehöriger beurkunden (zu Russland vgl. OLG Köln, FGPrax 2022, 26). Auch muss man aufpassen, dass der Konsularbeamte die Beurkundungsvorschriften einhält, insbesondere im Hinblick auf die genaue Bezeichnung des Beteiligten (OLG Bremen, NJW 2022, 630). Die Beurkundung des Gesellschaftsvertrags kann auch in einer Fremdsprache erfolgen; in diesem Fall muss er dem Registergericht aber mit einer deutschen Übersetzung eingereicht werden (LG Düsseldorf, Rpfleger 1999, 334).

Umstritten ist dagegen, ob der Abschluss eines GmbH-Vertrages auch im **Ausland** unter Beachtung der dortigen Formvorschriften erfolgen kann. Das könnte für die Beteiligten dann vorteilhaft sein, wenn das ausländische Recht die einfache Schriftform genügen lässt und dadurch die Notargebühren für die Beurkundung erspart werden können oder auch, wenn das ausländische Recht zwar notarielle Beurkundung vorschreibt, die ausländischen Notargebühren aber – wie etwa in der Schweiz bei hohen Geschäftswerten – wesentlich niedriger sind als nach dem deutschen GNotKG. Nach der wohl überwiegenden Meinung ist Art. 11 I 2. Alt. EGBGB – der die Einhaltung der am Ort der Vornahme gültigen Formvorschriften genügen lässt – auf diesen Fall nicht anwendbar; wohl aber soll die Beurkundung durch einen ausländischen Notar genügen, wenn er nach seiner Vorbildung und Stellung im Rechtsleben eine der Tätigkeit des deutschen Notars entsprechende Funktion ausübt und für die Errichtung der Urkunde ein Verfahrensrecht zu beachten hat, das den tragenden Grundsätzen des deutschen Beurkundungsrechts entspricht. Das ist beispielsweise für die Schweizer (KG, NZG 2018, 1195), die niederländischen (OLG Düsseldorf, GmbHR 1990, 169), die österreichischen und die türkischen Notare zu bejahen, für die amerikanischen Notare dagegen sicher nicht anzunehmen. Entsprechendes gilt für Folgegeschäfte: auch ein Schweizer Notar kann eine Gesellschafterliste nach § 40 II GmbHG bescheinigen (BGH, 17.12.2013 – II ZB 6/13, NJW 2014, 2026).

**Hinweis**

Angesichts der Strittigkeit dieser Frage empfiehlt es sich vor einer Gründung im Ausland in jedem Fall, das Registergericht zu befragen, ob es die geplante Auslandsgründung als formwirksam ansehen wird.

## 4. Mindestinhalt des Gesellschaftsvertrags

Der Mindestinhalt des Gesellschaftsvertrags bestimmt sich nach § 3 GmbHG. Ein hier bestehender Mangel führt dazu, dass der Gesellschaftsvertrag unwirksam ist und die Eintragung in das Handelsregister nicht erfolgen darf.

Zunächst muss der Gesellschaftsvertrag den Willen der Gesellschafter zur Gründung einer GmbH enthalten.

Erforderlich ist, dass die Namen sämtlicher Gründer angegeben werden. Der entsprechenden Aufzählung hat sich die Erklärung anzuschließen, dass die genannten Personen eine GmbH gründen wollen. Dies wird in der Regel mit dem Satz ausgedrückt:

„Wir errichten hiermit eine Gesellschaft mit beschränkter Haftung."

Darüber hinaus muss festgelegt werden, wie die GmbH heißen soll, also wie ihre Firma lautet. Auf die dabei bestehenden Möglichkeiten der Wahl einer Personen-, Sach- oder Phantasiefirma wurde bereits oben hingewiesen.

Weiterhin muss im Gesellschaftsvertrag der **Sitz** der GmbH angegeben werden. Erforderlich hierfür ist die Bezeichnung einer Gemeinde nach dem entsprechenden Landeskommunalrecht. Den Sitz können die GmbH-Gründer frei wählen. Der frühere § 4a II GmbHG, wonach entweder der Ort gewählt werden musste, an dem sich ein Betrieb der GmbH oder die Geschäftsleitung befindet oder an dem die Verwaltung geführt wird, wurde aufgehoben. Die GmbH wird in das Handelsregister des Amtsgerichts eingetragen, das für ihren Sitz zuständig ist. Ein Doppelsitz ist grundsätzlich unzulässig; aus § 3 GmbHG wird mit Recht geschlossen, dass eine GmbH – auch im Inland – nur einen einzigen Sitz haben kann. Der Sitz einer GmbH bestimmt nach dem deutschen internationalen Privatrecht, welches staatliche Recht auf die Gesellschaft anzuwenden ist. Nur dann, wenn der Sitz im Inland ist, unterfällt die GmbH deutschem Recht. Die Sitzverlegung ins Ausland wurde bisher als Auflösung in das Handelsregister auch dann eingetragen, wenn der neue Sitz im EU-Ausland ist und im dortigen Handelsregister als Sitzverlegung eingetragen wird. Die GmbH verlor also durch den Grenzübertritt ihre Rechtspersönlichkeit in Deutschland, wurde also gewissermaßen an der Grenze totgeschlagen. Dagegen hält OLG Frankfurt, ZIP 2017, 611 eine solche Eintragung jedenfalls bei gleichzeitiger Änderung der Rechtsform in eine GmbH italienischen Rechts für möglich, nicht hingegen das OLG Zweibrücken, FGPrax 2022, 267 beim Formwechsel in eine türkische Limited Şirketi. Auch eine Sitzverlegung **nach Deutschland** wird nur beim Zuzug aus dem EU-Ausland eingetragen (OLG Nürnberg, NZG 2014, 349). Nach § 3 GmbHG ist im Gesellschaftsvertrag der Gegenstand des Unternehmens festzulegen. Früher entnahm man daraus ein Verbot der **„Mantelgesellschaft"**. Man versteht darunter Gesellschaften, die gewissermaßen auf Vorrat und ohne Angabe eines bestimmten Tätigkeitsbereichs ins Leben gerufen werden (Unternehmensgegenstand z.B.: „Verwaltung des eigenen Vermögens"). Sie ermöglichen, sofort nach Auftauchen einer Marktlücke ohne die notwendigen Gründungsvoraussetzungen mit einer fertigen GmbH zu arbeiten. Solche „offenen" Vorratsgründungen sind heute zweifelsfrei zulässig; man kann passende Mäntel auch fertig kaufen (Einzelheiten s. unten IX., S. 88).

Schwierigkeiten treten insoweit auf, als zweifelhaft ist, wie genau der **Unternehmensgegenstand** bestimmt sein muss. Sicher ist, dass z.B. die Bezeichnungen „Betreiben von Handelsgeschäften" oder „Handelsgeschäfte aller Art" nicht ausreichen (BayObLG, GmbHR 1996, 360). Es ist aber auch nicht erforderlich, die beabsichtigten Geschäfte bis ins letzte Detail zu beschreiben. Zu finden ist deshalb ein Mittelweg. Es genügt, wenn die Geschäfte hinsichtlich der Branche oder hinsichtlich des Leitmotivs der Gründer kenntlich gemacht werden; wenn dies geschieht, kann der Hauptgegenstand auch durch den Zusatz „sowie alle damit verbundenen Nebengeschäfte" erweitert werden (LG Bielefeld, GmbHR 2002, 328).

Der Unternehmensgegenstand ist verbunden mit der Frage, zu welchem Zweck eine GmbH errichtet werden kann. In § 1 GmbHG findet sich die Antwort, die jeden gesetzlich zulässigen Zweck als Betätigungsfeld der GmbH erlaubt. Diese Aussage ist von weitergehender Bedeutung, als es auf den ersten Blick scheinen mag. Das Bild der GmbH ist geprägt durch solche Gesellschaften, die als kaufmännische Unternehmen an die Öffentlichkeit treten und ihren Namen bekannt machen. Vielfach unbeachtet bleibt daneben, dass eine GmbH auch freiberuflichen und ideellen Zwecken dienen kann. So ist es durchaus möglich, dass Zahnärzte (BGH, NJW 1994, 786) eine GmbH errichten oder sich karitativ eingestellte Bürger zur Gründung einer **gemeinnützigen GmbH** zusammenfinden, deren Aufgabe der Betrieb eines Behinderten-Kindergartens ist. Allerdings sind bei der Gestaltung der Satzung einer solchen GmbH Besonderheiten zu beachten (ein Muster bei *Schlüter,* GmbHR 2002, 581); sie darf ihrer Firma – nach entsprechender Gesetzesänderung – (wieder) den Rechtsformzusatz „gGmbH" (für: gemeinnützige GmbH) beifügen (§ 4 S. 2 GmbHG); entsprechend darf eine gemeinnützige UG als „gUG (haftungsbeschränkt)" firmieren (BGH, 28.4.2020 – II ZB 13/19, NJW 2020, 2035). Die **Rechtsanwalts-GmbH** ist in der Bundesrechtsanwaltsordnung sogar gesetzlich geregelt. Weiterhin ist es nach der gesetzlichen Regelung möglich, dass die GmbH zur Gewährung von Vorteilen für ihre Gesellschafter, aber ohne die Absicht zur Führung eines gewinnerzielenden Gewerbebetriebs gegründet wird. Das ist etwa der Fall, wenn sich mehrere Hobbyfischer in einer GmbH zusammenschließen, deren Zweck der Erwerb und die Unterhaltung eines Seegrundstücks mit Bootshaus ist. Nachdem diese nicht kommerziellen GmbHs keine Werbetafeln mit ihrem Namen aufstellen, haben sie es den unternehmerischen, gewinnorientierten Gesellschaften überlassen, das Bild der GmbH in der Öffentlichkeit zu prägen.

Ein weiterer Grund, warum auf außerkaufmännische Unternehmensgegenstände oft mit ungläubigem Staunen reagiert wird, besteht darin, dass nach dem Gesetz jede GmbH als Handelsgesellschaft gilt. Während bei der gewinnorientierten GmbH diese Regelung einleuchtet, ist sie bei der ideellen GmbH eine gesetzliche Fiktion: Die ideelle GmbH ist zwar nicht Kaufmann im landläufigen Sinne des Wortes, aber sie *gilt* als Kaufmann, wird also rechtlich wie ein solcher behandelt. Einfacher und klarer könnte § 13 III GmbHG also lauten: Auf die GmbH sind die für Kaufleute geltenden Vorschriften anzuwenden.

Auch die auf einen ideellen Zweck gerichtete GmbH muss also ihre Firma nach den Grundsätzen des HGB bilden, ist zur Buchführung und Bilanzierung verpflichtet, genießt die Formbefreiungen eines Kaufmanns und hat seine Obliegenheiten, z.B. die Verpflichtung, beim Kauf die Lieferung eines mangelhaften Gegenstandes sofort zu rügen (§ 377 HGB).

Hieraus wird die umfassende Bedeutung des Satzes verständlich, wonach GmbHs zu jedem gesetzlich zulässigen Zweck errichtet werden können. Ausgeschlossen sind damit lediglich Unternehmensgegenstände, die gegen die guten Sitten oder ein gesetzliches Verbot verstoßen (§§ 134, 138 BGB). Verbotenes Glücksspiel, Förderung des Menschenhandels oder Bildung einer kriminellen Vereinigung können also nicht Gegenstand einer im Handelsregister eingetragenen Gesellschaft sein.

Zum Mindestinhalt des Gesellschaftsvertrags gehören schließlich noch die Angabe des Betrages des Stammkapitals und des Betrages der einzelnen Geschäftsanteile.

## II. Stammkapital und Geschäftsanteile

### 1. Höhe des Stammkapitals

Die Bedeutung des Stammkapitals für die GmbH ist im 1. Kap. II. 5., S. 13, bereits erläutert worden. Es handelt sich um die Vermögensmasse, die von den Gesellschaftern am Beginn der GmbH als Zielvorgabe für die Kapitalausstattung der Gesellschaft vorgesehen wird. Sein **Mindestbetrag** beträgt für die klassische GmbH nach § 5 I 1 GmbHG 25.000 €, für die Unternehmergesellschaft 1 €. GmbHs, die im Handelsregister mit einem auf DM lautenden Stammkapital eingetragen sind, brauchen ihr Stammkapital nicht auf den Euro umzustellen, dürfen dies aber selbstverständlich jederzeit tun (vgl. dazu 3. Kap. IV. 6., S. 156). Notwendig ist eine Umstellung und „Glättung" des dann auf Bruchteile eines Euros lautenden Stammkapitals nur dann, wenn eine Kapitalerhöhung oder -herabsetzung erfolgen soll. Praktisch erfolgt die Umstellung meist dann, wenn aus anderen Gründen eine Satzungsänderung ansteht. Eine Obergrenze für das Stammkapital besteht nicht.

Mit welchem Stammkapital eine neu zu gründende GmbH ausgestattet werden soll, will sorgfältig überlegt sein. Einerseits ist davor zu warnen, ein zu hohes Stammkapital in Ansatz zu bringen. Obgleich zur Gründung nicht das gesamte Stammkapital eingezahlt werden muss, haben die Gesellschafter im Fall der Insolvenz der Gesellschaft für seine gesamte Aufbringung einzustehen. Und auch wenn die GmbH Erfolg hat, sich aber herausstellt, dass sie das

Stammkapital nicht voll benötigt, ist mit einer Kapitalherabsetzung ein umständliches, kostspieliges und zeitraubendes Verfahren verbunden (s. unten 3. Kap. IV. 5., S. 154 ff.). Andererseits kommt eine Gründung mit einem Stammkapital von 25.000 € dann nicht in Frage, wenn schon im Gründungsstadium klar ist, dass Art und Umfang des geplanten Unternehmens unter Berücksichtigung der Möglichkeiten einer Fremdfinanzierung mit einem Eigenkapital von 25.000 € nicht zu bewältigen sind. Insbesondere muss das Stammkapital ausreichend bemessen sein, um die Verluste der Anlaufphase abdecken zu können, da die Geschäftsführer bei Überschuldung auch dann Insolvenzantrag stellen müssen, wenn die Gesellschaft noch Kredit hat (s. unten 3. Kap. VII., S. 163). Aus dem gleichen Grund ist es selbst für das allerkleinste Geschäft nicht sinnvoll, eine UG mit einem Stammkapital von 1 € zu gründen, da dann nicht einmal die Gründungskosten aus dem Stammkapital bezahlt werden können. 500 bis 1.000 € sollten es mindestens sein; übrigens sind auch die Kosten identisch, ob nun 1 € oder 7.000 € gewählt werden (s. unten 5. Kap., S. 182).

## 2. Geldeinlagen und Sacheinlagen

Mit welchem Betrag der einzelne Gesellschafter verpflichtet ist, muss im Gesellschaftsvertrag ebenfalls bestimmt sein. Der Gesellschafterbeitrag auf das Stammkapital wird heute sowohl in der Praxis als auch im GmbH-Gesetz „Geschäftsanteil“ genannt, während früher die Bezeichnung „Stammeinlage“ üblich war. Der Geschäftsanteil muss auf volle Euro lauten. Es ist also nicht möglich, eine GmbH mit einem Stammkapital von 25.000 € und drei gleich beteiligten Gesellschaftern zu errichten (25.000 : 3 = 8.333,33 €). Hier muss das Stammkapital auf 25.002 € (25.002 : 3 = 8.334 €) festgesetzt werden.

Ein Gesellschafter darf beliebig viele Geschäftsanteile übernehmen; die Beschränkung auf einen Geschäftsanteil ist weggefallen. Es ist also durchaus möglich, wie bei einer Aktiengesellschaft Geschäftsanteile im Nennbetrag von 1 € auszugeben, von denen bei einer Zweipersonen-GmbH beispielsweise jeder Gesellschafter 12.500 Stück übernimmt. Nach wie vor muss das angegebene Stammkapital restlos auf die Gründungsgesellschafter verteilt sein (§ 5 III 2 GmbHG). Eine **stufenweise Gründung** dergestalt, dass ein hoher Stammkapitalbetrag eingetragen und nach und nach von hinzugewonnenen neuen Gesellschaftern übernommen wird, ist also nicht möglich. Der Gesellschaftsvertrag muss die Gründungsmitglieder abschließend nennen. Die Summe der Geschäftsanteile, die für jedes dieser Gründungsmitglieder einzeln ausgewiesen sein muss, hat mit dem Stammkapital übereinzustimmen.

Einer ausdrücklichen Regelung im Gesellschaftsvertrag bedarf es, falls der Geschäftsanteil eines Gesellschafters nicht durch Geldzahlung, sondern durch Einbringung eines anderen Vermögensgegenstands erfolgen soll (**Sacheinlage).** So können sich die Gründer eines Lager- und Speditionsunternehmens darauf einigen, dass der eine von ihnen einen Möbelwagen, der zweite ein Grundstück mit Lagerhalle und Büroraum und der dritte eine Geldsumme einbringen soll. Sacheinlagen sind nur bei der klassischen GmbH zulässig. In Anrechnung auf das Stammkapital einer UG können also keine Sacheinlagen vereinbart werden.

Einbringbar sind alle Vermögensgegenstände, deren wirtschaftlicher Wert feststellbar ist, also sowohl körperliche Vermögensgüter als auch Forderungen und Rechte. Im vorgenannten Beispielsfall wäre es z.B. denkbar, dass der zweite Gesellschafter, der Eigentümer des Grundstücks, nicht das Eigentum selbst, sondern nur einen Bruchteil davon, z.B. das Nutzungsrecht auf zehn Jahre abtritt, das im Wege des Nießbrauchs grundbuchmäßig für die GmbH abgesichert werden könnte. Ausreichend wäre aber auch schon die bloß schuldrechtliche Einräumung des Nutzungsrechts. Durch dies wäre die GmbH in den Stand gesetzt, die Lagerhalle mit Gütern zu belegen und im Büroraum die Arbeit aufzunehmen. Es versteht sich dabei von selbst, dass der Wert der Sacheinlage im Falle der Eigentumsübertragung mit der bloßen Besitzüberlassung nicht gleich sein kann. Während das Grundstück an sich beispielsweise einen Wert von 300.000 € hat, könnte für die Besitzüberlassung maximal der für die Überlassungszeit anderweitig erzielbare Pachtzins angesetzt werden, also bei einem angenommenen Nutzungswert von 600 € monatlich 10 × 12 × 600 € = 72.000 €; dieser Betrag muss dann noch kapitalisiert, also abgezinst werden, so dass sich letztlich ein geringerer Betrag ergibt (BGH, 14.6.2004 – II ZR 121/02, NZG 2004, 910).

Neben der genauen Bezeichnung der Sacheinlage hat der Gesellschaftsvertrag deren **Wert** genau zu bestimmen. Vor der Eintragung ins Handelsregister ist der Registerrichter gehalten, diese Wertangabe auf ihre Richtigkeit, zumindest aber auf ihre Wahrscheinlichkeit zu überprüfen. Im Zweifelsfalle kann er durch Sachverständigengutachten oder andere Beweismittel nachprüfen, ob der angegebene Wert der Sacheinlage mit deren tatsächlichem Verkaufswert übereinstimmt (BayObLG, NJW 1995, 1971). Es ist zuzugeben, dass eine große Versuchung für Gründungsgesellschafter besteht, Sacheinlagen möglichst hoch zu bewerten, um dadurch auf billige Weise das Stammkapital einzubringen. Demgegenüber ist jedoch Folgendes zu bedenken: Die Angemessenheit des angegebenen Werts der Sacheinlage ist in einem Sachgründungsbericht dem Registerrichter zu dokumentieren, der im Interesse der Gesellschaftsgläubiger eine Prüfungspflicht hat. Ein Muster für einen solchen Sachgründungsbericht findet sich in Nr. 13 des Anhangs (S. 236). Werden Sacheinlagen „nicht unwesentlich" überbewertet, ist die Eintragung abzulehnen (§ 9c I 2 GmbHG).

Ausdrücklich geregelt sind zwei früher verbotene Konstruktionen. § 19 IV GmbHG behandelt die **„verdeckte Sacheinlage"**, § 19 V GmbHG das „Hin- und Herzahlen". Beim Hin- und Herzahlen erhalten Gesellschafter ihre Einlagen – meist im Wege eines Darlehens – ganz oder teilweise wieder zurück. Wenn die Gesellschaft das Darlehen jederzeit zurückfordern kann und dieser Rückforderungsanspruch auch vollwertig ist, wird die Einlageverpflichtung trotzdem erfüllt. Unter einer verdeckten Sacheinlage versteht man dagegen Geldeinlagen, die sich wirtschaftlich als Sacheinlagen darstellen. So ist es etwa dann, wenn zwar „pro forma" Bareinlagen vereinbart und auch zunächst erbracht werden, aber sofort nach Einzahlung Vermögensgegenstände von den Gesellschaftern oder nahestehenden Personen an die Gesellschaft verkauft werden, wie es von vorneherein beabsichtigt war (ein schönes Beispiel hierfür bei OLG Köln, GmbHR 1999, 663). Ebenso ist es, wenn die Gesellschaft eine Bareinlage dazu verwendet, eine Gesellschafterforderung gegen sie zu tilgen oder umgekehrt der Gesellschafter nach Tilgung seiner Forderung den Geldbetrag der Gesellschaft wieder als Einlage zur Verfügung stellt (BGH, 19.1.2016 – II ZR 61/15, Rpfleger 2016, 420).

Eine verdeckte Sacheinlage liegt auch bei dem folgenden, unter Finanzjongleuren sehr beliebten System vor: Der Gesellschafter tritt seinen nur teilweise einbezahlten Geschäftsanteil an der A-GmbH an die von ihm ebenfalls beherrschte B-GmbH ab, die die auf sie übergegangene Verpflichtung, den Rest einzuzahlen, mit ihrem eigenen Stammkapital erfüllt (BGH, NJW 1996, 1283). Dagegen liegt keine verdeckte Sacheinlage vor, wenn das Stammkapital einer GmbH von vorneherein zum Erwerb einer Beteiligung an einer anderen Gesellschaft bestimmt ist, an der die Übernehmer des Stammkapitals nicht anderweit beteiligt sind (BGH, NJW 1992, 2698).

Folge einer verdeckten Sacheinlage ist das Fortbestehen der Einlagepflicht des Gesellschafters; auf diese wird aber der Wert der erbrachten Sacheinlage angerechnet. Die Beweislast für den Wert der Sacheinlage hat der Gesellschafter.

Der Gesellschafter, der eine Sacheinlage zu erbringen hat, haftet für eine Differenz zwischen deren angegebenem und tatsächlichem Wert in vollem Umfang mit seinem Privatvermögen. Dieser Anspruch verjährt erst fünf Jahre nach Eintragung der Gesellschaft in das Handelsregister (§ 9 GmbHG).

**BEISPIEL:** Die Bedeutung dieser Haftung mag folgender Fall illustrieren: Ein Mann und seine Ehefrau gründen eine „Eiltransporte GmbH" mit einem Stammkapital von 25.000 €. Die Ehefrau übernimmt eine Einlage von 100 €, der Ehemann soll seinen Geschäftsanteil zu 24.900 € durch Einbringung eines Kleintransporters erfüllen. Der Wert dieses Lkws wird im Gesellschaftsvertrag mit 24.900 € angegeben. Im Sachgründungsbericht geben die Gesellschafter den Neuwert des knapp ein Jahr alten Fahrzeugs mit 34.000 € an und legen zum Beweis die Originalrechnung vor. Verschwiegen wird aber, dass das Auto einen Monat nach dem Erwerb in einen Unfall verwickelt war und wirtschaftlichen Totalschaden erlitt. Zum Zeitpunkt des Vertragsabschlusses und der Eintragung der Gesellschaft in das Handelsregister hatte der Lkw noch einen Wert von maximal 3.000 €.

Für den prüfenden Richter war aus den vorgelegten Unterlagen kein Hinweis auf diese Sachlage ersichtlich. Er konnte deshalb von einer angemessenen Bewertung der Sacheinlage ausgehen. Er hätte freilich auch ein Gutachten des TÜV einholen können, ohne sein Ermessen zu überschreiten. Die GmbH wurde in das Handelsregister eingetragen. Da sie aber nach kurzer Zeit die Sozialabgaben der als Arbeitnehmerin geführten Ehefrau nicht mehr bezahlen konnte, wurde das Insolvenzverfahren eröffnet. Beim Versuch, den Lkw zu verkaufen, erfuhr der Insolvenzverwalter von der Beschädigung und nahm den sachleistenden Gesellschafter mit Erfolg auf Zahlung der Wertdifferenz in Höhe von 24.900 € – 3.000 € = 21.900 € in Anspruch.

Auch eine andere Variante der unangemessenen Bewertung des Gegenstandes, der an die GmbH überlassen wird, kann zur **Differenzhaftung** führen. Es geht dabei um die Verfahrensweise, dass im Gesellschaftsvertrag Bareinlagen festgesetzt werden und diese auch, evtl. unter Aufnahme eines Darlehens, zum Eintragungszeitpunkt in ausreichender Höhe geleistet sind. Nach der Eintragung wird von den Gesellschaftern entsprechend vorheriger Abrede minderwertiges Vermögensgut an die GmbH zu weit überhöhten Preisen verkauft. Die Gesellschafter erhalten dadurch ihre Geschäftsanteile zurück, die sie in der Regel zur Tilgung der aufgenommenen Darlehen verbrauchen.

Die Differenzhaftung ergibt sich in diesem Fall nicht aus § 9 I GmbHG, der Vorschrift zum Ausgleich des Minderwertes von Sacheinlagen, sondern aus § 30 GmbHG, der Vorschrift zur Erhaltung des Stammkapitals bei nicht gerechtfertigten Auszahlungen (OLG Celle, NJW 1993, 739).

Auch in diesem Fall wird ein aufmerksamer Insolvenzverwalter bei Durchsicht der Geschäftsunterlagen das Manko entdecken und Rückgewähr des unangemessen hohen Kaufpreises verlangen.

Falsche Angaben im Gründungsbericht zum Wert einer Sacheinlage (vor allem: **Überbewertung**) oder andere falsche Angaben im Rahmen der Sachgründung sind nach § 82 GmbHG mit Geldstrafe oder Freiheitsstrafe bis zu drei Jahren sowohl bei den Gesellschaftern als auch beim Geschäftsführer zu ahnden. Gerade weil durch die Buchführungspflicht die Geschäfte einer GmbH sehr gut rekonstruierbar sind, können entsprechende Vergehen relativ leicht aufgeklärt werden. Von Manipulationen und Überbewertungen von Sacheinlagen und Sachleistungen an die GmbH ist deshalb dringend abzuraten.

## III. Fakultative Vertragsbestandteile

Neben den genannten Mindesterfordernissen eines Gesellschaftsvertrags können die Gesellschafter nach (fast) freiem Belieben den Aufbau, die Organisation, die Vertretung und die gesamte Arbeitsstruktur der GmbH vertraglich bestimmen.

Gründer, die bereits mit anderen GmbHs, Personengesellschaften oder Vereinen Erfahrungen haben, bestehen oft darauf, dass lange, bis ins Detail ausgearbeitete Satzungen alle Probleme regeln, die ihnen früher einmal begegnet sind.

Anderen GmbH-Gründern ist aus früheren Erfahrungen die Unzulänglichkeit auch der längsten Satzung bekannt. Tatsächlich erweist sich nämlich immer wieder, dass gerade der vorliegende Fall nicht gesehen und berücksichtigt wurde. Dann ist auf die Regelungen des GmbHG direkt, oder, soweit solche fehlen, auf dessen Grundsätze zurückzugreifen. In den seltensten Fällen lassen sich daraus keine befriedigenden Ergebnisse entwickeln.

Der richtig beratene Gesellschaftsgründer wird deshalb lange Gesellschaftsverträge meiden. Er wird stattdessen versuchen, die angestrebte GmbH nur durch Regelung der entscheidenden Punkte zu skizzieren. Dabei ist zu beachten, dass die GmbH bereits durch wenige Weichenstellungen im Bereich der Geschäftsführertätigkeit und der Willensbildungsorgane ein ganz markantes Profil erhalten kann. Ein Muster für einen GmbH-Vertrag „üblicher“ Länge findet sich in Muster Nr. 4 des Anhanges (S. 212).

Früher wurde empfohlen, zunächst eine kurze, bewährte Satzung vorzulegen, um möglichst schnell die Eintragung zu erreichen und dann nach der Eintragung der GmbH und ihrem damit verbundenen Bestehen einen Gesellschafterbeschluss über eine neue, ausführliche Satzung zu fassen, die das eigentlich Gewünschte enthält. Dieser Rat ist zweischneidig geworden. Richtig ist sicher nach wie vor, dass die Zurückweisung des Antrags auf Eintragung von Änderungen den Bestand der GmbH nicht mehr berührt. Allerdings gilt seit 1998 die Regelung des § 9c II GmbHG, der anordnet, dass der Registerrichter bei der *Gründung* nur den Pflichtinhalt nach § 3 GmbHG, die einzutragenden oder bekannt zu machenden Tatsachen, die Verletzung Gläubiger schützender Vorschriften und die Nichtigkeit der Gründung zu prüfen hat. Für *Änderungen* des Gesellschaftsvertrags gelten diese Einschränkungen dagegen nicht, so dass bei Änderungen Bestimmungen beanstandet werden können, die bei der Gründung unbedenklich wären. Es ist deshalb zu empfehlen, bereits bei der Gründung den wirklich gewünschten Gesellschaftsvertrag einzureichen.

Zu den fakultativen Vertragsbestandteilen gehört zunächst die Bestimmung über die **Zahl der Geschäftsführer** und ihre Vertretungsberechtigung (§ 6 GmbHG). Deren Verhältnis zueinander nach außen und im Innenverhältnis kann geregelt und mit verschiedenen Beschränkungen verbunden werden. Die Möglichkeit von stellvertretenden Geschäftsführern kann ebenso bestimmt werden wie Beschränkungen der ansonsten jederzeit möglichen Amtsenthebung.

Sinnvollerweise werden im Gesellschaftsvertrag selbst der/die ersten Geschäftsführer benannt und ihre Vertretungsberechtigung geregelt. Viele Notarformulare sehen stattdessen vor, dass die Gründer unmittelbar nach der Errichtung zu einer ersten Gesellschafterversammlung zusammentreten, die dann die Geschäftsführer bestimmt; auch bei einer Online-Gründung ist das möglich (§ 2 III 3, 4 GmbHG). Dieses Verfahren erhöht allerdings die Notarkosten um mindestens 134 € (s. 5. Kap., S. 183) und bietet gegenüber der Bestellung im Gesellschaftsvertrag keinen Vorteil. Unzutreffend ist die Behauptung, im Gesellschaftsvertrag bestellte Geschäftsführer könnten nur durch Änderung des Gesellschaftsvertrags abberufen werden, denn spätere Ernennungen und Abberufungen von Geschäftsführern erfolgen selbstverständlich stets durch Gesellschafterbeschluss. Dass der Gesetzgeber dies genauso sieht, zeigt die Regelung des Musterprotokolls (s. Muster 1 im Anhang, S. 205).

Zur Frage der Willensbildung in der Gesellschaft kann der Gesellschaftsvertrag Abweichungen von der gesetzlichen Regelung festlegen. Nach letzterer liegt die Beschlussfassung in Händen der Gesellschafterversammlung. Sie kann jedoch auf ein weiteres Gremium übertragen werden, das nach Belieben Aufsichtsrat, Verwaltungsbeirat, Beirat oder anders benannt werden kann.

Um gesellschaftsinterne Angelegenheiten nicht in der Öffentlichkeit vor Zivilgerichten austragen zu müssen, kann bestimmt sein, dass hierfür ein Schiedsgericht nach den §§ 1025 ff. ZPO zuständig sein soll; möglich ist daneben eine sog. „statutarische Schiedsklausel" nach § 1066 ZPO im Gesellschaftsvertrag, die dann aber nur Streitigkeiten aus dem Gesellschaftsverhältnis, nicht solche zwischen den Gesellschaftern umfasst.

Als Regelungen für die in Aktion gesetzte GmbH können Bestimmungen über die Verpflichtung der Gesellschafter zur Mitarbeit, andere Nebenpflichten, Nachschusspflichten oder auch Sondervorteile für bestimmte Gesellschafter geregelt sein.

Sehr häufig sind auch Regelungen hinsichtlich der Übertragbarkeit der Geschäftsanteile oder für den Fall, dass ein Gesellschafter stirbt. Diese Bestimmungen betreffen jeweils das Mitgliedschaftsrecht des einzelnen Gesellschafters und sein individuelles Verhältnis zur Gesellschaft. Vor allem bei kleineren Gesellschaften wird die Übertragung der Geschäftsanteile fast immer an die Zustimmung aller übrigen oder zumindest der Mehrheit der übrigen Gesellschafter geknüpft (sog. **Vinkulierung**), manchmal auch eine Verpflichtung der Erben vorgesehen, den ererbten Geschäftsanteil gegen Abfindung an die übrigen Gesellschafter zu übertragen.

Ob und inwieweit für Gesellschafter/Geschäftsführer ein **Wettbewerbsverbot** im Geschäftszweig der Gesellschaft besteht, ist zweifelhaft und war lange Zeit sehr umstritten. Wenn ein Wettbewerbsverbot gewünscht wird, sollte dies der Gesellschaftsvertrag auf jeden Fall ausdrücklich festschreiben (ein Beispiel: Muster 4, § 14, S. 212). Soll umgekehrt ein Gesellschafter/Geschäftsführer neben seiner Tätigkeit für die GmbH auch künftig ein eigenes Gewerbe oder eine freiberufliche Tätigkeit betreiben dürfen, kann es nicht schaden, ihn im Gesellschaftsvertrag von einem etwaigen Wettbewerbsverbot zu befreien. Zwar sind mittlerweile sowohl der BGH als auch der BFH der Meinung, dass normalerweise keinerlei Wettbewerbsverbot besteht (BFH, NJW 1996, 950); da aber die Grenzen nicht völlig klar sind, könnte ohne eine solche Befreiung (ein Beispiel: Muster 2, § 6, S. 207) gleichwohl die Gefahr „verdeckter Gewinnausschüttungen" (s. 6. Kap. I., S. 190) bestehen. Ein Wettbewerbsverbot für die Zeit nach dem Ausscheiden aus der Gesellschaft muss zeitlich oder räumlich beschränkt sein; andernfalls würde es einem Berufsverbot gleichkommen (OLG Düsseldorf, GmbHR 1998, 238).

Insbesondere dann, wenn die freie Veräußerbarkeit von Geschäftsanteilen ausgeschlossen ist, wird den Gesellschaftern oft ein ordentliches **Kündigungsrecht** eingeräumt und im Gesellschaftsvertrag in Durchführung und Rechtsfolgen näher ausgestaltet (zu den Anforderungen vgl. OLG Düsseldorf, NZG 2020, 1233). Durch die Kündigung kann die Gesellschaft aufgelöst werden; es kann aber auch eine Fortsetzungsmöglichkeit durch die übrigen Gesellschafter mit Übertragungspflicht hinsichtlich des Geschäftsanteils vorgesehen werden (vgl. Muster 4, § 11, S. 212).

Statt der Pflicht zur Übertragung kommt auch die **Einziehung** des Geschäftsanteils in Betracht. Sie darf nur erfolgen, wenn sie im Gesellschaftsvertrag vorgesehen ist (§ 34 GmbHG; ein Beispiel in Muster 4, § 10, S. 212; Einzelheiten 3. Kap., II., S. 134). Dabei ist eine gesellschaftsvertragliche Vereinbarung, wonach die Gesellschafterstellung eines Mitgesellschafters von den anderen nach freiem Ermessen beendet werden kann (sog. „Hinauskündigung"), sittenwidrig und daher nichtig (BGH, 19.9.2005 – II ZR 173/04, NJW 2005, 3641); wirksam dagegen ist die Klausel, dass ein **Ausschluss** eines Gesellschafters aus wichtigem Grund durch Gesellschafterbeschluss möglich ist. Sie ist auch empfehlenswert, weil andernfalls ein Beschluss, Ausschließungsklage zu erheben, mangels anders lautender Satzungsbestimmung nur wirksam ist, wenn er mit $^3/_4$-Mehrheit gefasst wird (BGH, 13.1.2003 – II ZR 227/00, NZG 2003, 286) und nicht automatisch zum Ausschluss des Gesellschafters führt, diese vielmehr durch ein gerichtliches Gestaltungsurteil erwirkt werden muss (OLG München, NZG 2021, 293).

Die **Abfindung** für den ausscheidenden Gesellschafter kann man unter den Verkehrswert und grundsätzlich auch auf den Betrag festsetzen, der sich nach der Bilanz als Wert des Anteils ergibt; nach längerem Bestehen einer erfolgreichen Gesellschaft ist dieser „Buchwert" (daher die Bezeichnung dieser Vereinbarung als **Buchwertklausel**) regelmäßig wesentlich niedriger als der tatsächliche Verkehrswert. Die Rechtsprechung (z.B. BGH, NJW 1992, 892) macht allerdings die Einschränkung, dass dadurch kein grobes Missverhältnis zwischen dem tatsächlichen Wert und dem Abfindungsbetrag entstehen darf, ohne sich hier auf bestimmte Prozentsätze festzulegen. Ebenfalls nicht abschließend geklärt ist, ob der Liquidationswert, also der Betrag, der dem ausscheidenden Gesellschafter im Fall der Liquidation der Gesellschaft zufließen würde, die Untergrenze der Abfindung darstellt (BGH, 13.3.2006 – II ZR 295/04, NZG 2006, 425 hat die Frage ausdrücklich offengelassen). Grundsätzlich anders ist dies bei einer gemeinnützigen GmbH: Hier kann die Abfindung eines ausscheidenden Gesellschafters auf den Nennbetrag seines Geschäftsanteils beschränkt werden (OLG Hamm, NZG 2022, 919). Ein Ausschluss der Abfindung ist auch dann nicht zulässig, wenn er wegen grober Pflichtverletzung des Gesellschafters erfolgt (BGH, 29.4.2014 – II ZR 216/13, GmbHR 2014,811).

Ob es sinnvoll ist, eine „Steuerklausel" in den Gesellschaftsvertrag aufzunehmen, wurde bisher unterschiedlich beurteilt. Nach zwei Entscheidungen des BFH (GmbHR 1996, 779 und BFH/NV 2000, 749) dürfte feststehen, dass eine solche Klausel (vgl. Muster 4, § 17, S. 212) im Ernstfall nicht viel nutzt, aber wohl auch nicht schadet. Die Rückerstattung von Zuwendungen auf Grund einer solchen Klausel ist steuerlich eine Einlage; zu zahlende Zinsen sind Werbungskosten bei den Einnahmen aus der GmbH (BFH, NJW 1999, 2990).

Wünschen die Gesellschafter ein vom Kalenderjahr abweichendes **Geschäftsjahr,** sollten sie diese Vereinbarung ebenfalls in den Gesellschaftsvertrag aufnehmen. Bei der Gründung der Gesellschaft kann das Geschäftsjahr nämlich frei gewählt werden; eine spätere Änderung erfordert dagegen nach h.M. in jedem Fall eine Satzungsänderung und bedarf zudem der Zustimmung des Finanzamts, die oft nur erteilt wird, wenn ein sachlicher Grund für die Änderung vorliegt. Nur der Insolvenzverwalter kann das Geschäftsjahr auch durch Mitteilung an das Registergericht ändern (BGH, 14.10.2014 – II ZB 20/13, Rpfleger 2015, 212).

Eine Regelung über die **Bekanntmachungen** der Gesellschaft ist seit 1.4.2005 nicht mehr erforderlich. Die meisten Bekanntmachungen zur GmbH erfolgen ohnehin von Amts wegen (§ 10 HGB), es gibt aber auch Bekanntmachungen, die die Gesellschaft von sich aus vorzunehmen hat, z.B. die Kapitalherabsetzung, die Auflösung der Gesellschaft und die Nichtigkeitsklage (§§ 58, 65 II, 75 GmbHG). Diese müssen im **elektronischen Bundesanzeiger** erfolgen. Die Satzung könnte noch weitere Bekanntmachungsblätter bestimmen (§ 12 GmbHG); davon ist aus Kostengründen jedoch abzuraten.

Eine GmbH wird fast immer auf unbestimmte Zeit errichtet. Nur ausnahmsweise wird bei der Gründung bereits ein bestimmtes Datum oder der Eintritt einer bestimmten Bedingung als Ende der Geschäftstätigkeit bestimmt; dies bedarf der Festlegung im Gesellschaftsvertrag. In jedem Fall können für den Auflösungsfall die Liquidatoren bestimmt werden, d.h. diejenigen Personen, die an Stelle der Geschäftsführer die Abwicklung durchzuführen haben (Einzelheiten s. unten in 4. Kap. I. 1., S. 167 ff.).

Empfehlenswert ist schließlich die Aufnahme der Bestimmung, dass der Gesellschaftsvertrag auch dann wirksam bleibt, wenn eine einzelne in ihn aufgenommene Bestimmung unwirksam sein sollte (sog. **„salvatorische Klausel"**). Sie sorgt dafür, dass kein Gründer die Wirksamkeit der Gründung deshalb in Zweifel ziehen kann, weil er behauptet, eine Klausel, ohne die er den Gesellschaftsvertrag nicht abgeschlossen hätte, sei unwirksam, und dass die Eintragung nicht an der Unwirksamkeit einer Klausel scheitert, deren Gültigkeit das Registergericht bei der Gründung nicht prüft. Ein Beispiel findet sich in dem Gesellschaftsvertrag Muster 4, § 16, S. 212.

Ratsam ist schließlich die Aufnahme einer Vorschrift über die Gründungskosten (zu den Gründen s. unten V., S. 61).

# IV. Das Musterprotokoll

Für „einfache Fälle" hat der Gesetzgeber zwei „Musterprotokolle" als Anlage in das GmbHG aufgenommen (hier abgedruckt als Muster 1 und 3, S. 205 und 210). Sie enthalten den Gesellschaftsvertrag einer Einpersonen-Gesellschaft und einer Gesellschaft mit zwei oder drei Gesellschaftern und können sowohl für die GmbH als auch die UG zur Gründung in einem „vereinfachten Verfahren" (§ 2 Ia GmbHG) verwendet werden, vorausgesetzt, es wird nur ein einziger, vom Verbot des Selbstkontrahierens (s. oben I. 2., S. 37 f.) befreiter Geschäftsführer bestellt, und es werden keine besonderen Vereinbarungen gewünscht. Der „Vorteil" des Musterprotokolls besteht darin, dass keine besondere Gesellschafterliste eingereicht werden muss, da das Musterprotokoll zugleich als Gesellschafterliste gilt (§ 2 Ia 4 GmbHG), und dass bei einem Stammkapital von bis zu 25.000 € geringere Notarkosten für die Beurkundung anfallen. Ab 25.001 € besteht kein Kostenunterschied mehr. Das Musterprotokoll kann auch bei einer Online-Gründung verwendet werden (§ 2 III 4 GmbHG).

Bei Verwendung des Musterprotokolls dürfen allerdings keine vom Gesetz abweichenden (und damit auch keine zusätzlichen) Bestimmungen getroffen werden (§ 2 Ia 3 GmbHG). Die Rechtsprechung ist hier außerordentlich kleinlich. Selbst sinnlose Bestimmungen dürfen nicht weggelassen werden: Wenn Ziffer 5 verlangt, dass die Kostentragungsbestimmung lautet: „Die Gesellschaft trägt die mit der Gründung verbundenen Kosten bis zu einem Gesamtbetrag von 300 €, höchstens jedoch bis zum Betrag ihres Stammkapitals.", dann muss dies buchstabengetreu auch dann umgesetzt werden, wenn das Stammkapital wesentlich mehr als 300 € beträgt (OLG Stuttgart, MittBayNot 2021, 402).

Das Musterprotokoll für die Einpersonen-Gesellschaft unterscheidet sich nur wenig von dem üblicherweise verwendeten Text für die Errichtung einer Einpersonen-Gesellschaft (vgl. das Muster 1 mit dem Muster 2 des Anhangs), so dass es – sofern nicht aus steuerlichen Gründen die Aufnahme einer Bestimmung zum Wettbewerbsverbot

(Muster 2, § 6, S. 207) erforderlich oder erwünscht ist – durchaus verwendet werden kann.

Das Musterprotokoll für die Mehrpersonen-Gesellschaft ist dagegen in aller Regel ungeeignet. Es enthält nämlich weder eine Beschränkung der Übertragbarkeit von Geschäftsanteilen noch ein Kündigungsrecht, noch die Möglichkeit, einem Gesellschafter bei Vermögensverfall oder Insolvenz seinen Anteil zu entziehen oder Erben eines verstorbenen Gesellschafters zur Übertragung des ererbten Geschäftsanteils zu verpflichten. Mindestens eine der vorgenannten Regelungen wird aber fast immer gewünscht. Zudem müssen die Gründer bei Verwendung des Musterprotokolls einen Teil der Gründungskosten selbst bezahlen (s. IV., S. 62). Deshalb sollte man auch bei einer UG mit 1.000 € Stammkapital lieber die Notarkosten für die Beurkundung eines „richtigen" Gesellschaftsvertrages (250 €) ausgeben als unter Verwendung des Musterprotokolls (Beurkundungskosten insoweit 120 €) mit einem nicht interessengerechten Vertrag arbeiten zu müssen und lieber andere Ersparnismöglichkeiten nutzen (s. 5. Kap., S. 182 ff.).

## V. Die Einzahlung des Stammkapitals

Die in Geld zu erbringenden Einlagen der Gesellschafter müssen bei der Anmeldung der Gesellschaft zum Handelsregister noch nicht vollständig erbracht sein. Die Übernahme eines Geschäftsanteils bedeutet nur die Verpflichtung, diesen Betrag der GmbH erforderlichenfalls zur Verfügung zu stellen. Es kann deshalb ratenweise Zahlung oder Zahlung nach Anforderung der Gesellschaft vereinbart werden.

Mindestens muss aber jeder Gesellschafter zum Zeitpunkt der Anmeldung ein Viertel seines Geschäftsanteils einbezahlt haben, und die Summe der einbezahlten Beträge muss sich auf mindestens 12.500 € belaufen (§ 7 II GmbHG). Zwar ist auch eine Bareinzahlung möglich; dann muss aber eine nach außen ersichtliche Trennung vom Vermögen des Einlegers erfolgen. Vernünftig ist deshalb nur eine Zahlung auf ein Bankkonto, das auf die gegründete GmbH angelegt ist. Wird das Stammkapital bereits vor der Gründung der

GmbH eingezahlt, dann muss es am Tag der Gründung noch *in Geld* vorhanden sein (OLG Düsseldorf, GmbHR 1994, 398). Sind zu diesem Zeitpunkt schon Verfügungen getroffen (z.B. Büromöbel angeschafft, Räume gemietet), kann die bei der Anmeldung der Gesellschaft erforderliche Versicherung (s. unten VII. 2., S. 66 f.) nicht wahrheitsgemäß abgegeben werden. Dagegen ist es nicht mehr schädlich, wenn von vornherein beabsichtigt ist, mit dem eingezahlten Geld bestimmte Gegenstände zu erwerben („verdeckte Sacheinlage"; s. oben II. 2., S. 48) oder der Einlagebetrag binnen weniger Tage an den Einzahler zurückbezahlt wird, oder aus den Mitteln der Gesellschaft der eingezahlte Betrag umgehend als Darlehen an den Einzahler oder ein mit ihm verbundenes Unternehmen zurückfließt.

Erfüllt ein Gesellschafter seine Einlageverpflichtung nicht, kann der Anteil kaduziert werden; der Säumige geht also seines Anteils verlustig (§ 21 GmbHG). Häufig sieht zudem der Gesellschaftsvertrag vor, dass der Gesellschafter in einem solchen Fall ausgeschlossen werden kann; in diesem Fall ist der Ausschluss auch dann wirksam, wenn bei dieser Gelegenheit nicht auch Beschluss über die Verwertung des Geschäftsanteils gefasst wird (BGH, 4.8.2020 – II ZR 171/19, NZG 2020, 1067). Für die Erfüllung der Einlageverpflichtungen trägt der Gesellschafter die Beweislast (BGH, 9.7.2007 – II ZR 222/06, NJW 2007, 3067), wobei die Anforderungen an den Beweis von den Umständen abhängen. Es ist deshalb sehr ratsam, die entsprechenden Belege über die handelsrechtlichen Aufbewahrungsfristen hinaus zu archivieren. Sollte nämlich die GmbH irgendwann insolvent werden, wird der Insolvenzverwalter die Einzahlung regelmäßig bezweifeln!

**Sacheinlagen** sind vor der Anmeldung der GmbH **in vollem Umfang** zu leisten (§ 7 III GmbHG) und werden auf den Betrag von 12.500 € angerechnet. Sie entbinden aber auch dann, wenn sie über 12.500 € hinausgehen, nicht von der Verpflichtung, eine daneben vereinbarte Geldeinlage zu einem Viertel einzuzahlen (OLG Hamm, GmbHR 2016, 288).

Ein **Beispiel** mag dies verdeutlichen: A, B und C gründen eine GmbH mit einem Stammkapital von 25.000 €. A und B übernehmen Geschäftsanteile zu je 7.500 €, C einen Geschäftsanteil in Höhe von 10.000 €. Auf jeden Geschäftsanteil ist vor Anmeldung mindestens 1/4, d.h. von A und B jeweils 1.875 € und von C 2.500 € einzubezahlen. Zusammen ergibt sich daraus nur eine Summe von 6.250 €, während bei Anmeldung ein Mindestkapital von 12.500 € vorhanden sein muss. Um diesen Betrag zu erreichen, haben die Gesellschafter den fehlenden Betrag von 12.500 € – 6.250 € = 6.250 € im Verhältnis der übernommenen Geschäftsanteile aufzubringen. Praktisch bedeutet dies, dass A und B jeweils 3.750 € und C 5.000 € einzuzahlen haben.
Ist im vorliegenden Fall vereinbart, dass sich der Geschäftsanteil in Höhe von 10.000 € aus einem Barbetrag von 1.000 € und der Übereignung eines Pkw im Wert von 9.000 € zusammensetzt, so sieht die Rechnung folgendermaßen aus: A und B haben 1/4 des Geschäftsanteils, d.h. jeweils 1.875 € zu leisten, C muss den Pkw als Sacheinlage vor der Anmeldung auf die GmbH übertragen und daneben 1/4 der Bareinlage, also 250 €. Als Summe ergibt sich: 9.000 € (Pkw) + 1.875 € (A) + 1.875 € (B) + 250 € (C) = 13.000 €. Der Mindesteinlagebetrag von 12.500 € ist damit erfüllt.

Die quotenmäßige, am Betrag der übernommenen Geldeinlage orientierte Einzahlungsverpflichtung ist der gesetzliche Regelfall, § 19 I GmbHG. Diese Bestimmung ist aber im Gesellschaftsvertrag beliebig abänderbar. So ist es beispielsweise möglich, einem Gesellschafter die Tatsache, dass er daneben eine Sacheinlage zu erbringen hat, anzurechnen oder auch für die einzelnen Gesellschafter verschiedene Einzahlungsverpflichtungen vorzusehen. So könnte im ersten Beispiel vereinbart sein, dass A seinen Geschäftsanteil voll einzuzahlen hat, während B vorläufig nur 1/4 und C die Hälfte einzuzahlen hat. Die Rechnung würde dann so aussehen: 7.500 € (A) + 1.875 € (B) + 5.000 € (C) = 14.375 €. Der Mindestbetrag von 12.500 € ist auch hier erreicht. Dieser Mindestbetrag hat naturgemäß nur für Gesellschaften mit einem Stammkapital von weniger als 50.000 € Bedeutung, da bei einem höheren Stammkapital die Einzahlung eines Viertels auf jede Stammeinlage automatisch zu einer ausreichenden Einzahlungssumme führt.

# VI. Gründungskosten

Bei der Gründung der GmbH fallen die **Gründungskosten** an, insbesondere für die notarielle Beurkundung des Gesellschaftsvertrags, die Anmeldung zum Handelsregister und die Eintragung in das Handelsregister. Sie betragen für die Mehrpersonen-GmbH mit 25.000 € Stammkapital etwa 700 €, für eine Einpersonen-UG mit 1.000 € Stammkapital etwa 330 € (s. unten 5. Kap. I., S. 182 ff.), können sich aber wesentlich erhöhen, wenn im Gründungsstadium nicht nur der Notar und das Registergericht, sondern zusätzlich ein Rechtsanwalt, ein Steuerberater oder ein Wirtschaftsprüfer bemüht werden. Diese Gründungskosten darf die GmbH ihren Gründern nur erstatten, wenn das im Gesellschaftsvertrag so vereinbart ist. Eine derartige Vereinbarung ist üblich und unbedingt empfehlenswert, weil nur dann die Gründungskosten bei der Ermittlung einer etwaigen Differenzhaftung (s. dazu VIII., S. 85) berücksichtigt werden (BGH, NJW 1998, 233). Fehlt eine Vereinbarung, ist das aber kein Eintragungshindernis, sondern bedeutet, dass die Gründer die Kosten selbst tragen (OLG Frankfurt, GmbHR 2010, 589).

Der Gründungsaufwand kann im Voraus naturgemäß nur geschätzt werden (Einzelheiten s. unten 5. Kap. I., S. 182 ff.). Verlangt wird die Angabe eines festen Höchstbetrags (§ 26 II AktG entsprechend), den man dann aber so hoch ansetzen sollte, dass alle – auch unvorhergesehene – Kosten abgedeckt sind (z.B.: „bis zum Höchstbetrag von 2.000 €“, also nicht: „bis zu 5% des Stammkapitals“). Ein Betrag von 1.000 € ist in jedem Fall unbedenklich (KG, GmbHR 2015, 1158); aber auch Beträge, die 10% des Stammkapitals nicht übersteigen, werden regelmäßig akzeptiert. In Umwandlungsfällen (z.B. bei der Umwandlung einer KG in eine GmbH; vgl. 3. Kap. VI. 2., S. 161) können aber Notarkosten entstehen, die wesentlich höher sind als 10% des Stammkapitals, dann steht einer daran orientierten Verpflichtung nichts im Wege (KG, NZG 2022, 77). Manche Gerichte verlangen, die Kosten der Art nach gesondert auszuweisen, wie dies in den Mustern 2 (§ 7) und 4 (§ 14) geschehen ist. Besondere Vorsicht ist im Bezirk des OLG Celle geboten (vgl. etwa OLG Celle,

GmbHR 2015, 139 und 2016, 650). Bei Verwendung des Musterprotokolls darf als Höchstbetrag nur der Betrag von 300 € (höchstens aber das Stammkapital) festgesetzt werden, obwohl dadurch seit 1.8.2013 die Gründungskosten nicht einmal bei der Einpersonen-GmbH voll abgedeckt werden können. Das Finanzamt lässt den Abzug der Gründungskosten als Betriebsausgaben nur dann und nur insoweit zu, als die Gesellschaft bei der Gründung diese Kosten übernommen hat (FG Stuttgart, GmbHR 1999, 632); die Gründung einer Mehrpersonen-GmbH mit Musterprotokoll ist von allen anderen Gründen abgesehen deshalb auch steuerlich unzweckmäßig.

Eine Bestimmung über die Tragung des Gründungsaufwands müssen auch die Gesellschaftsgläubiger gegen sich gelten lassen. Dagegen verstoßen Regelungen, in denen sich die Gesellschafter für ihre „Mühe" beim Gründungsakt Fahrtkosten, Verdienstausfall und dergleichen von der Gesellschaft ersetzen lassen, wohl gegen § 30 GmbHG, da eine verdeckte Vermögensausschüttung an die Gesellschafter stattfindet. Es ist billig, dass die Gesellschaft die notwendig mit ihrer Gründung anfallenden Kosten übernimmt; unangemessen ist hingegen die Belohnung der Gesellschafter für Handlungen, die diese in ihrem eigenen Interesse vornehmen. Der Betrag von 12.500 € ist also die unterste Grenze, unter der die Gründung einer GmbH ohne Verletzung der gesetzlichen Vorschriften nicht möglich ist; sonst ist nur eine UG möglich.

Die Bestimmung über den Gründungsaufwand darf bei einer Satzungsänderung nach Eintragung der GmbH nicht einfach gestrichen werden, sondern muss nach Auffassung zahlreicher Registergerichte 30 Jahre lang im Gesellschaftsvertrag verbleiben (entsprechende Anwendung von § 26 V AktG); manche Gerichte erlauben die Streichung nach fünf oder zehn Jahren (für zehn Jahre OLG Celle, NZG 2018, 308).

## VII. Die Eintragung im Handelsregister

Die Eintragung im Handelsregister ist gewissermaßen der wichtigste Augenblick im Leben einer GmbH. Es handelt sich um ihre Geburtsstunde, den Zeitpunkt, in dem die Gesellschaft rechtlich existent wird und als juristische Person entsteht.

### 1. Anmeldung

Das Verfahren beim Amtsgericht beginnt mit der Anmeldung der Gesellschaft unter Vorlegung der erforderlichen Unterlagen. Es setzt sich fort mit einer Prüfung durch den Registerrichter und häufig der Einholung der Stellungnahme der Industrie- und Handelskammer. Es endet in der Regel mit der Eintragung der GmbH. Eine Verhandlung vor dem Registergericht, zu der Gründer oder Geschäftsführer erscheinen müssen, erfolgt nicht.

Die Anmeldung der GmbH hat durch die Geschäftsführer zu erfolgen (§ 78 GmbHG). Alle bestellten Geschäftsführer, auch die stellvertretenden, soweit es solche gibt, müssen mitwirken.

Die Anmeldung muss notariell beglaubigt werden. Anders als bei der notariellen *Beurkundung* hat der Notar durch einen entsprechenden Vermerk lediglich zu bestätigen, dass der Unterzeichnende die Unterschrift vor ihm vollzogen oder anerkannt hat (§ 40 I BeurkG). Den Inhalt der Urkunde braucht der Notar nur darauf zu prüfen, ob Gründe bestehen, seine Amtstätigkeit zu versagen (§ 40 II BeurkG); das ist insbesondere dann der Fall, wenn mit der Urkunde erkennbar unerlaubte oder unredliche Zwecke verfolgt werden (§ 4 BeurkG). Entscheidend ist also bei der notariellen Beglaubigung allein die **Feststellung der Identität** des Unterzeichnenden, die der Notar – wenn er den Erschienenen nicht persönlich kennt – durch Einsicht in den Personalausweis, Reisepass oder Führerschein des Beteiligten festzustellen hat. Die Beteiligten können also, wenn sie selbst ausreichend kundig sind, den Text der Anmeldung selbst formulieren und zum Notar mitbringen; damit sind auch Kostenvorteile verbunden (s. 5. Kap., S. 184). Trotzdem geschieht dies wegen der hohen Anforderungen der Rechtsprechung an die dabei zu beachtenden Formalien nur selten, so dass die meisten Anmeldungen vom Notar entworfen werden.

Bei einer Online-Gründung kann auch die Anmeldung zum Handelsregister mittels Videokommunikation erfolgen (§ 12 I 2 Nr. 2 HGB); praktische Bedeutung hat dies bisher ebenso wenig wie die Online-Gründung überhaupt. Die Beglaubigung ist auch durch einen ausländischen Notar möglich, wenn dieser eine deutschen Standards entsprechende Identitätsprüfung durchführt (KG, NZG 2022, 926); auf Verlangen des Gerichts muss allerdings eine Übersetzung des Beglaubigungsvermerks beigebracht werden (KG, NZG 2022, 1684).

Der Anmeldung muss der Nachweis beigefügt sein, dass die Anmeldenden auch tatsächlich die Geschäftsführer der GmbH sind. Erfolgte die Bestellung bereits im Gesellschaftsvertrag, so ist dessen Vorlage genügend. Wurden sie durch besonderen Beschluss der Gesellschafter bestellt, so muss der erforderliche Nachweis durch Vorlage des Protokolls über die entsprechende Gesellschafterversammlung geführt werden. Das Protokoll kann, muss aber nicht notariell beurkundet werden.

Eine gesetzliche Verpflichtung zur Anmeldung einer gegründeten GmbH besteht nicht. In der Regel werden die Gesellschafter die bestellten Geschäftsführer veranlassen, die Anmeldung so bald als möglich vorzunehmen. Wenn sie die Eintragung in Ausnahmefällen aber nicht oder nicht mehr wünschen, dann kann die Gesellschaft auf die Anmeldung verzichten und ohne zeitliche Begrenzung als **Vorgesellschaft** (s. unten VIII., S. 81 ff.) fortbestehen.

Im Gegensatz zur Anmeldung muss der Antrag auf Eintragung der GmbH nicht von den Geschäftsführern höchstpersönlich gestellt werden. Im Regelfall werden sie den Notar, der die Unterschriften unter der Anmeldung beglaubigt hat, mit der Einreichung des Antrags beauftragen.

## 2. Beizufügende Unterlagen

Was in der Anmeldung enthalten sein muss bzw. ihr beizufügen ist, regelt § 8 GmbHG:

(**a**) In jedem Fall vorzulegen ist eine beglaubigte Abschrift des Gesellschaftsvertrags.

(**b**) Wenn bei der Gründung nicht nur voll geschäftsfähige natürliche Personen für sich selbst gehandelt haben, sind weiter Vollmachtsurkunden bzw. Vertretungsnachweise vorzulegen. Ist ein Gründungsmitglied auf Grund Vollmacht vertreten worden, so ist die Vollmacht in Urschrift oder beglaubigter Abschrift vorzulegen. Soll ein Minderjähriger Gesellschafter werden, dann muss die Genehmigung des Familiengerichts vorgelegt werden. Wird eine Handelsgesellschaft oder eine juristische Person Gesellschafter, so ist zum Nachweis der Vertretungsbefugnis des Handelnden eine notarielle Vertretungsbescheinigung bzw. ein Handelsregisterauszug vorzulegen.

(**c**) Wenn die Geschäftsführer nicht im Gesellschaftsvertrag bestellt wurden, ist der Beschluss über ihre Bestellung vorzulegen.

(**d**) Die Gesellschafter mit der Höhe der von ihnen übernommenen Geschäftsanteile sind von den Geschäftsführern in einer von ihnen unterschriebenen **Liste** nach Name, Vorname, Geburtsdatum und Wohnort zu bezeichnen. Wenn im Handelsregister eingetragene Gesellschaften Gesellschafter werden, sind ihr Sitz, das Handelsregister, in dem sie eingetragen sind, und die Registernummer anzugeben. Die Geschäftsanteile müssen durchnummeriert werden. Die Liste kann statt mit Unterschriften auch mit qualifizierten elektronischen Signaturen versehen sein, was praktisch bedeutungslos ist. Wird für die Gründung das Musterprotokoll verwendet, ist eine Gesellschafterliste nicht erforderlich. Das gilt allerdings nur bei unveränderter Verwendung des Musterprotokolls; sobald dessen Text abgeändert wird, ist eine Liste erforderlich (OLG München, NZG 2022, 1400). Zu der aus Anlass eines Gesellschafterwechsels einzureichenden Liste s. unten 3. Kap. II., S. 130 ff.

(**e**) Wenn Sacheinlagen vereinbart sind, müssen die der Einbringung zugrunde liegenden Verträge ebenso vorgelegt werden wie die Unterlagen über den Erwerb durch die GmbH, also etwa bei der Einbringung eines Kraftfahrzeugs die Ummeldebescheinigung und der geänderte Fahrzeugbrief, bei Grundstücken die Urkunde über die Auflassung auf die GmbH, bei Übertragung eines bestehenden Unternehmens die gewerberechtliche Ummeldung.

(**f**) Ferner muss bei Sacheinlagen ein **Sachgründungsbericht** angefertigt werden, aus dem sich die Überlegungen ergeben, die für die Gesellschafter bei der Festsetzung des Annahmewerts maßgeblich waren. Unterlagen darüber, dass der Wert der Sacheinlagen den Betrag der dafür übernommenen Geschäftsanteile erreicht, sind beizufügen, bei der Einbringung eines Autos kann dies der Kaufvertrag sein, aber auch der letzte TÜV-Bericht, die letzte Reparaturrechnung oder ein Auszug aus der Schwacke-Liste. Bei Grundstücken wird meist ein Verkehrswertgutachten des Gutachterausschusses oder eines vereidigten Grundstückssachverständigen verlangt. Auch den Einheitswertbescheid, die Brandversicherungsurkunde und den Kaufvertrag des Einlegenden kann das Registergericht verlangen. Ein Muster für einen Sachgründungsbericht findet sich in Nr. 14 des Anhangs (S. 238).

(**g**) Die Geschäftsführer müssen versichern, dass die Mindesteinzahlungen auf die Geschäftsanteile erbracht sind und die eingebrachten Vermögensgegenstände endgültig zu ihrer freien Verfügung stehen. Diese Versicherung darf nicht abstrakt geschehen, sondern muss ausdrücklich den Betrag der einzelnen Geschäftsanteile und die darauf erbrachte Leistung nennen, so dass das Registergericht jede einzelne Einzahlung oder sonstige Leistung überprüfen kann. Wurden bei der Gründung einer Einpersonen-GmbH also 25.000 Geschäftsanteile im Nennbetrag von 1 € geschaffen, genügt es nicht anzumelden, dass 12.500 € zur freien Verfügung des Geschäftsführers stehen; es muss versichert werden, dass auf jeden Geschäftsanteil zu 1 € ein Betrag von 0,50 € eingezahlt ist (OLG Düsseldorf, GmbHR 2020, 908). Die Geschäftsanteile sind nur „erbracht", wenn sie auf ein Konto der Gesellschaft gezahlt wurden; es ist nicht ausreichend, sie bar an den Geschäftsführer zu zahlen (KG, NJW 2021, 2300).

Ein Muster für eine solche Versicherung ist in der Anmeldung Nr. 13 des Anhangs (S. 236) enthalten. Auch wenn der Gesellschaftsvertrag höhere Einzahlungen als die Mindesteinzahlungen vorsieht, prüft das Registergericht diese nicht und muss sich die Versicherung der Geschäftsführer nicht auf diese erstrecken (OLG Stuttgart, GmbHR 2011, 1101).

**Falsche Angaben** bei der Versicherung führen einerseits zur zivilrechtlichen Haftung in Höhe des Betrages der nicht oder nicht wirksam entrichteten Geschäftsanteile (OLG Celle, GmbHR 2001, 243), andererseits sind sie in § 82 I Nr. 1 GmbHG mit Kriminalstrafe bedroht. Die Vorschrift ist ein abstraktes Gefährdungsdelikt, d.h. bestraft wird die schlichte Tatsache der falschen Versicherung. Ob tatsächlich eine Gläubigergefährdung eintritt und ob die Einzahlung später nachgeholt wird, ist ohne Bedeutung. Viele Registerrichter prüfen die Richtigkeit der Versicherung tatsächlich nach. Vor falschen Angaben bei dieser Versicherung kann jeder Geschäftsführer deshalb nur dringend gewarnt werden; die Schwelle der Strafbarkeit liegt sehr niedrig (BayObLG, NJW 1994, 2967). Im Hinblick auf die Rechtsprechung zur Differenzhaftung (vgl. VIII., S. 85) verlangen manche Registergerichte – ohne gesetzliche Grundlage – zudem die Versicherung, dass „das Stammkapital der Gesellschaft nicht mit Verbindlichkeiten vorbelastet ist mit Ausnahme des im Gesellschaftsvertrag genannten Gründungsaufwands" (z.B. OLG Düsseldorf, Rpfleger 1997, 70). Da bei vorgesehener Rückzahlung der Einlage an die Einleger diese Tatsache in der Anmeldung angegeben werden muss (§ 19 V 2 GmbHG), ist dann, wenn eine solche Absicht nicht besteht, die Erklärung empfehlenswert, dass der Betrag nicht an die Einleger zurückbezahlt worden ist oder werden soll.

**(h)** Wenn der Gegenstand des Unternehmens einer behördlichen Genehmigung bedarf, musste früher der entsprechende Genehmigungsbescheid vorgelegt werden. Diese Verpflichtung ist zur Beschleunigung des Eintragungsverfahrens entfallen. An der Notwendigkeit der für bestimmte Tätigkeiten erforderlichen Genehmigungen hat dies allerdings nicht geändert; diese können allerdings nun von der bereits eingetragenen GmbH beschafft werden.

Genehmigungspflichtig sind beispielsweise:

- der Betrieb einer Gaststätte, § 2 I 1 GastG,
- der Betrieb von Spielhallen, § 34 GewO,
- das Pfandleihgewerbe, § 34a GewO,
- das Bewachungsgewerbe, § 34b GewO,
- der Verkehr mit Arzneimitteln, §§ 13, 72 Arzneimittelgesetz,
- die Arbeitsvermittlung, § 23 AFG,
- die gewerbsmäßige Arbeitnehmerüberlassung, § 1 AÜG;
- die Tätigkeit als Makler, Bauträger oder Baubetreuer, § 34c GewO,
- die Tätigkeit als gewerbsmäßiger Versicherungsvermittler, § 34d GewO,
- der Betrieb eines Bankgeschäfts, § 32 KWG,
- die geschäftsmäßige Personenbeförderung, § 2 PBefG,
- der Güternah- und -fernverkehr, §§ 8, 80 GüKG.

Betreibt die GmbH ein nicht von der Eintragungspflicht freigestelltes Handwerk, muss sie in die **Handwerksrolle** eingetragen werden. Auch dieses Erfordernis braucht nicht mehr vor der Eintragung erfüllt zu werden. Dagegen hindert ein Unternehmensgegenstand, für die eine GmbH gar keine Genehmigung erhalten *kann* (z. B. tierärztliche Behandlung) bereits die Eintragung (OLG München, Rpfleger 2015, 482).

(**i**) Die Geschäftsführer müssen ausdrücklich und konkret versichern, dass bestimmte Umstände vorliegen, die ihrer Bestellung als Geschäftsführer entgegenstehen, nicht vorliegen (§ 8 III GmbHG).

Die rechtskräftige Verurteilung wegen Bankrotts (§ 283 StGB), Verletzung der Buchführungspflicht (§ 283b StGB), Gläubigerbegünstigung (§ 283c StGB), Schuldnerbegünstigung (§ 283d StGB), Insolvenzverschleppung, falscher Angaben nach § 82 GmbHG und unrichtiger Darstellung der Lage der Gesellschaft (§ 331 HGB und andere Vorschriften) wirkt ohne Rücksicht auf die Höhe der Strafe für fünf Jahre als **Ausschlussgrund;** „verurteilt" wurde auch derjenige, der unter Vorbehalt der Verhängung einer Freiheitsstrafe wegen einer solchen Tat verwarnt wurde (OLG Naumburg, NZG

2017, 1223) und wer einen Strafbefehl erhalten hat (KG, NZG 2019, 31).

Eine Verurteilung wegen Betrugs (§ 263 StGB), Computerbetrugs (§ 263a StGB), Subventionsbetrugs (§ 264 StGB), Kapitalanlagebetrugs (§ 264a StGB), Kreditbetrugs (§ 265b StGB), Sportwettbetrugs (§ 265c StGB), Manipulation von berufssportlichen Wettbewerben (§ 265d StGB), Untreue (§ 266 StGB) und Vorenthaltung und Veruntreuen von Arbeitsentgelt (§ 266a StGB) stellt nur bei Verurteilung zu mindestens einem Jahr Freiheitsstrafe einen Ausschlussgrund dar (§ 6 II Nr. 2 GmbHG). Dasselbe gilt für entsprechende Auslandstaten.

Das verwaltungsrechtliche Verbot der Ausübung eines Berufs, Berufszweigs, Gewerbes oder Gewerbezweigs, der zum Unternehmensgegenstand der GmbH gehört, im Inland oder im EU-Ausland (einschließlich der EWR-Staaten) verhindert die Geschäftsführertätigkeit auf unbestimmte Zeit (§ 6 II Nr. 3 GmbHG). Ein solches Verbot ist in den allermeisten Fällen auf § 35 GewO gestützt. Es ist von der Verwaltungsbehörde zu erlassen, wenn Gründe für die Unzuverlässigkeit einer Person bekannt geworden sind. Vor allem die nachhaltig unpünktliche Bezahlung von Sozialabgaben und Steuern, die (auch zivilrechtliche) Verurteilung wegen Betrügereien und die beharrliche Widersetzung gegen hoheitliche Auflagen können hierbei zur Bejahung der Unzuverlässigkeit führen.

Aus der Versicherung muss sich ergeben, dass die Geschäftsführer nach § 51 II BZRG vom Notar über die unbeschränkte Auskunftspflicht gegenüber dem Registergericht belehrt worden sind.

Damit hat es folgende Bewandtnis: Nach § 53 BZRG darf sich ein strafrechtlich Verurteilter folgenlos als „nicht vorbestraft" bezeichnen, wenn die Verurteilung nicht in ein allgemeines Führungszeugnis aufgenommen werden muss, insbesondere wegen niedriger Strafhöhe (Geldstrafe bis zu 90 Tagessätzen), Ablaufs der Tilgungsfrist oder Amnestie. Eine Ausnahme von diesem Grundsatz besteht nur dann, wenn Gerichte oder Behörden ein Recht auf unbeschränkte Auskunft haben und der Betroffene ausdrücklich auf diese erweiterte Auskunftspflicht hingewiesen wurde. Ein solcher

Ausnahmefall ist hier gegeben: Das Registergericht hat Anspruch auf unbeschränkte Auskunft; kein Geschäftsführer darf deshalb folgenlos eine Verurteilung verschweigen, die ihn zur Bekleidung des Geschäftsführeramtes unfähig macht. Auch bei dieser Versicherung sind falsche Angaben mit Kriminalstrafe bedroht (§ 82 I Nr. 4 GmbHG).

Wer unter Betreuung steht und bei der Besorgung seiner Vermögensangelegenheiten einem Einwilligungsvorbehalt (§ 1825 BGB) unterliegt, kann ebenfalls nicht Geschäftsführer sein (§ 6 II Nr. 1 GmbHG). Das muss allerdings – anders als viele Notarformulare suggerieren – nicht versichert werden; eine solche Versicherung eines (nicht notwendig, aber meist) Geschäftsunfähigen wäre ja auch von geringem Wert. Auch die bei den Notaren beliebte Versicherung des Geschäftsführers, er sei nie in einer Anstalt verwahrt worden, ist nur bei den wenigen Kandidaten notwendig, die früher einmal verurteilt wurden, deren Verurteilung aber mehr als fünf Jahre zurückliegt.

Mehreren Geschäftsführern ist dringend zu empfehlen, die Versicherung so abzugeben, wie dies in Muster 13 vorgesehen ist. Was bei dem einen Registergericht (z. B. in Württemberg nach der großzügigen Entscheidung OLG Stuttgart, GmbHR 2013, 91) genügt, wird anderswo beanstandet. Es genügt vielerorts nicht, wenn die Versicherung dahin lautet, dass dem Geschäftsführer nicht „die Ausübung des Berufes, eines Berufszweiges, eines Gewerbes oder eines Gewerbezweiges ganz oder teilweise untersagt wurde, sofern der Unternehmensgegenstand ganz oder teilweise mit dem Gegenstand des Verbots übereinstimmt" (OLG Frankfurt, GmbHR 2015, 863). Ebenfalls beanstandet werden kann die bisher weithin übliche gemeinsame Versicherung („Wir versichern, dass…"; OLG Frankfurt, GmbHR 2016, 993). Dagegen kann ein Geschäftsführer, der bisher überhaupt nicht strafrechtlich in Erscheinung getreten ist, die Versicherung dahingehend abkürzen, dass er „noch nie, weder im Inland noch im Ausland, wegen einer Straftat verurteilt worden ist" (BGH, 17.5.2010 – II ZB 5/10, Rpfleger 2010, 513).

Hat das Eintragungsverfahren wegen eines Mangels der Anmeldung längere Zeit in Anspruch genommen (Faustregel: mehr als drei Monate), kann das Registergericht eine Wiederholung der Versicherung verlangen, weil die ursprüngliche nicht mehr hinreichend aktuell ist (OLG München, NZG 2022, 1400; großzügiger KG, FGPrax 2022, 162).

**(j)** In der Anmeldung ist weiterhin die Vertretungsbefugnis der Geschäftsführer anzugeben. Eine Verweisung auf den Gesellschaftsvertrag und die dort getroffenen Bestimmungen ist nicht ausreichend.

Die **Vertretungsbefugnis** ist sowohl abstrakt – also unabhängig von der Person und der Zahl der tatsächlich vorhandenen Geschäftsführer – als auch konkret anzumelden. Die Anmeldung der abstrakten Vertretungsbefugnis erfolgt, wenn der Gesellschaftsvertrag nichts anderes bestimmt, durch Wiedergabe der gesetzlichen Vertretungsregelung (§ 35 II GmbHG) und lautet dann, wie folgt:

> „Die Gesellschaft hat einen oder mehrere Geschäftsführer. Ist nur ein Geschäftsführer bestellt, so vertritt er die Gesellschaft allein. Sind mehrere Geschäftsführer bestellt, so vertreten sie die Gesellschaft gemeinschaftlich."

Diese gesetzliche Vertretungsregelung gilt aber nur dann, wenn der Gesellschaftsvertrag nichts Gegenteiliges bestimmt. Da bei Verwendung des Musterprotokolls abweichende Vereinbarungen nicht möglich sind, kann hier nur diese gesetzliche Vertretungsregelung angemeldet werden.

Bei einem individuellen Gesellschaftsvertrag ist es dagegen angesichts der Schwerfälligkeit einer Gesamtvertretung durch alle Geschäftsführer üblich, dass bei mehreren Geschäftsführern je zwei oder einer in Gemeinschaft mit einem Prokuristen die Gesellschaft vertreten können. Das ist die abstrakte Vertretungsbefugnis, wie sie in Muster Nr. 13 des Anhangs (S. 236) vorgesehen ist.

Angemeldet werden muss auch die – übliche und zweckmäßige – Satzungsbestimmung, dass einem Geschäftsführer auch dann die Befugnis erteilt werden kann, die Gesellschaft einzeln zu vertreten, wenn mehrere Geschäftsführer bestellt sind. Möglich ist freilich auch die Regelung, dass auch bei Vorhandensein mehrerer Geschäftsführer stets jeder Geschäftsführer einzelvertretungsberechtigt ist (so in Muster 2, § 4, S. 207).

Statt „Einzelvertretungsbefugnis" war früher allgemein und ist heute noch teilweise der Begriff der „Alleinvertretungsbefugnis" (eines von mehreren Geschäftsführern) üblich. Der BGH hat klargestellt, dass beide Bezeichnungen dasselbe bedeuten (BGH, 19.3.2007 – II ZB 19/06, Rpfleger 2007, 475) und deshalb auch das Registergericht nicht auf der Verwendung einer der beiden Bezeichnungen in der Anmeldung bestehen kann.

Personenbezogen angemeldet werden muss auch, wenn ein Geschäftsführer vom Verbot des Selbstkontrahierens (§ 181 BGB; s. unten 3. Kap., I. 6. a, S. 117 f.) befreit ist. Manche Registergerichte verlangten dabei, dass nicht „Befreiung von den Beschränkungen des § 181 BGB" angemeldet wird, sondern konkret: „Der Geschäftsführer A ist befugt, Rechtsgeschäfte mit sich selbst oder mit sich als Vertreter Dritter vorzunehmen". Seit aber die Musterprotokolle die Formulierung „Der Geschäftsführer ist von den Beschränkungen des § 181 BGB befreit." verwenden, steht fest, dass diese Art der Anmeldung nicht beanstandet werden kann. Nicht ausreichend ist die Formulierung „Befreiung von *der Beschränkung*", da § 181 BGB zwei verschiedene Fälle regelt (OLG Nürnberg, GmbHR 2015, 486). Zu beachten ist, dass die Befreiung von den Beschränkungen des § 181 BGB nur angemeldet und eingetragen werden kann, wenn der Gesellschaftsvertrag diese Möglichkeit auch vorsieht; ein einfacher Gesellschafterbeschluss reicht nicht (OLG Köln, NJW 1993, 1018).

Muster für die Anmeldung konkreter Vertretungsbefugnisse enthalten die Anmeldungen Nr. 11 und 13 des Anhangs (S. 232 und 236).

**(k)** Bis zum 31.12.2006 mussten die Geschäftsführer ihre Namensunterschriften zur Aufbewahrung beim Registergericht zeichnen. Da bei der elektronischen Registerführung keine Papierdokumente mehr beim Registergericht eingereicht werden, ist auch diese Verpflichtung entfallen; sie war schon lange ein Anachronismus, da niemand Registerakten einsieht, um Unterschriften zu vergleichen.

**(l)** Schließlich ist eine inländische Geschäftsanschrift anzumelden (§ 8 IV Nr. 1 GmbHG). Das muss mit Straße und Hausnummer geschehen; ein Postfach reicht nicht, wohl aber die Adresse einer anderen Person, die die Post entgegennimmt (also z.B. „c/o Rechtsanwalt Enno Einfalt, Louisenstraße 312, 01099 Dresden"; OLG Hamm,

NZG 2016, 386). Die inländische Postanschrift kann auch in einem gemeindefreien Gebiet liegen; es muss dort aber eine förmliche Zustellung möglich sein (KG, ZIP 2021, 958). Regelmäßig wird man die Adresse der Geschäftsräume anmelden; aus Rechtsgründen müssen die beiden Adressen aber nicht identisch sein. Die Adresse der Geschäftsräume muss, wenn sie abweicht, „bei der Anmeldung" (also nicht unbedingt *in* der Urkunde) formlos angegeben werden (§ 24 II HRV). Unbedingt muss sichergestellt werden, dass Post, die unter der „inländischen Geschäftsanschrift" an die Gesellschaft gesandt wird, auch ankommt: Die Rechtsprechung nimmt an, dass durch die Angabe der inländischen Geschäftsanschrift der Anschein geschaffen wird, dass der Gesellschaft dort zugestellt werden kann und behandelt Postsendungen deshalb jedenfalls dann als wirksam zugegangen, wenn der Absender nicht weiß, dass die Gesellschaft unter der betreffenden Adresse keine Geschäftsräume hat. Ist die Gesellschaft unter der angegebenen Geschäftsanschrift postalisch nicht zu erreichen, kann der Geschäftsführer durch Zwangsgeld zur Anmeldung der neuen Anschrift angehalten werden (KG, GmbHR 2016, 823); die Anmeldung durch einen Prokuristen genügt nicht.

## 3. Prüfung durch das Registergericht

Ist die Anmeldung samt den dazugehörigen Unterlagen zur Prüfung beim Registergericht eingereicht, richtet sich das weitere Verfahren in prozessualer Hinsicht nach dem FamFG, das auch das Verfahren in Registersachen regelt. Anders als im Zivilprozess ist dort das Gericht verpflichtet, den Sachverhalt **von Amts wegen** zu ermitteln (§ 26 FamFG). Das bedeutet, dass das Gericht von sich aus Nachforschungen anzustellen hat, ob der vorgetragene Sachverhalt der Wirklichkeit entspricht. Noch weiter als diese Prüfungspflicht geht das Prüfungsrecht: Auch ohne konkreten Anlass zu Zweifeln können Nachweise verlangt werden, die dem Gericht die Überzeugung der Richtigkeit des versicherten Sachverhalts verschaffen. Eine Einschränkung ist nur insoweit zu machen, als nach dem Gebot sachdienlicher Bearbeitung keine mutwillige Verzögerung des Eintragungsverfahrens geschehen darf.

Die Prüfungsreihenfolge des Richters entspricht der Liste der Unterlagen, die neben der Anmeldung vorzulegen sind. Meist wird allerdings das Eintragungsverfahren erst aufgenommen, nachdem ein Gerichtskostenvorschuss angefordert und einbezahlt ist; das ist nach § 13 S. 1 GNotKG korrekt. Für den Fall, dass zur Verifizierung von Angaben die Einholung eines Gutachtens erforderlich ist, soll dieses nur in Auftrag gegeben werden, soweit von der Gesellschaft Vorschuss auf die entstehenden Kosten geleistet ist.

Als nächstes wird sich der Richter mit den Antragstellern, d.h. den anmeldenden Geschäftsführern, beschäftigen. Die Legitimation ist aus dem Gesellschaftsvertrag bzw. aus einem späteren Gesellschafterbeschluss zu ersehen. Zur Wirksamkeit der Bestellung ist darüber hinaus zu klären, ob die Geschäftsführer wegen einer der in § 6 GmbHG genannten Straftaten von der Bekleidung ihres Amtes ausgeschlossen sind. Zur Überprüfung der Richtigkeit der Versicherung der Geschäftsführer kann der Registerrichter hierbei auch einen Zentralregisterauszug anfordern.

Das nächste Glied der Prüfungskette ist die Wirksamkeit des Gesellschaftsvertrags. Hier ist die Feststellung erforderlich, dass der Vertragsinhalt zulässig ist und der Vertrag tatsächlich durch Erklärung aller aufgeführten Gesellschafter abgeschlossen wurde. Die Wirksamkeit eventueller Vertreterhandlungen bei Vertragsabschluss wird durch die vorzulegenden öffentlich beglaubigten Vollmachtsurkunden bewiesen.

Der Mindestinhalt des Gesellschaftsvertrags ist vom Richter sehr genau durchzusehen. Fehler und Mängel in diesem Bereich verhindern die Eintragung. Der fakultative Teil des Gesellschaftsvertrags unterliegt seit dem 1.7.1998 aber nur noch einer beschränkten Prüfung (§ 9c II GmbHG; s. oben III., S. 52). Wenn der Vertrag eine salvatorische Klausel enthält, kann auch ausgeschlossen werden, dass nach § 139 BGB der Gesellschaftsvertrag insgesamt unwirksam ist. Deshalb steht es der Eintragung nicht entgegen, wenn der Richter beispielsweise der Meinung ist, die vertragliche Gewinnverteilungsabrede sei mit § 29 III GmbHG nicht zu vereinbaren (OLG München, GmbHR 2010, 870). Erst recht hat der

Richter lediglich unübliche oder – seines Erachtens – unklare oder unzweckmäßige Bestimmungen anstandslos passieren zu lassen.

Im Anschluss daran sind die übrigen gesetzlich vorgeschriebenen Eintragungsvoraussetzungen zu prüfen, also die Einzahlung der notwendigen Einlagen und die Vorlage der vollständigen Gesellschafterliste. Wegen der Einzahlungen sollen Bankauszüge oder Bankbestätigungen nur noch bei „erheblichen Zweifeln an der Richtigkeit der Versicherung" der Geschäftsführer verlangt werden (§ 8 II 2 GmbHG); viele Registergerichte zweifeln aber nach wie vor routinemäßig.

Erfährt der Richter, dass zwischen Anmeldung und Eintragung erhebliche Teile des auf das Stammkapital eingezahlten Betrags verbraucht worden sind, kann er trotz der bestehenden Differenzhaftung der Gesellschafter (s. unten S. 85) die Eintragung ablehnen (BayObLG, Rpfleger 1999, 131).

Schließlich und endlich hat sich der Registerrichter mit der Firma der neuen GmbH zu befassen. Erfüllt sie dem Grunde nach die Voraussetzungen des GmbH-Gesetzes und des HGB, so wird normalerweise noch eine Stellungnahme der örtlichen Industrie- und Handelskammer eingeholt, auch wenn dies nach § 380 II 1 FamFG eigentlich nur „in zweifelhaften Fällen" geschehen soll. Wenn diese ergibt, dass im geplanten Wirkungsgebiet der neuen GmbH kein anderer Kaufmann mit gleicher, ähnlicher oder verwechselbarer Firma existiert, und auch aus der Sicht der Kammer die Grundsätze der Firmenwahrheit und -klarheit gewahrt sind, ist dem Eintragungsantrag endgültig stattzugeben. Mit Beschluss verfügt der Richter in diesem Fall die Eintragung der GmbH.

Endet das Prüfungsergebnis jedoch damit, dass die Anmeldung und der Antrag auf Eintragung unwirksam oder unvollständig sind, kann der gestellte Antrag mit Beschluss abgewiesen werden. Es ist jedoch wenig zweckmäßig, nachdem die Geschäftsführer entweder Beschwerde einlegen oder dem Mangel abhelfen und mit einem neuen Antrag einen zweiten Anlauf machen würden. Als prozessökonomisch hat sich deshalb die Zwischenverfügung eingebürgert. In ihr weist das Gericht auf die seiner Ansicht nach bestehenden

Mängel des Antrags hin und teilt mit, dass nach Ablauf einer bestimmten Frist ein abweisender Beschluss ergehen wird.

Bei den Gesellschaftern liegt es nun, innerhalb der gesetzten Frist die Behebung des Mangels herbeizuführen, evtl. Unterlagen nachzureichen oder den Gesellschaftsvertrag abzuändern. Dies muss wieder in notarieller Form geschehen; anders als nach der Eintragung (s. 3. Kap. IV. 1., S. 142) müssen Vollmachten notariell beglaubigt sein (OLG Köln, GmbHR 1995, 725).

Sind die Gründungsmitglieder jedoch der Meinung, dass ihrem Antrag auch ohne Nachbesserung stattzugeben sei, werden sie bereits gegen den Vorbescheid **Beschwerde** einlegen und so eine Entscheidung des Oberlandesgerichts als Beschwerdegericht herbeiführen.

Eine Beschwerde gegen den stattgebenden Gerichtsbeschluss, der die Eintragung vorsieht, ist nicht gegeben. Bei wesentlichen Mängeln des Gesellschaftsvertrages erfolgt jedoch nach der Eintragung die Löschung der GmbH von Amts wegen (§ 395 FamFG) oder es kann von einzelnen Gesellschaftern die Nichtigkeitsklage (§ 75 GmbHG) erhoben werden.

## 4. Die Vornahme der Eintragung

In seiner herkömmlichen Form war das Handelsregister nichts anderes als eine große Kartei, in der für jeden eingetragenen Kaufmann und jede eingetragene Handelsgesellschaft eine Karteikarte angelegt war. Inzwischen ist bundesweit die Umstellung des Handelsregisters auf die elektronische Form erfolgt. Diese dient der Vereinfachung und Erleichterung sowohl der Registerführung als auch der Orientierung über die Rechtsverhältnisse eingetragener Gesellschaften. Das „Registerblatt" gibt es im elektronischen Register nur noch als Datensatz, der am Bildschirm aufgerufen und auch ausgedruckt werden kann. Es steht in zwei Formen zur Verfügung: als aktueller Ausdruck und als chronologischer Ausdruck. Der aktuelle Ausdruck gibt – wie der Name sagt – den aktuellen Registerstand wieder; frühere Eintragungen erscheinen nur noch insoweit, als sie für das Verständnis der jetzigen Eintragungen erforderlich sind. Der chronologische Ausdruck hingegen entspricht in seinem äußeren Erscheinungsbild

(Querformat, Eintragung in verschiedene Spalten) dem bisherigen Registerblatt auf Papier. Es gibt zunächst den Stand des Registers am Tag der Umstellung auf die elektronische Form wieder: alle seitdem eingetretenen Änderungen lassen sich nachverfolgen. Sollte man den Stand des Registers für einen Zeitpunkt vor der Umstellung auf die elektronische Form benötigen, verlangt man einen historischen Ausdruck, der das am Tag der Umstellung geschlossene Papierregisterblatt wiedergibt. Muster für aktuelle und chronologische Ausdrucke enthält der Formularteil Nr. 20 und 21 (S. 249, 254).

Das Handelsregister und die zur Eintragung eingereichten Unterlagen stehen jedem zur Einsicht offen. Anders als für die Einsichtnahme in das Grundbuch ist es nicht erforderlich, ein berechtigtes Interesse nachzuweisen (§ 9 I HGB). Jeder kann also zum Amtsgericht gehen (allerdings nicht zu jedem, da oft Eintragungen für mehrere Gerichtsbezirke bei einem Zentralgericht erfolgen), dort den Namen einer ihm bekannten GmbH nennen und den Wunsch äußern, deren Handelsregistereintragung und die für sie zum Handelsregister eingereichten Unterlagen einzusehen. Er wird daraufhin vor einen Bildschirm gesetzt, auf dem das gewünschte Registerblatt – regelmäßig in der Form, in der es als chronologischer Ausdruck erscheint – aufgerufen wird. Seit 1.7.2022 kommt dies praktisch allerdings kaum noch vor, da jeder Internetnutzer die gleichen Informationen durch schlichtes Aufrufen der Webseite www.handelsregister.de erhalten kann. Sowohl die persönliche Einsicht bei Gericht als auch der Online-Abruf sind seit 1.7.2022 kostenlos. Der Nutzer kann zudem jedes gewünschte Registerblatt und ebenso jede in elektronischer Form zum Register eingereichte Urkunde auf seinem PC speichern oder ausdrucken. Kosten fallen nur noch für Kopien an, die von Urkunden verlangt werden, die beim Handelsregister nur in Papierform vorliegen (50 Cent pro Seite); die persönliche Einsicht ist auch hier kostenfrei.

In der rechten oberen Ecke des Registerblattes befindet sich das Registerzeichen, beim Handelsregister das Zeichen „HRA“ oder „HRB“ mit einer fortlaufenden Nummer. „HRA“ ist dabei das Registerzeichen für Einzelkaufleute und Personengesellschaften, „HRB“ das Registerzeichen für Kapitalgesellschaften, also GmbH und AG. Die laufenden Nummern werden regelmäßig in der Reihenfolge der Neueintragungen im Register vergeben.

Das Registerblatt, auf dem sich die Eintragungen befinden, ist in Spalten unterteilt. Was einzutragen ist, bestimmt sich für die GmbH nach § 10 GmbHG; wie die Eintragungen in den einzelnen Spalten vorzunehmen sind, nach der Handelsregisterverordnung (HRV).

In Spalte 2 werden Firma, Sitz und Gegenstand des Unternehmens eingetragen, Spalte 3 nennt das Stammkapital, Spalte 4 die Geschäftsführer und ihre konkrete Vertretungsbefugnis. Wenn für die GmbH Prokuristen bestellt sind, werden ihre Namen und Befugnisse in Spalte 5 eingetragen. Spalte 6 ist mit dem Wort „Rechtsverhältnisse" überschrieben. Hier werden der Tag des Abschlusses des Gesellschaftsvertrags, die abstrakte Vertretungsbefugnis der Geschäftsführer, Änderungen des Gesellschaftsvertrags und auch die Auflösung der Gesellschaft oder die Eröffnung des Insolvenzverfahrens eingetragen. Die letzte Spalte gibt das Datum der Eintragung an und enthält den Namen des registerführenden Beamten. In dieser Spalte wird auch auf die in einem gesonderten Akt aufbewahrten, zum Register eingereichten Unterlagen und Urkunden verwiesen.

Bei einer schon länger bestehenden GmbH enthalten die einzelnen Spalten oft mehrere untereinander stehende Eintragungen, wobei die weiter oben stehenden ganz oder teilweise rot unterstrichen sind. Ebenso wie im Grundbuch bedeutet eine „Rötung", d.h. die rote Unterstreichung einer Eintragung, auch im Handelsregister, dass die entsprechende Eintragung gelöscht und nicht mehr gültig ist. Die früheren Eintragungen bleiben aber nach wie vor lesbar und dienen dem Interesse des Rechtsverkehrs an der Erkennbarkeit der früheren Rechtsverhältnisse. Deshalb kann ein transsexueller Geschäftsführer nach Geschlechtsumwandlung nicht verlangen, dass sein früherer Vorname unkenntlich gemacht wird (BGH, 3.2.2015 – II ZB 12/14, NJW 2015, 2116).

Bei der Aufzählung des Inhalts der einzelnen Spalten wird aufgefallen sein, dass die Gesellschafter nicht erwähnt wurden. In der Tat ist es so, dass die einzureichende Liste der Gesellschafter nur bei den Registerakten aufbewahrt wird. Im Register selbst werden die Gesellschafter nicht eingetragen, ihre Namen werden auch nicht veröffentlicht. Da aber auch die Registerakten der unbeschränkten Einsicht unterliegen, kann sich jeder nach seinem freien Belieben darüber unterrichten, wer die Gesellschafter einer GmbH sind. Für den Geschäftsverkehr ist der Gesellschafterbestand allerdings unwichtig, nachdem zwischen den Gesellschaftern als solchen und Dritten nur in ganz extremen Ausnahmefällen Rechtsbeziehungen entstehen.

Die Eintragung in das Handelsregister ist vollendet, wenn die Eintragung auf dem angelegten Registerblatt elektronisch unterschrieben ist. Damit ist die GmbH entstanden.

Die Eintragung wird – wie alle Eintragungen im Handelsregister (§ 10 HGB) – durch ihre erstmalige Abrufbarkeit auf der Webseite www.handelsregister.de bekanntgemacht.

## 5. Die Bedeutung der Eintragung (§ 15 HGB)

Die Bedeutung der Handelsregistereintragung liegt darin, dass man sich auf die Richtigkeit der eingetragenen Tatsachen verlassen darf. § 15 HGB schützt das Vertrauen auf die Richtigkeit der eingetragenen Tatsachen – übrigens auch dann, wenn der Betreffende gar keine Einsicht in das Register genommen hat.

Drei Fälle sind zu unterscheiden:

(1) § 15 I HGB schützt den, der mit einer GmbH in Geschäftsbeziehungen steht. Solange eine Tatsache, die einzutragen ist, weder eingetragen noch bekannt gemacht war, kann sich die GmbH nicht darauf berufen.

Ist beispielsweise ein Geschäftsführer seines Amtes enthoben und hat trotzdem bis zur Eintragung dieses Umstands Geschäfte im Namen der GmbH getätigt, so kann sich diese nicht auf die fehlende Vertretungsmacht berufen. Sie haftet für die Verbindlichkeiten aus den Geschäften ihres früheren Geschäftsführers, denn der Vertragspartner darf sich darauf verlassen, dass der eingetragene Geschäftsführer die aus dem Register ersichtliche Vertretungsmacht hat. Dagegen sind Dritte nicht geschützt, wenn ein Geschäftsführer unerkennbar geisteskrank und daher geschäftsunfähig wird (BGH, NJW 1991, 2566).

**(2)** § 15 II HGB schützt die GmbH. Ist eine Tatsache eingetragen und bekannt gemacht worden, so muss sie ein Dritter gegen sich gelten lassen. Er kann sich nicht darauf berufen, dass sie ihm unbekannt geblieben ist oder dass er das Handelsregister nicht eingesehen habe. Lediglich für die ersten 15 Tage nach der Bekanntmachung kommt ihm seine Unkenntnis zustatten, vorausgesetzt, dass er die Tatsache nicht „kennen musste", also bei entsprechender Aufmerksamkeit hätte kennen können.

**(3)** § 15 III HGB wirkt wieder zugunsten des Dritten: Er kann sich darauf verlassen, dass eingetragene Tatsachen richtig sind, auch wenn sie nicht den tatsächlichen Verhältnissen entsprechen. Zulasten des Dritten wirkt § 15 III HGB in keinem Fall: Er kann sich also auf die ihm günstigere wahre Rechtslage berufen (BGH, GmbHR 1990, 294).

Wann oder wodurch die Diskrepanz zwischen Wirklichkeit und Handelsregister entstanden ist, spielt dabei keine Rolle. Es kann sich sowohl um falsche Anmeldungen der Geschäftsführer als auch um Übertragungsfehler des Registerbeamten handeln. Die Regelung rechtfertigt sich daraus, dass es eine Obliegenheit der Geschäftsführer ist, die Richtigkeit der eingetragenen Tatsachen laufend zu überprüfen.

**BEISPIEL:** Wird etwa versehentlich der neu bestellte Geschäftsführer Hans Zabel nicht im Registerblatt der Zabel-GmbH (HRB 115), sondern im Registerblatt der Zobel-GmbH (HRB 151) eingetragen, so gilt die Zustellung einer Klage an ihn als Zustellung an die Zobel-GmbH. Sie hat sich die Empfangnahme durch den ihr vollkommen fremden, aber eingetragenen Geschäftsführer Hans Zabel zurechnen zu lassen – und kann womöglich durch Säumnis den Prozess verlieren.

Aus § 15 III HGB kann allerdings nur Rechte herleiten, wer im guten Glauben an die Richtigkeit des Registers gehandelt hat. Wer weiß, dass eine Tatsache unrichtig eingetragen ist, braucht keinen Schutz.

# VIII. Die Vorgesellschaft

Die Vorgesellschaft ist das große Mysterium im Recht der GmbH. Sie entsteht bei jeder Gründung als zwangsläufige Folge des Umstands, dass ein Teil der Einzahlungen auf die Geschäftsanteile erbracht sein muss, bevor die GmbH als juristische Person durch die Eintragung entsteht. Der Gesetzgeber hat jedoch in § 11 II GmbHG nur 17 Worte auf sie verwendet, die darüber hinaus mehr verwirrend als klarstellend sind. Die Zweifelhaftigkeit vieler Fragen zur Vorgesellschaft ist mit ein Grund dafür, dass der Gründung einer neuen GmbH manchmal der Kauf einer Vorratsgesellschaft (s. unten X., S. 88 ff.) vorgezogen wird.

Als Vorgesellschaft bezeichnet man dasjenige Gebilde, das mit Abschluss des notariellen Gesellschaftsvertrags entsteht und mit Eintragung in das Handelsregister zur endgültigen GmbH wird. In der Regel denken die Gesellschaftsgründer nicht daran, Regelungen für diesen Zeitraum zu treffen. Sie wollen dann mit ihrem Unternehmen starten, wenn sie den Handelsregisterauszug ihrer GmbH in Händen haben. Die gesetzliche Einlagenverpflichtung vor Anmeldung der GmbH verhindert jedoch, dass vor der Eintragung noch gar nichts geschieht. Wie unter V. (S. 58 ff.) näher ausgeführt, muss in der Zeit zwischen Errichtung des Gesellschaftsvertrags und der Anmeldung auf jede Geldeinlage mindestens ein Viertel und jede Sacheinlage ganz geleistet sein. Es stellt sich sofort die Frage, wohin und an wen die Leistung erfolgen soll. Die GmbH, den bedachten Leistungsempfänger, gibt es noch nicht. Das Gesetz regelt zwar die Leistungspflicht, gibt aber keinen Hinweis darauf, welcher Rechtsträger der Anspruchsberechtigte ist. Zur Klärung dieser unglücklichen Situation hat die Rechtsprechung die Vorgesellschaft erfunden. Die Begründung der Vorgesellschaft geschieht konkludent durch den Abschluss des Gesellschaftsvertrags. Bereits bei der dogmatischen Einordnung der Vorgesellschaft scheiden sich die Geister. Sowohl die analoge Anwendung der Vorschriften über die Gesellschaft bürgerlichen Rechts als auch des nicht rechtsfähigen Vereins auf die „werdende GmbH“ werden überlegt. Richtig dürfte sein, die

Vorgesellschaft als Rechtsform eigener Art anzusehen, da sie nur ein Durchgangsgebilde, vergleichbar einer Raupe auf dem Weg zum Schmetterling, ist. Auf sie muss GmbH-Recht angewendet werden, soweit dies noch irgendwie vertreten werden kann. Die fehlende Rechtsfähigkeit kann dabei allerdings nicht überspielt werden.

Allgemein anerkannt ist deshalb, dass die Vorgesellschaft durch die von den Gründungsmitgliedern bestimmten Geschäftsführer vertreten wird. Allerdings soll deren Vertretungsmacht darauf beschränkt sein, solche Handlungen vorzunehmen, die für das Zustandekommen der GmbH notwendig sind und die empfangenen Einlagen sichern und erhalten, etwa ein Bankkonto für die GmbH zu eröffnen. Dabei ist übrigens Vorsicht geboten: Oft enthält das „Kleingedruckte" die persönliche Haftung der Handelnden für eine Überziehung des Kontos, und dass im Streitfall das Gericht eine solche Klausel für ungültig erklärt (wie es OLG Brandenburg, GmbHR 2002, 109 getan hat), ist keineswegs sicher.

Man wird den Geschäftsführern darüber hinaus auch das Recht zugestehen müssen, Handlungen vorzunehmen, die zur wirtschaftlich sinnvollen Nutzung der eingelegten Vermögenswerte erforderlich sind.

Als **BEISPIEL** kann eine Speditions-GmbH dienen. Nach Abschluss des Gesellschaftsvertrags und der Bestellung der Geschäftsführer hat der Gesellschafter B einen Lkw an die Vorgesellschaft übereignet und der Gesellschafter C das spätere Betriebsgrundstück.
In der Regel erfolgt die Eintragung heute binnen weniger Tage oder allenfalls Wochen. Wenn es aber ausnahmsweise – z.B. wegen Meinungsverschiedenheiten über die Zulässigkeit der gewünschten Firma – länger dauert, wäre es höchst unwirtschaftlich, während dieser Zeit den Lkw ruhen und das Betriebsgelände brachliegen zu lassen. Die Gesellschafter können deshalb aus dem ihnen übertragenen Amt heraus eine kaufmännisch und wirtschaftlich sinnvolle Nutzung der Einlagegegenstände vornehmen. Im konkreten Fall bedeutet das, dass das Unternehmen in so geringem Maß anzufahren wäre, dass die Unkosten gedeckt und der Lkw in Bewegung gehalten wird.

Sollen daneben umfangreichere oder riskante Aktivitäten unternommen werden (also in unserem Beispiel der volle Betrieb der Spedition anlaufen), reicht nach der überwiegenden Meinung im Stadium der Vorgesellschaft die Vertretungsmacht aus der Bestellung zum Geschäftsführer nicht aus. Solche Geschäfte können nur mit Zustimmung, d.h. der Erteilung einer besonderen Vertretungsmacht durch die Gesellschafter vorgenommen werden.

Für diesen letzten Fall ergibt sich die Frage der Haftung gewissermaßen von selbst. Der Geschäftsführer hat in besonderer, GmbH-unabhängiger Vollmacht für die Gemeinschaft der Gesellschaftsgründer gehandelt. Diese sind in eigener Person ihrem (!) Vertragspartner verpflichtet.

Anders ist es, wenn die Geschäftsführer nur dringende und erhaltende Maßnahmen tätigen und damit in ihrem vertraglichen Vertretungsbereich handeln. In diesem Fall haften zunächst sie als diejenigen, die für die Gesellschaft handeln, wie sich aus § 11 II GmbHG ergibt: Danach haften vor Eintragung der Gesellschaft für Geschäfte, die in deren Namen abgeschlossen wurden, die Handelnden persönlich und solidarisch. Für Verbindlichkeiten, die nicht auf Rechtsgeschäften beruhen (z.B. Beiträge zur gesetzlichen Unfallversicherung), gilt § 11 II GmbHG dagegen nicht (BAG, GmbHR 1995, 893).

Wieder anders ist es, wenn die Geschäftsführer Rechtsgeschäfte abgeschlossen haben, die über ihren (eingeschränkten) Wirkungskreis hinausgehen, ohne die Zustimmung der Gesellschafter eingeholt zu haben. Für diese haften die Geschäftsführer nach § 11 II GmbHG wie auch nach § 179 BGB alleine. Eine wirksame Vertretung der Vorgesellschaft liegt hier nicht vor, deswegen treffen Rechte und Pflichten aus diesen Verträgen die Geschäftsführer in eigener Person.

Wenn in § 11 II GmbHG die Rede von Geschäften ist, die „im Namen der Gesellschaft" vorgenommen wurden, so stellt sich die Frage, ob die Vorgesellschaft bereits eine Firma haben kann. Obwohl das Firmenrecht des Handelsgesetzbuchs dies nicht ausdrücklich vorsieht, ist heute anerkannt, dass die Vorgesellschaft eine Firma führen darf. Dem Namen der späteren GmbH sollte der Zusatz „in Gründung“ oder abgekürzt „i. G.“ hinzugefügt werden. Unter diesem Namen kann die Vorgesellschaft Rechte und Pflichten erwerben.

In der Rechtsprechung wurde lange Zeit darüber gestritten, wie und in welcher Höhe neben den Handelnden die Gesellschafter für Verbindlichkeiten der Vorgesellschaft haften. Hier hat eine Entscheidung des BGH (NJW 1997, 1507) die bisher überwiegend vertretene Meinung revidiert und zumindest für mehr Klarheit gesorgt; ob damit allerdings die „Enträtselung des Rätsels Vorgesellschaft“ (so *Schütz,* GmbHR 1996, 727) gelungen ist, wird sich erst noch zeigen.

Das heutige Konzept sieht folgendermaßen aus: Sowohl für Verbindlichkeiten aus Verträgen als auch für gesetzliche Verbindlichkeiten (z.B. die Abführung der Sozialversicherungsbeiträge für Arbeitnehmer der Gesellschaft) haften die Gesellschafter der GmbH unbeschränkt, also nicht nur mit dem Stammkapital; § 13 II GmbHG ist auf die Vorgesellschaft nicht anzuwenden. Diese Haftung (sog. **„Verlustdeckungshaftung“**) besteht aber nicht gegenüber den einzelnen Gläubigern, sondern gegenüber der Vorgesellschaft (und wird hier dann regelmäßig vom Insolvenzverwalter geltend gemacht, wenn die Vorgesellschaft schon vor ihrer Eintragung zahlungsunfähig geworden ist). Eine Ausnahme von diesem Grundsatz der **Innenhaftung** kommt nur infrage, wenn die Gesellschaft vermögenslos ist. Hier können die Gläubiger die Gesellschafter direkt in Anspruch nehmen (Außenhaftung), allerdings nur anteilig nach dem Verhältnis ihrer Geschäftsanteile zum Stammkapital (BAG, GmbHR 2001, 119). Inzwischen ist auch die früher umstrittene Frage geklärt, dass dies nur dann gilt, wenn die Geschäftstätigkeit nach Aufgabe der Eintragungsabsicht sofort beendet und die Vorgesellschaft abgewickelt wird. Wenn sie dagegen weiterhin unter der Firma der Vor-GmbH Geschäfte machen, besteht stets Außenhaftung, d.h. die Gründer haften den Gläubigern unmittelbar und jeder auf die volle Summe, und zwar auch für solche Verbindlichkeiten, die bis zum Scheitern entstanden sind (BGH, 4.11.2002 – II ZR 204/00, NJW 2003, 429). Auch für Steuerschulden wird Außenhaftung angenommen (BFH, NJW 1998, 2926), und zwar als gesamtschuldnerische Haftung wie in einer OHG oder GbR.

Mit der Eintragung der GmbH ändert sich daran prinzipiell nichts. Jetzt müssen die Gesellschafter dafür einstehen, dass das Vermögen der GmbH im Augenblick der Eintragung das Stammkapital erreicht. Sie haften also der GmbH gegenüber anteilig für die Differenz zwischen Stammkapital (abzüglich Gründungskosten) und dem Wert des Gesellschaftsvermögens im Zeitpunkt der Eintragung (sog. **„Differenzhaftung"**, auch Vorbelastungshaftung oder Unterbilanzhaftung genannt).

Es besteht also kein „Vorbelastungsverbot", das eine Belastung der eingetragenen GmbH mit vorher entstandenen Verbindlichkeiten verhindern würde, und es besteht auch im Normalfall weder vor noch nach der Eintragung eine unmittelbare Haftung der Gesellschafter gegenüber den Gläubigern.

Für die heutige Rechtsprechung spricht, dass die Haftung der Handelnden nach § 11 II GmbHG und die Haftung der Gesellschafter jetzt den gleichen Umfang haben und dass sich die Haftung für Verbindlichkeiten der Vorgesellschaft vor und nach Eintragung der GmbH nicht mehr unterscheidet, während man bisher bei großen Anlaufverlusten vor der Eintragung den Gesellschaftern raten musste, auf die GmbH zu verzichten und sie „sterben" zu lassen, um die Differenzhaftung zu vermeiden. Es ist andererseits nicht zu übersehen, dass die vorstehend beschriebene Gründerhaftung zu einer erheblichen Mehrverpflichtung gegenüber der Regelung im Gesellschaftsvertrag führen kann.

**BEISPIEL:** Angenommen, es wurde vor Anmeldung auf jeden Geschäftsanteil ein Viertel einbezahlt, aber der gesamte Vermögenswert zerfloss im Laufe der Vorgesellschaft wieder, so hat jeder Gesellschafter nach Eintragung der Gesellschaft erneut 100% seiner Einlage zu bezahlen. Bei einem übernommenen Geschäftsanteil von 5.000 € würde ihn seine Mitgliedschaft in der GmbH bereits 6.250 € kosten.

Welche Gefahr in dieser Differenzhaftung für das private Vermögen eines Gründungsmitglieds bestehen kann, wird erst dann richtig klar, wenn man bedenkt, dass vor der Anmeldung bereits ein größerer Teil des Geschäftsanteils einbezahlt sein kann und dass das Vermögen der GmbH nicht nur aufgebraucht, sondern bereits überschuldet sein kann. So sind Fallgestaltungen denkbar, in denen sich die Verpflichtung eines Gründungsgesellschafters auf ein Vielfaches des übernommenen Geschäftsanteils erhöht. Der Übergang vom Vorbelastungsverbot zur Differenzhaftung hat also den Weg zur wirtschaftlichen Aktivität der Vorgesellschaft geebnet, allerdings um den Preis eines nahezu unkalkulierbaren Einlagerisikos für die Gründungsgesellschafter.

Die Gefahr der Differenzhaftung sollte deshalb jedem Gründungsmitglied bei der Unterschrift unter den Gesellschaftsvertrag nicht nur als Warnschild, sondern als großes rotes Stoppschild vor Augen stehen. Ohne begründetes Vertrauen in die Geschäftsführer, laufende Einsicht in die Geschäftsunterlagen und genaue Überwachung der Geschäftsführeraktivitäten kann die Vorgesellschaft zu einem nicht berechenbaren Fiasko werden. In den GmbH-Handbüchern und notariellen Belehrungen wird oft nicht ausreichend auf die Pflichten aus der Beitrittserklärung und auf dieses Risiko hingewiesen. Nicht nur deshalb, weil Betrüger sehr leicht mit der allgemeinen Vorstellung arbeiten können, der übernommene Geschäftsanteil sei der maximale Haftungsbetrag eines Gründungsmitglieds, sei hier zu höchster Vorsicht aufgerufen. Ganz wichtig: Wer sich zur Gründung eines **Strohmanns** bedient hat, haftet hier trotzdem wie ein Gesellschafter (BGH, NJW 1992, 2023). Für eine Verschleierung des eigentlichen Gründers nutzt die Strohmanngründung ohnehin nichts, da zwar nicht aus dem Handelsregister, aber aus dem Transparenzregister der wirtschaftlich Berechtigte ersichtlich ist (s. 3. Kap. I. 6.b, S. 120). Beweisen muss die Voraussetzungen der Haftung zwar derjenige, der Ansprüche daraus geltend macht, also meist der spätere Insolvenzverwalter. Da es aber regelmäßig keine Bilanz auf den Eintragungsstichtag gibt, genügen hinreichende Anhaltspunkte für eine Vorbelastung zur Anspruchserhebung (BGH, 17.2.2003 – II ZR 281/00, NZG 2003, 393).

Der Übergang der Vermögensrechte von der Vorgesellschaft auf die GmbH ist dagegen ohne Risiko für den Gesellschafter. Sie vollzieht sich genauso automatisch wie die Schuldübernahme. Das gesamthänderische Eigentum wird – ohne weiteres Zutun – mit der Eintragung Eigentum der GmbH.

Bei beweglichen Gegenständen oder Rechten treten hier keine Probleme auf. Soweit ein Pkw nicht sofort auf den späteren Namen der GmbH zugelassen werden kann, ist die Änderung von der GmbH i.G. in die GmbH nur eine Formalität. Ebenso verhält es sich beispielsweise mit der Umschreibung von Bankkonten. Schwierigkeiten gibt es allein bei Grundstücken. Weit verbreitet ist noch immer die Ansicht, die Gesellschaft in Gründung sei nicht als Eigentümerin eines Grundstückes eintragbar, sondern nur als Berechtigte einer Auflassungsvormerkung. Das Eigentum als Vollrecht kann (abgesehen von Ausnahmen im Umwandlungsrecht) nur für die entstandene GmbH im Grundbuch ausgewiesen werden.

Bisher wurde nur der Regelfall besprochen, nämlich dass die Vorgesellschaft durch Eintragung in die GmbH übergeht. Daneben kommt es jedoch vor, dass das Eintragungsverfahren stecken bleibt oder von den Geschäftsführern aus irgendwelchen Gründen überhaupt nicht begonnen wird. Eine GmbH, die so im Raupenstadium der Vorgesellschaft stehen bleibt, ist als BGB-Gesellschaft zu behandeln. Sie sollte möglichst schnell aufgelöst werden, nachdem eine Haftungsbeschränkung nach GmbH-Grundsätzen nicht eintritt und übrig nur die dargestellte Rechtsunsicherheit bleibt.

Eine Umwandlung in eine OHG oder eine nach außen hin als solche in Erscheinung tretende BGB-Gesellschaft ist möglich.

Steuerlich wird die Vorgesellschaft wie eine eingetragene GmbH behandelt, solange die Eintragung ernsthaft betrieben wird. Nach Aufgabe der Eintragungsabsicht ist sie steuerlich dagegen eine Personengesellschaft, wenn sie nicht unverzüglich liquidiert wird. Arbeitsrechtlich wird der Geschäftsführer der Vor-GmbH ebenso wie der Geschäftsführer einer eingetragenen GmbH (vgl. 3. Kap. I., S. 101) behandelt (BAG, GmbHR 1995, 681). Insoweit ist der in der praktischen Notwendigkeit liegende Weg der Gleichbehandlung bereits gegangen.

## IX. Die Vorgründungsgesellschaft

Von der Vorgesellschaft ist die Vorgründungsgesellschaft zu unterscheiden. Sie kommt zustande, wenn die Gründungsmitglieder der Gesellschaft bereits vor dem Abschluss des Gesellschaftsvertrags zusammenwirken und geschäftliche Aktivitäten entwickeln. Die Regeln der Vorgesellschaft sind auf sie nicht anzuwenden. Weder findet eine Übertragung des Gesellschaftsvermögens und der Gesellschaftsschulden von der Vorgründungsgesellschaft auf die Vorgesellschaft statt (BGH, NJW 1998, 1645), noch sind deren Geschäftsführer handlungsberechtigt. Auch § 11 II GmbHG ist auf die Vorgründungsgesellschaft nicht anzuwenden. Die Vorgründungsgesellschaft bedarf eines besonderen Vertragsschlusses und ist in der Regel als Gesellschaft bürgerlichen Rechts zu behandeln. Einer Beurkundung dieses Vertrags bedarf es nicht. Die Haftung in der Vorgründungsgesellschaft bestimmt sich nach den Absprachen ihrer Gründer. Die Vorgründungsgesellschaft kann bestehen, auch ohne dass es zum Abschluss eines GmbH-Vertrags kommt. Sie ist rechtlich eigenständig und ihr Vermögen kann nur mittels eines selbstständigen Übertragungsakts in die GmbH bzw. die Vorgesellschaft eingebracht werden.

Wer für eine Vorgründungsgesellschaft handelt, seinem Vertragspartner aber vorspiegelt, es existiere eine GmbH und im Namen dieser nicht existierenden GmbH Verträge abschließt, haftet wegen des gesetzten Rechtsscheins für die Verpflichtungen der angeblich von ihm vertretenen Gesellschaft (entsprechende Anwendung von § 179 BGB; KG, GmbHR 2004, 1017).

## X. Kauf einer bestehenden GmbH

Um sich nicht der Mühe unterziehen zu müssen, eine GmbH zu gründen, wird gelegentlich der bequemere Weg über den Erwerb einer bestehenden GmbH gewählt. Das Verfahren hierbei ist sehr einfach. Es bedarf nur des Erwerbs aller Anteile an einer bereits eingetragenen GmbH (vgl. dazu unten 3. Kap. II., S. 128 f.).

Erworben wird in diesem Fall ein sog. **GmbH-Mantel,** auch GmbH-Hülse genannt. Die heutige Rechtsprechung behandelt den GmbH-Mantel unter der weniger plastischen Bezeichnung einer „wirtschaftlichen Neugründung".

Der klassische Fall ist eine eingetragene, existierende GmbH, die kein Unternehmen betreibt, kein Anlagevermögen mehr besitzt und in der Regel auch sonst vermögenslos ist. Solche GmbH-Mäntel entstehen in der Regel dadurch, dass eine GmbH glücklos operierte und nach und nach ihr gesamtes Vermögen verlor. Falls keine Überschuldung eintritt, werden die Gesellschafter versuchen, ihre GmbH „auf Null" zu bringen, um wenigstens den Mantel noch verkaufen zu können. Früher fanden sich deshalb in überregionalen Tageszeitungen und Wirtschaftsblättern Anzeigen, in denen solche gebrauchten Mäntel zum Kauf angeboten wurden; die Preisvorstellung lag meist in der Größenordnung von wenigen Tausend Euro, bei in der Bilanz ausgewiesenen Verlustvorträgen etwas mehr. Der Käufer änderte die Firma, den Gegenstand des Unternehmens, den Sitz (und möglicherweise noch einige weitere Satzungsbestimmungen), bestellte anstelle des eingetragenen Geschäftsführers sich selbst oder eine Person seiner Wahl und konnte sofort und ohne die Haftungsunsicherheit in der Vorgesellschaft den Geschäftsbetrieb aufnehmen.

Heute scheitert dieses Geschäftsmodell an der Rechtsprechung des BGH: Bei der Benutzung eines GmbH-Mantels müssen die Gründungsvorschriften eingehalten werden; insbesondere muss gegenüber dem Registergericht versichert und auf Verlangen nachgewiesen werden, dass das Mindeststammkapital weiterhin oder wieder zur freien Verfügung der neuen Geschäftsführer steht (BGH, 7.7.2003 – II ZB 4/02, NJW 2003, 3198). Unterbleibt diese Offenlegung, haften die Gesellschafter im Umfang einer Unterbilanz, die zum Zeitpunkt der Anmeldung der Satzungsänderungen oder (Wieder)aufnahme der wirtschaftlichen Tätigkeit besteht (BGH, 6.3.2012 – II ZR 56/10, NJW 2012, 1875). Gibt der Geschäftsführer die Versicherung wahrheitswidrig ab, haftet er entsprechend § 9a I GmbHG (BGH, 12.7.2011 – II ZR 71/11, GmbHR 2011, 1032). Damit ist die Geschäftsidee des Mantelkaufs, ohne Einzahlung des für eine neue

GmbH erforderlichen Stammkapitals, zunichte gemacht. Statt eines Vorteils hat der Mantelkäufer nur das (schon immer bestehende) Risiko, dass die Gesellschaft, deren Anteile er erworben hat, überschuldet ist. Durch die Übertragung der Anteile gehen die bis dahin entstandenen (und vom Veräußerer möglicherweise verschwiegenen) Verbindlichkeiten nicht unter. Sie belasten die GmbH weiterhin und können zur Insolvenz führen, falls die Anteilserwerber nicht Kapital zuführen und dadurch die Schuldenbelastung der GmbH tilgen. Damit kann der Mantelkauf weit teurer kommen als eine Neugründung; er kommt heute in der Praxis so gut wie nicht mehr vor. Problematisch ist freilich, wie das Registergericht einen Mantelkauf von größeren Umstrukturierungen einer „lebenden" GmbH unterscheiden soll, bei denen eine Einhaltung der Gründungsvorschriften zweifelsfrei nicht erforderlich ist.

GmbH-Hülsen entstehen nicht nur unfreiwillig auf die oben dargestellte Art, sie werden oft bewusst auch als solche geschaffen. Es gibt auf dem Markt mehrere Anbieter solcher sog. **„Vorratsgesellschaften"**. Es handelt sich dabei um neu gegründete GmbHs mit einem Stammkapital von 25.000 €, das bei der Gründung voll einbezahlt wurde, um jede spätere Haftung der Gründer auszuschließen. Diese Gesellschaften haben als Unternehmensgegenstand „die Verwaltung des eigenen Vermögens", eine beliebig gewählte Phantasiefirma („Siebenundvierzigste Landschildkröte GmbH") und entfalten zunächst keinerlei Geschäftstätigkeit. Sie können von jedermann erworben werden; der Preis setzt sich aus der Summe von 25.000 €, den Gründungskosten, dem Zinsaufwand und dem Gewinn des Anbieters zusammen. Dem Erwerber bieten sie den Vorteil, dass nach Änderung von Firma, Sitz und Unternehmensgegenstand die Geschäfte sofort aufgenommen werden können, ohne dass die Gefahr einer Differenzhaftung besteht. Da sich ein gebrauchter GmbH-Mantel und eine Vorratsgesellschaft nicht in ihrer Rechtsqualität, sondern nur faktisch-praktisch unterscheiden, verlangt der BGH auch für die Verwendung einer Vorratsgesellschaft die Einhaltung der Gründungsvorschriften (BGH, 9.12.2002 – II ZB 12/02, NJW 2003, 892), was hier im Hinblick darauf, dass das Stammkapital stets unangetastet ist, wenig Sinn macht, aber auch keine größeren Probleme bereitet.

# XI. Besondere Gestaltungen der GmbH

Dass es sich bei der GmbH um diejenige Gesellschaftsform handelt, die seit jeher am meisten Phantasie und Experimentierfreude angeregt hat, wurde bereits gesagt.

## 1. Die Einpersonen-GmbH

Als erstes wurde die Einpersonen-GmbH entdeckt, deren Besonderheit darin liegt, dass alle Geschäftsanteile in der Hand eines Gesellschafters liegen. Die Einpersonen-Gesellschaft, die im eigentlichen Sinn keine Gesellschaft mehr ist, hat sich in der Vergangenheit immer weiter etabliert. Dem hat der Gesetzgeber mit der GmbH-Novelle im Jahre 1980 Rechnung getragen und die Gründung als Einpersonen-GmbH gestattet. Er hat damit den notwendigen Umweg über eine Strohmann-Gründung entfallen lassen, bei welcher der Gesellschaftsinitiator pro forma den Vertrag mit einer dritten Person schloss, die ihm ihren Anteil nach Entstehung der GmbH sofort übertrug.

Für die Gründung der Einpersonen-Gesellschaft gelten zunächst die oben dargestellten Gründungsvoraussetzungen, § 1 GmbHG. Sie werden allerdings durch einige Spezialvorschriften ergänzt.

Die Unterschiede beginnen damit, dass am Beginn der GmbH kein Gesellschaftsvertrag, sondern eine notarielle Errichtungserklärung des Gesellschaftsinitiators steht. Da es sich nicht um einen Vertrag, sondern um eine einseitige Erklärung handelt, kann diese nicht durch einen Vertreter abgegeben werden, der keine Vollmacht hat, sondern vorbehaltlich nachträglicher Genehmigung des Vertretenen handelt (§ 180 BGB; OLG Stuttgart, GmbHR 2015, 487). Inhaltlich entspricht diese Errichtungserklärung exakt dem Gesellschaftsvertrag. Sie beginnt mit der Feststellung, dass eine GmbH gegründet werden soll. Danach sind Sitz, Firma und Unternehmensgegenstand anzugeben. Die Einpersonengesellschaft kann als klassische GmbH mit einem Stammkapital von mindestens 25.000 €, aber auch als UG (haftungsbeschränkt) mit einem beliebigen Kapital gegründet werden. Auch für die Einpersonengesellschaft gibt es ein Musterprotokoll.

Eine Aufteilung des Stammkapitals in Geschäftsanteile, mit denen sich der Gesellschafter beteiligt, ist nicht erforderlich, aber auch nicht unzulässig; der Gründer einer Einpersonen-GmbH kann ohne weiteres 25.000 Geschäftsanteile zu je 1 € schaffen; lediglich bei Verwendung des Musterprotokolls darf es nur einen Geschäftsanteil in Höhe des (gesamten) Stammkapitals geben. Muster für die Gründung einer Einpersonen-GmbH finden sich im Anhang (Musterprotokoll Nr. 1, S. 205; individuelle Errichtungserklärung Nr. 2, S. 207).

Vor der Anmeldung ist es erforderlich, dass der Gesellschafter die angegebenen Sacheinlagen in vollem Umfang und darüber hinaus $^1/_4$ der Bareinlage an die Vorgesellschaft leistet. Dabei muss sich, genau wie bei der Mehrpersonen-GmbH, ein Mindestvermögen von 12.500 € ergeben. Die bei der Einpersonen-GmbH früher vorgeschriebene Sicherstellung des restlichen Stammkapitals ist entfallen.

Muster für die Anmeldung einer Einpersonen-GmbH finden sich in Nr. 11 und 12 des Anhangs (S. 232, 234).

Die Einpersonen-GmbH hat einen oder mehrere Geschäftsführer, wobei der Einpersonen-Gesellschafter auch selbst Geschäftsführer sein kann.

Überflüssig sind alle Regelungen zu Einberufungen der Gesellschafterversammlungen. Der einzige Gesellschafter kann Gesellschafterbeschlüsse treffen, wann und wo es ihm beliebt. Eine Einberufung mit Angabe der Tagesordnungspunkte wäre unsinniger Formalismus. Allerdings hat der Gesellschafter Beschlüsse, die er als Gesellschafterversammlung trifft, zu protokollieren und zu unterschreiben, § 48 III GmbHG. Durch diesen Formzwang soll sichergestellt sein, dass sich der Gesellschafter auch der Qualität seiner Entscheidung als gesellschaftsrechtlichem Beschluss bewusst wird. Eine Verletzung der Formpflicht führt nicht zur Unwirksamkeit des Beschlusses. Allerdings kann sich die Gesellschaft zu ihrem Vorteil nicht auf Beschlüsse berufen, die nicht protokolliert und unterschrieben sind. Zugleich können Schadensersatzansprüche der Gesellschaft gegen den Gesellschafter aus dem Formmangel entstehen. Zu praktischer Bedeutung gelangen solche Forderungen dann, wenn über das Gesellschaftsvermögen das Insolvenzverfahren eröffnet wird und sich der Insolvenzverwalter nicht protokollierten Beschlüssen gegenübersieht, oder wenn weitere Personen in die Gesellschaft aufgenommen werden. Ihnen darf nicht ein Regelungswerk in Beschlüssen entgegengesetzt werden, das nur im Kopf des Einpersonen-Gesellschafters existiert. So harmlos die Form der Protokollierung und Unterschrift ist, zwingt sie den Einpersonen-Gesellschafter doch, seine Entscheidungen zu überdenken und in Satzform auszudrücken. Viele übereilte Regelungen werden dadurch vermieden.

Sehr oft ist in der Einpersonen-Gesellschaft der alleinige Gesellschafter auch zugleich einziger Geschäftsführer. In diesem Fall muss ihn der Gesellschaftsvertrag vom Selbstkontrahierungsverbot des § 181 BGB (dazu oben I. 2., S. 37 f.) befreien. Nur so ist es nämlich möglich, dass der Gesellschafter seine Einlagen an sich selbst als Geschäftsführer der Vorgesellschaft wirksam leisten und den Anstellungsvertrag mit sich selbst abschließen kann. In § 35 IV 1 GmbHG ist ausdrücklich festgestellt, dass das Verbot des **Selbstkontrahierens** auch für den geschäftsführenden Allein-Gesellschafter gilt. Weil dadurch ohne Entbindung des Geschäftsführers von diesem Verbot eine handlungsunfähige Gesellschaft entstehen würde, ist bei einer Errichtungserklärung unbedingt auf eine entsprechende Regelung zu achten. Normalerweise wird es der Registerrichter bemerken, wenn diese Befreiung fehlt und die Versicherung des Geschäftsführers über die erbrachten Einlagen zurückweisen, weil sie unmöglich richtig sein kann. Ist dies aber nicht geschehen, sollte der Gesellschaftsvertrag schnellstmöglich entsprechend ergänzt und diese Ergänzung in das Handelsregister eingetragen werden; nur dann werden die betreffenden Rechtsvorgänge auch steuerlich anerkannt (BFH, GmbHR 1997, 266). Auch der Notar, der das nicht beachtet, kann wegen Amtspflichtverletzung haften (BGH, NJW 2000, 664). Wird eine GmbH mit mehreren Gesellschaftern später Einpersonen-Gesellschaft, so erlischt hierdurch eine bereits erteilte Befreiung von den Beschränkungen des § 181 BGB nicht (BGH, NJW 1991,

1731). Ohne Rücksicht darauf, ob der alleinige Gesellschafter einziger Geschäftsführer ist, gilt § 35 III 2 GmbHG: Jedes Geschäft zwischen der Gesellschaft und dem Gesellschafter-Geschäftsführer muss schriftlich festgehalten werden.

## 2. Die Keinpersonen-GmbH

In seltenen Ausnahmefällen ist es möglich, dass sämtliche Gesellschafter einer GmbH wegfallen oder die GmbH alle Gesellschaftsanteile in eigener Person erwirbt. Dieser Vorgang ist umso wahrscheinlicher, je weniger Gesellschafter die GmbH von Anfang an hatte. War die GmbH als Einpersonen-Gesellschaft gegründet und zahlt der eine Gesellschafter den versprochenen Geschäftsanteil nicht ein, so führt die Kaduzierung ohne weiteres zum Entstehen einer Keinpersonen-GmbH. Dieser Zustand ist höchst unerwünscht, nachdem die juristische Person ohne Gesellschafter und damit ohne Gesellschafterversammlung als Körper ohne Kopf existieren muss. Zwar erlischt die GmbH nicht mit dem Wegfall des letzten Gesellschafters, doch greifen die Vorschriften über die Auflösung (§§ 60 ff. GmbHG) ein. Die Geschäftsführer verwandeln sich in Liquidatoren und haben die Gesellschaft abzuwickeln. Dabei ist ungeklärt, an wen ein Vermögen auszukehren wäre, das nach der Verteilung übrigbleibt. Ein solcher Fall scheint noch nie vorgekommen zu sein. Er wurde jedenfalls von den Gerichten noch nicht entschieden.

Da die Keinpersonen-Gesellschaft kein lebensfähiges Gebilde ist, kann das bewusste Herbeiführen dieses Zustandes nicht zulässig sein. Der Verkauf des letzten Gesellschaftsanteils an die GmbH ist deshalb nichtig. Ungeachtet der Vorschrift des § 33 II GmbHG, der einen Erwerb eigener Anteile der GmbH bei Stammkapitalunterdeckung grundsätzlich verbietet, kann sich der letzte Gesellschafter nicht durch Verkauf seines Anteils an die Gesellschaft von seiner Mitgliedschaft trennen. Ihm bleibt nur der Weg, seinen Anteil an eine dritte Person zu veräußern.

## 3. Die GmbH & Co. KG

Allgemein ist die staunende Ehrfurcht vor diesem Gebilde mit dem langen Namen. Eine nähere Betrachtung zeigt rasch, dass sich hinter dem Abkürzungs-Ungetüm nichts exotisch Neues, sondern nur die Verbindung zweier Gesellschaftsformen versteckt. Ein Blick ins Gesicht der Firma löst dabei die Verhältnisse sehr leicht auf. Anzusetzen ist dabei bei den letzten beiden Buchstaben nämlich „KG". Die Kommandit-Gesellschaft hat zwei Arten von Gesellschaftern, Komplementäre und Kommanditisten.

Komplementär ist dabei eine Person, die gleich dem Gesellschafter einer OHG mit ihrem gesamten persönlichen Vermögen für die Verbindlichkeiten der Gesellschaft haftet. Daneben gibt es die Kommanditisten, die ähnlich den Gesellschaftern einer GmbH nur mit einem vertraglich festgelegten Geldbetrag für die Schulden der KG einzutreten haben.

Um anzuzeigen, dass es neben dem Komplementär auch weitere Gesellschafter gibt, wird die Firma der KG meistens um einen Zusatz mit dem Hinweis auf dieses Mehrpersonenverhältnis ergänzt. Er lautet meist „& Co.", was so viel heißt wie „und Compagnie". Eine Kommandit-Gesellschaft mit Ernst Weinmann als Komplementär und A und B als Kommanditisten könnte deshalb firmieren mit „Ernst Weinmann & Co. KG".

Übertragen auf die GmbH & Co. KG bedeutet dies, dass die Kommandit-Gesellschaft von einer GmbH als Komplementär und weiteren Personen als Kommanditisten betrieben wird. Der springende Punkt liegt darin, dass die Rolle des persönlich mit seinem gesamten Vermögen haftenden Komplementärs von der juristischen Person einer GmbH übernommen wird. Damit kann erreicht werden, dass trotz Vorliegens einer Personen-Gesellschaft keine natürliche Person zur Haftung herangezogen werden kann. Den Gläubigern der GmbH & Co. KG stehen als Vollstreckungsobjekt nämlich nur das Vermögen der GmbH und die begrenzten Einlagen der Kommanditisten zur Verfügung.

Man wird sich fragen, warum zur Erzielung dieses Ergebnisses der komplizierte Bau einer GmbH & Co. KG notwendig ist, wenn das gleiche Ergebnis mit einer einfachen GmbH zu erreichen ist. Die Antwort fand sich früher im Steuerrecht. Mit der GmbH & Co. KG konnte die Körperschaftsteuer weitgehend umgangen werden, während gleichzeitig eine Haftung der Gesellschafter wie in einer Kapitalgesellschaft ausgeschlossen war. Nachdem die steuerliche Benachteiligung der GmbH beseitigt worden war, ging die Zahl neuer GmbH & Co. KGs zunächst schlagartig zurück. Die Publizitätsvorschriften (s. 3. Kap. I. 6. b (7), S. 122 f.) gelten jetzt – vom EuGH, GmbHR 2004, 1463 als rechtens bestätigt – auch für die GmbH & Co. KG, können hier aber – anders als bei der GmbH – dadurch vermieden werden, dass eine (vorzugsweise vermögenslose) natürliche Person zusätzlich als persönlich haftender Gesellschafter mit einer winzigen Einlage eintritt; diese Konstruktion wird scherzhaft, aber treffend **„GmbH & Stroh KG"** genannt). Wird die Publizität nicht gescheut (und deshalb auch kein Strohmann eingesetzt), ist die GmbH & Co. KG jedenfalls dann attraktiv, wenn die Mitbestimmung der Arbeitnehmer vermieden werden soll.

Aus dem oben Gesagten ergibt sich bereits, dass die GmbH & Co. KG eigentlich kein Spezialfall der GmbH, sondern der Kommanditgesellschaft ist. Die GmbH funktioniert dabei nach den üblichen Regeln. Ihre Gesellschafter bestimmen einen oder mehrere Geschäftsführer. Diese handeln für die GmbH oder lassen diese Handlungen durch die Angestellten der GmbH vornehmen.

Ungewöhnlich ist allerdings der Tätigkeitsbereich der GmbH. Als dem Komplementär der KG stehen ihr die Geschäftsführeraufgaben im Unternehmen der KG zu (§ 164 HGB). Praktisch bedeutet dies folgendes: Die KG betreibt ein Unternehmen, z.B. eine Spedition. Während dieser Geschäftsbetrieb üblicherweise vom Komplementär der KG geleitet wird, sitzt hier, bildlich gesprochen, im Chefsessel der Spedition die geschäftsführende GmbH. In Wirklichkeit wird der Platz vom Geschäftsführer der GmbH eingenommen, der diese vertritt. Der Unternehmensgegenstand der GmbH ist damit nicht der Betrieb einer Spedition, sondern die Ausübung einer Geschäftsführertätigkeit.

Besondere Vorsicht ist bei der GmbH & Co. KG für den Geschäftsführer der GmbH geboten, denn er ist gesetzlicher Vertreter der GmbH und repräsentiert diese in ihrer Gesellschafterposition bei der KG. Nachdem die GmbH als Komplementär fungiert, fällt ihr die Geschäftsführerrolle zu, so dass ihr Geschäftsführer auch als Geschäftsführer der KG handelt. Wenn die wesentliche Aufgabe der GmbH darin besteht, die Geschäfte der KG zu führen, haftet er für Pflichtverletzungen auch gegenüber der KG (BGH, GmbHR 2002, 588). Es ist deshalb bei jedem Geschäft des Geschäftsführers zu fragen, ob dies für die GmbH geschieht oder für die KG. Nur wer sich die Rechtsverhältnisse durch die Gesellschaftsverknüpfung klarmacht, kann die Doppelstellung des Geschäftsführers begreifen und die gebotene Unterscheidung seiner Handlungen treffen.

Wie schwierig das schon bei einfachsten Fallgestaltungen sein kann, mag folgende Weiterführung des obigen Falles zeigen:

**BEISPIEL:** Der Geschäftsführer der AFG Stückgut GmbH stellt eine Sekretärin ein. Während des Anstellungsgesprächs wird naturgemäß nicht über Gesellschaftsformen gesprochen, sondern über die Qualifikation der Bewerberin und den Verdienst. Erst wenn der schriftliche Arbeitsvertrag zu unterschreiben ist, stellt sich für den Geschäftsführer die Frage, wen er als Arbeitgeber angeben soll bzw. welchen Stempel er bei der Unterschrift verwenden soll, den der GmbH oder den der GmbH & Co. KG. Es soll Fälle geben, wo der Geschäftsführer aus Sicherheitsgründen beide Stempel nebeneinander setzt und in der Mitte unterschreibt. Sinnvollerweise hätte er sich stattdessen überlegt, welche Gesellschaft er bei Abschluss des Anstellungsvertrages vertreten will.

Während beim Kauf eines Lkws, also eines Geschäfts im Rahmen der Spedition und damit des Unternehmensgegenstands der KG, die Zuordnung zur Kommanditgesellschaft sehr leicht ist, ist der Verwaltungsbereich nicht eindeutig der einen oder anderen Gesellschaft zuzuordnen. Sowohl die KG als auch die GmbH kann Schreibkräfte und Sekretärinnen, Buchhalter und Reinemachefrauen, Schreibtische und EDV-Anlagen besitzen. Ausschlaggebend für die Entscheidung des Geschäftsführers muss die strukturelle Planung bei Gründung der GmbH & Co. KG sein. Diese kann mit dem Ziel erfolgt sein, der KG möglichst hohen Gewinn zu verschaffen (Versteuerung nach dem Einkommensteuersatz) und der GmbH die Kosten zu überlassen. Das ist dadurch möglich, dass der gesamte Verwaltungsapparat als der GmbH gehörend aufgebaut wird und von dieser der KG zur Verfügung gestellt wird. Damit konnte in der Vergangenheit der Gewinn der GmbH klein gehalten und die (früher nach hohem Steuersatz zu zahlende) Körperschaftsteuer auf ein Minimum beschränkt werden. Der Geschäftsführer hätte die Sekretärin bei dieser Ausgangsüberlegung der Gesellschaftsgründer als Arbeitnehmerin der Komplementär-GmbH einzustellen.

Aber auch der umgekehrte Fall ist denkbar. Die Gründer können im Sinn haben, das Unternehmen allein in die Hände der KG zu legen, ihr insbesondere den gesamten Verwaltungsaufbau zuzuweisen, während von der GmbH nur der Geschäftsführer gestellt wird. Diese Variante kann auch aus haftungsrechtlichen Überlegungen gewählt sein. Die GmbH haftet als Komplementärin mit ihrem gesamten Vermögen. Daraus kann sich der Anreiz ergeben, die GmbH so weit als möglich vermögenslos zu stellen und von ihr nur den Geschäftsführer in die KG „einzubringen“. In diesem Falle hätte der Geschäftsführer die Sekretärin über die KG einzustellen.

Zwischen den beiden dargestellten Modellen gibt es unendlich viele Mischformen. So kann durchaus überlegt werden, kostenintensive Handlungen des Geschäftsführers wie Arbeitsverträge, Leasingverträge für Autos und EDV-Programme der GmbH aufzubürden, während die Anschaffung von Anlagevermögen wie der Kauf von Grundstücken und der Erwerb von EDV-Hardware die Sache der KG ist.

Wichtig dabei bleibt jedoch in jedem Fall, dass sich der Geschäftsführer seiner **Doppelstellung** bewusst ist; nur so kann er richtig entscheiden, wen er im Einzelfall vertritt.

Die Komplementär-GmbH und die KG können gleichzeitig gegründet und zum Handelsregister angemeldet werden. Die Eintragung der KG könnte sogar vor der Eintragung der GmbH erfolgen; meist wird aber gleichzeitige Eintragung gewünscht.

Umgekehrt bedeutet die Löschung der GmbH nicht gleichzeitig das Ende der GmbH & Co. KG. Analog dem Fall, dass der Komplementär eine natürliche Person ist und für deren Ausscheiden durch Kündigung oder Tod eine Nachfolgeregelung getroffen ist, kann dies auch für den Untergang der GmbH vorgesehen sein. Im umgekehrten Fall, nämlich dem Auseinanderbrechen der KG kann die GmbH ohne weiteres fortbestehen. Allerdings schlägt die Insolvenz der KG in der Regel auf die GmbH durch.

Nachdem die steuerlichen Gründe als das Hauptmotiv zur Gründung einer GmbH & Co. KG angegeben wurden, soll das entsprechende Besteuerungsverfahren grundrissartig aufgezeigt werden.

Die KG ist eine Personen-Handelsgesellschaft. Sie hat keine eigene Rechtspersönlichkeit. Ihr Gewinn kann deshalb nicht in ihrer eigenen Person versteuert werden. Vielmehr erhöht sich das Einkommen der Gesellschafter um den anteiligen Jahresgewinn der KG und wird bei diesen von der Einkommensteuer erfasst. Um nicht bei der Berechnung der Einkommensteuer für jeden Gesellschafter die Unterlagen und Buchhaltung der KG heranziehen zu müssen, wird der Gewinn der KG für alle Gesellschafter bindend, in einem Verfahren der einheitlichen, gesonderten Feststellung nach § 179 AO festgestellt. Aus dem Gesellschaftsvertrag ergibt sich dann für jeden Gesellschafter, was von dem festgestellten Gewinn auf ihn entfällt und von ihm zu versteuern ist.

Dagegen wird bei der GmbH der Gewinn nicht erst bei den Gesellschaftern, sondern sofort in Person der GmbH versteuert. Statt Einkommensteuer hat die GmbH Körperschaftsteuer zu bezahlen. Diese kennt keine Freibeträge und ist nicht gestaffelt, sondern wird mit einem festen Prozentsatz in Höhe von 15% erhoben.

Schließlich sei auf das Gebilde der Einpersonen-GmbH & Co. KG hingewiesen. Es handelt sich dabei wiederum um eine KG, deren geschäftsführende Komplementärin eben die Einpersonen-GmbH ist. Als Kommanditist dieser KG kommt der Gesellschafter der Einpersonen-GmbH in Frage. So ist es möglich, dass eine einzelne Person ein ganzes Gesellschaftsgebäude um sich herum schafft. Der Initiator dieser Einpersonen-GmbH & Co. KG vereinigt dann in sich folgende Funktionen:

- In der KG: Kommanditist, als Mitgesellschafter neben der GmbH.
- In der GmbH: Alleingesellschafter, Geschäftsführer und damit Handlungsträger der KG. Theoretisch kann die Aufblähung dieses Gebildes grenzenlos fortgeführt werden. So kann die Einpersonen-GmbH & Co. KG alleinige Gesellschafterin in der Einpersonen-GmbH sein, die sich ihrerseits wieder mit dem Initiator zu einer KG zusammenschließt. Die Vertretungsverhältnisse werden jedoch sehr kompliziert und stehen keinem wirtschaftlichen oder steuerlichen Vorteil gegenüber, so dass die Schöpfung eines derart komplexen Gebildes nur das Ziel der Gläubigerverwirrung haben kann.

Weitere Einzelheiten zur GmbH & Co. KG und Vertragsmuster finden sich bei Waldner/Wölfel, GbR – OHG – KG, Beck-Rechtsberater im dtv 51218.

# 3. Kapitel

# Die GmbH in Aktion

Nach ihrer Eintragung beginnt die GmbH, Tätigkeiten zu entfalten. Sie wird versuchen, den angegebenen Unternehmensgegenstand zu verwirklichen. Treibende Kraft ist dabei der Geschäftsführer, in dessen Hände die Geschicke der Gesellschaft gelegt sind. Die Gesellschafter sind als solche von der Mitarbeit in der Gesellschaft ausgeschlossen. Ihr Aufgabenbereich ist es, in der Gesellschafterversammlung die Tätigkeit des Geschäftsführers zu überprüfen und ihm durch richtungsweisende Beschlüsse den Weg vorzuzeichnen, auf dem er das Unternehmen langfristig zu führen hat. Daneben obliegt es den Gesellschaftern, den Gesellschaftsvertrag daraufhin zu überprüfen, ob er den gesellschaftlichen Gegebenheiten noch entspricht. Notfalls ist die Satzung den veränderten Umständen anzupassen. Die bedeutendsten Satzungsänderungen sind insoweit die Erhöhung und Verringerung des Stammkapitals.

## I. Der Geschäftsführer

Der Geschäftsführer ist der Motor der GmbH. Mit ihm steht und fällt die Gesellschaft. Von seiner Dynamik und seiner glücklichen Hand ist es abhängig, ob das Unternehmen wächst oder an inneren Querelen und Versagen gegenüber der Konkurrenz zugrunde geht.

Der Geschäftsführer ist mit dem Kapitän eines Schiffes zu vergleichen, dem vom Eigentümer (den Gesellschaftern) die Route vorgegeben ist. Bei der Durchführung der Fahrt und der Bewältigung der täglich zu bewältigenden Probleme ist der Geschäftsführer auf sich selbst gestellt.

## 1. Bestellung

Der Geschäftsführer einer GmbH hat eine Doppelnatur: Einerseits ist er Vertragspartner der GmbH, andererseits ein Teil von ihr. Ein Teil der Gesellschaft ist er deshalb, weil er für sie Aufgaben übernimmt, die in einem lebenden Organismus den Körperorganen zukommen. Er – und nur er allein, nicht die Gesellschafter! – realisiert das Unternehmen der Gesellschaft und ist dessen Medium, um mit der Umwelt in Kontakt zu treten. In dieser wichtigen Aufgabe ist er ein Organ der Gesellschaft und übernimmt ein Amt, das von Gesetzes wegen vorgesehen ist und besetzt werden muss. Der Geschäftsführer hebt sich damit eindeutig von den Angestellten, auch den leitenden Angestellten, eines Unternehmens ab. In ihm ist das Unternehmen verkörpert, während jene gegen Geld ihre Arbeitskraft an das Unternehmen verkaufen. Wie andere Zulieferer sind sie deshalb Außenstehende, die eigennützig tätig werden, während der Geschäftsführer in seinem Amt als Organ der GmbH deren Interesse vertritt.

Der Geschäftsführer übt seine Tätigkeit in der Regel nicht unentgeltlich aus. Er erzielt mit ihr vielmehr sein Einkommen und gerät damit, wenn er nicht gleichzeitig Alleingesellschafter ist, in denselben Interessengegensatz zur GmbH wie jeder Arbeitnehmer. Es ist deshalb genau zu unterscheiden zwischen dem Anstellungsvertrag, auf Grund dessen der Geschäftsführer seine Tätigkeit gegen Entgelt für die GmbH erbringt und seinem organschaftlichen Amt, das er für diese ausübt. Während er beim Aushandeln der Bedingungen des Anstellungsvertrags frei ist, werden ihm mit Bestellung zum Geschäftsführer vom Gesetz Rechte und Pflichten übertragen, die nicht abänderbar sind.

Der letzte Umstand macht ihn zum Amtsträger und hebt ihn über die Sphäre des Arbeitnehmers und Vertragspartners der GmbH hinaus.

Die Bestellung des Geschäftsführers erfolgt damit in zwei Schritten, die rechtlich selbständig sind (BAG, NJW 2008, 1008). Die Reihenfolge ist nicht vorgegeben. Meist schließen zunächst die Gesellschafter oder, wenn bereits weitere Geschäftsführer vorhanden sind, diese mit dem neuen Geschäftsführer den **Anstellungsvertrag.** Die Essentialia dieses Vertrags bestehen in der Verpflichtung, die Dienste eines Geschäftsführers zu erbringen, und der Vergütung, welche die GmbH hierfür zu bezahlen hat. In der Vereinbarung weiterer Vertragsgegenstände sind die Parteien frei. Ebenso wie die Höhe der Geschäftsführervergütung hängt der Inhalt des Anstellungsvertrags vollständig vom Verhandlungsgeschick der jeweiligen Vertragspartner ab.

Der Anstellungsvertrag ist als Dienstvertrag nach §§ 611 ff. BGB zu qualifizieren. Der Geschäftsführer ist kein Arbeitnehmer, auch kein leitender Angestellter, sondern steht in einem freien Dienstverhältnis zur GmbH. Das gilt sowohl für den Gesellschafter-Geschäftsführer als auch im Grundsatz für einen Fremdgeschäftsführer, der nicht Gesellschafter ist (BAG, NJW 2022, 1189); die Arbeitsgerichte halten eine Arbeitnehmerstellung „nur in extremen Ausnahmefällen" bei völliger Weisungsgebundenheit für denkbar (BAG, NJW 2020, 2825, 2826; LAG Düsseldorf GmbHR 2023, 83). Dies hat zur Folge, dass er zwar Pfändungsschutz für sein Gehalt nach §§ 850 ff. ZPO genießt (BGH, GmbHR 2017, 193), aber keinen Anspruch auf Insolvenzgeld hat (BSG, GmbHR 1989, 34). Auch das Kündigungsschutzgesetz gilt für ihn nicht (§ 14 I Nr. 1 KSchG), was mitunter in unlauterer Weise ausgenutzt wird, indem ein Mitarbeiter zum Geschäftsführer bestellt wird, um ihn sodann risikolos kündigen zu können (vgl. BAG, NZG 2018, 550). Der Geschäftsführer genießt allerdings, wenn er nicht mehrheitlich beteiligt ist, für seine Betriebsrente Schutz in der Insolvenz der GmbH (§ 16 I 2 BetrAVG; zu den Voraussetzungen BGH, NZG 2019, 1348). § 5 I 3 ArbGG schließt es unabhängig vom Status aus, dass der Geschäftsführer vor dem Arbeitsgericht klagt, sondern bestimmt, dass der Geschäftsführer für die Frage des Rechtswegs zum Arbeitsgericht nicht als Arbeitnehmer „gilt". § 5 I 3 ArbGG ist allerdings nicht anwendbar, wenn ein Arbeitnehmer zum Geschäftsführer bestellt wird, ohne dass ein

Arbeitsverhältnis schriftlich (§ 623 BGB) aufgehoben wurde. Er bleibt dann Arbeitnehmer und kann nach dem Ausscheiden aus dem Amt als Geschäftsführer auch Ansprüche aus seiner Geschäftsführerzeit vor dem Arbeitsgericht geltend machen (LAG Berlin, ZIP 2022, 2401). Ohne Rücksicht auf seinen Status kann das Anstellungsverhältnis ordentlich gekündigt werden; die Gesellschaft braucht hierfür keinen Grund anzugeben. Gekündigt werden kann bei der üblichen monatlichen Gehaltszahlung bis zum 15. auf das Ende des Kalendermonats (Einzelheiten: § 621 BGB). Die Verlängerung der Kündigungsfrist nach § 622 II BGB kommt dem Geschäftsführer mangels Arbeitnehmerstatus nicht zugute (BAG, NJW 2020, 2824). Der BGH hat das früher anders gesehen (BGH, NJW 1984, 2528); neuere Entscheidungen sind aber nicht bekannt.

Steuerlich wird der Geschäftsführer einem Arbeitnehmer gleichbehandelt. Gehaltszahlungen sind Arbeitslohn, weswegen die GmbH dafür Lohnsteuer abzuführen hat (§§ 19 EStG, 1 LStDV). Zum Lohn gehören auch die von der Gesellschaft übernommenen Kosten für den eigenen Pkw des Geschäftsführers (BFH, GmbHR 2002, 283). Hat der Geschäftsführer eine ihm nicht zustehende Vergütung erhalten, hat er sie zuzüglich der dafür abgeführten Lohnsteuer an die Gesellschaft zurückzuzahlen (BGH, 26.11.2007 – II ZR 161/06, GmbHR 2008, 144). Wegen der Sozialversicherungspflicht s. unten 7. Kap., S. 197 ff.

Nach dem Abschluss des Anstellungsvertrags erfolgt die Bestellung zum Geschäftsführer in einem eigenen Akt. Zwar bedarf es nicht der Zeremonie eines feierlichen Handschlags, wohl aber einer entsprechenden Erklärung, dass dem neuen Mann der Geschäftsführerposten von nun an übertragen sein soll. Diese Erklärung kann konkludent mit der Übergabe der Firmenschlüssel oder der Übergabe des unterzeichneten Anstellungsvertrags erfolgen.

Mit diesem Bestellungsakt ist der neue Geschäftsführer Organ der GmbH. Die nachfolgende Eintragung ins Handelsregister ist nur deklaratorischer Art, d.h. es wird nur ein Rechtszustand dokumentiert, der bereits vor der Eintragung besteht.

Dem Abschluss des Geschäftsführervertrags und der nachfolgenden Bestellung geht in der Regel die Auswahl der richtigen Person voraus. Ist im Gesellschaftsvertrag nichts anderes bestimmt, hat die Gesellschafterversammlung über die Person des Geschäftsführers zu beschließen und diesen einzusetzen. Es kann in der Satzung aber auch ein anderes Gremium mit dieser Aufgabe betraut sein. Soweit die Gesellschaft einen Aufsichtsrat hat, liegt es nahe, ihm die Aufgabe der Geschäftsführerbestellung zu überlassen. Es ist aber auch möglich, ein Gremium nur zum Zweck der Geschäftsführerbestellung zu errichten. In der Satzung muss dann genau angegeben sein, welche Personen diesem Kreis angehören sollen, der eine beliebige Bezeichnung („Beirat", „Ausschuss" oder „Wahlgremium") führt.

## 2. Qualifikation

Zum Geschäftsführer kann nur eine natürliche Person bestellt werden, die voll geschäftsfähig ist. Der Geschäftsführer kann der oder einer der Gesellschafter sein („Gesellschafter-Geschäftsführer"), aber auch eine Person, die nicht Gesellschafter ist („Fremdgeschäftsführer"). Wer geschäftsunfähig wird, verliert automatisch seine Stellung als Geschäftsführer (OLG Düsseldorf, GmbHR 1994, 114). Grundsätzlich sieht das Gesetz nur diese beiden Voraussetzungen vor. Unerheblich ist deshalb, wie alt der neu zu bestellende Geschäftsführer ist, welchen Standes er ist oder welche Ausbildung er hat. Auch **Ausländer** können Geschäftsführer einer inländischen GmbH sein; das war lange sehr umstritten, ist aber mittlerweile wohl allgemein anerkannt.

Im Übrigen wird an die Person des Geschäftsführers nur die Anforderung gestellt, dass keine Bestrafung wegen bestimmter Delikte vorliegt und von der Verwaltungsbehörde kein Tätigkeitsverbot erlassen ist (§ 6 II GmbHG, vgl. näher oben 2. Kap.VII. 2. (i), S. 69).

Falls dies doch der Fall ist, ist die Bestellung ohne weiteres nichtig. Das spätere Entstehen eines Ausschlussgrunds bewirkt, dass der Geschäftsführer sein organschaftliches Amt sofort und automatisch verliert und von Amts wegen im Register gelöscht wird (OLG Düsseldorf, NZG 2021, 1375).

Jede Neubestellung eines Geschäftsführers ist beim Registergericht anzumelden (§ 39 I GmbHG). Dabei überprüft das Registergericht, ob der Beschluss ordnungsgemäß zustande gekommen ist, insbesondere anhand der letzten eingereichten Gesellschafterliste, ob er von den Gesellschaftern der GmbH gefasst wurde. Sodann erfolgt die Eintragung im Handelsregister. Sie gibt den Namen, den Wohnsitz (nur Wohnort, nicht Straße und Hausnummer) wieder, ebenso die eventuelle satzungsmäßige Vertretungsmacht des Geschäftsführers. Dieser hat bei der Anmeldung mitzuwirken. Von ihm ist eine Versicherung vorzulegen, aus der sich ergibt, dass bei ihm die genannten Ausschlussgründe nicht vorliegen und er durch den Notar über seine umfassende Auskunftspflicht belehrt wurde.

## 3. Abberufung

In noch stärkerem Maße als bei der Bestellung sind die Rechtsverhältnisse bei der Abberufung von der Unterscheidung zwischen Anstellungsvertrag und Ausübung eines organschaftlichen Amts bestimmt. In § 38 GmbHG kommt dies explizit zum Ausdruck. Diese Vorschrift bestimmt, dass die Bestellung jederzeit widerrufen werden kann, unbeschadet eventueller Entschädigungsansprüche des Geschäftsführers. Damit ist gemeint, dass die Gesellschaft jederzeit frei darüber verfügen kann, wer das Amt ihres Geschäftsführers ausübt; in der Abberufung liegt kein vertragswidriges Verhalten im Hinblick auf den Anstellungsvertrag (BGH, 28.10.2002 – II ZR 146/02, NJW 2003, 351). Die Gesellschaft bleibt aber an den abgeschlossenen Anstellungsvertrag gebunden, sodass dem Geschäftsführer daraus bei vorzeitiger Abberufung weiterhin sein Gehaltsanspruch erhalten bleibt, solange nicht wirksam gekündigt ist (OLG München, GmbHR 2016, 875). Für die Kündigung des Anstellungsvertrags gilt § 622 I 1 BGB, auch wenn der Geschäftsführer zugleich Gesellschafter ist, vorausgesetzt, er hat feste Monatsbezüge (BGH, GmbHR 1984, 312); allerdings bedarf es für eine fristlose Kündigung keiner Abmahnung (BGH, 14.2.2000 – II ZR 218/98, NJW 2000, 1638).

Im Gesellschaftsvertrag kann aber abweichend vom Gesetz geregelt sein, dass die Entlassung des Geschäftsführers nur dann zulässig ist, wenn hierfür wichtige Gründe vorliegen oder dass sie der Zustimmung der Gesellschafterversammlung bedarf (BAG, GmbHR 1994, 629). Als wichtige Gründe nennt das Gesetz selbst eine grobe **Pflichtverletzung** oder die Unfähigkeit des Geschäftsführers (§ 38 II GmbHG).

Eine weitere Erschwerung der Entlassung, etwa dergestalt, dass der Geschäftsführer lebenslang bestellt ist, seine Entlassung nicht nach einer Tätigkeitsdauer von zehn Jahren erfolgen kann oder sein Einverständnis zur Entlassung notwendig ist, kann im Gesellschaftsvertrag nicht statuiert werden. Eine entsprechende Regelung ist unwirksam oder zumindest dahin einzuschränken, dass bei Vorliegen eines wichtigen Grundes stets eine Amtsenthebung möglich ist. Dadurch werden viele Überlegungen überflüssig, die vor allem in der Zweipersonen- bzw. Dreipersonen-Gesellschaft auftreten, wenn jeder Gesellschafter zugleich Geschäftsführer ist und mit dem Verlust dieses Amts wesentlichen Einfluss auf die Gesellschaft verlieren würde. Dem ganz natürlichen Bestreben jedes Gesellschafters, sein Amt so fest als möglich abzusichern, ist durch die zitierte Vorschrift des § 38 II GmbHG ein Riegel vorgeschoben: Spätestens nach einer groben Pflichtverletzung oder der Erweislichkeit der Unfähigkeit kann ein Geschäftsführer in jedem Falle seines Amts enthoben werden.

Zu beschließen und auszusprechen ist der Widerruf durch dasselbe Organ, das die Bestellung vorgenommen hat. Vom Gesetz ist hierfür die Gesellschafterversammlung vorgesehen, im Gesellschaftsvertrag kann hierfür aber nach Belieben ein Gremium mit entsprechender Zuständigkeit begründet werden.

Probleme treten häufig dann auf, wenn der zu entlassende Geschäftsführer selbst Gesellschafter ist und beim Entlassungsbeschluss mitstimmen will. Dabei hat sich die h.M. gebildet, dass der abzuberufende Gesellschafter bei einer „ordentlichen" Entlassung, d.h. einer solchen ohne das Vorliegen wichtiger Gründe mitentscheiden kann. Dagegen ist er von der Stimmabgabe ausgeschlossen, wenn die Entlassung auf das Vorliegen wichtiger Gründe gestützt werden soll (OLG Karlsruhe, NZG 2008, 785). Wann solche vorliegen, kann generell nicht gesagt werden. Der gesetzliche Hinweis auf grobe Pflichtverletzungen oder die Unfähigkeit des Geschäftsführers darf nicht als abschließende Aufzählung verstanden werden. Als wichtige Gründe kommen nämlich nicht nur Umstände in Betracht, die in der Person oder im Verhalten des Geschäftsführers liegen. Auch die schlechte wirtschaftliche Lage der Gesellschaft kann ein triftiger Grund sein, einen hochdotierten Geschäftsführer zu entlassen. Somit ist jeweils am Einzelfall durch Abwägung der jeweiligen Interessen zu ermitteln, wann wichtige Gründe für die GmbH zur Entlassung des Geschäftsführers vorliegen.

Ein Entlassungsbeschluss und der daraufhin erklärte Widerruf der Bestellung sind so lange wirksam, bis sie durch ein Gericht rechtskräftig für unwirksam erklärt werden. Es stellt sich dabei die Frage, wer den Entlassungsbeschluss überhaupt einer gerichtlichen Überprüfung zuführen kann. Sicher ist, dass ein Gesellschafter, der bei der Beschlussfassung unterlegen ist, die Unwirksamkeit der getroffenen Entscheidung im Wege der Gestaltungsklage geltend machen kann. Dem Geschäftsführer, der von der Entlassung betroffen ist, fehlt es dagegen an der Aktivlegitimation für eine solche Klage. Er ist Ausführender der Gesellschafterbeschlüsse und nicht mit deren Überprüfung betraut. Dies gilt auch dann, wenn die Beschlüsse ihn selbst betreffen.

Der geschäftsführende Gesellschafter kann aber in seiner Eigenschaft als Gesellschafter den ihm unlieben Entlassungsbeschluss angreifen. In der Zweipersonen-Gesellschaft, bei der jeder Gesellschafter zugleich Geschäftsführer ist, kann nach der Erfahrung der Praxis davon ausgegangen werden, dass einer solchen Klage sofort die nächste folgt. Entlässt nämlich ein Gesellschafter bei Stimmausschluss des anderen diesen wegen angeblich vorliegender wichtiger Gründe, wiederholt der andere dasselbe Spiel mit dem ersten. Nachdem in der Regel beide gegen ihre Entlassung vor Gericht Klage erheben, kann nur durch die Verbindung beider Verfahren ein vernünftiges Ergebnis erzielt werden. Abzuwägen ist dabei nach dem Schuldbeitrag jedes Geschäftsführers, der letztlich zur Zerrüttung der Geschäftsführergemeinschaft geführt hat. Man kann sich vorstellen, dass die Gerichte oft mehr gegenseitige Beschuldigungen zu hören bekommen, als dies in Ehescheidungsverfahren der Fall ist. Im Prozess um die Wirksamkeit der Abberufung eines Geschäftsführers wird die Gesellschaft von den verbleibenden Gesellschaftern vertreten, denn niemand kann einen Prozess mit sich selbst führen (OLG Brandenburg, NJW 2021, 1828).

Die Entlassung eines Geschäftsführers ist nach § 39 I GmbHG in das Handelsregister einzutragen. Der entlassene Geschäftsführer braucht bei der Anmeldung nicht mehr mitzuwirken; dem Registergericht muss auch nicht nachgewiesen werden, dass dem Geschäftspartner die Abberufung zugegangen ist (OLG Hamm, GmbHR 2003, 111). Wenn sich bei der Zweipersonen-Gesellschaft die Geschäftsführer gegenseitig entlassen haben, wird das Handelsregister das Eintragungsverfahren normalerweise aussetzen, bis im Prozess die Frage der Wirksamkeit der Entlassungen geklärt ist. Die Eintragung der Abberufung ist auch möglich (und sinnvoll!), wenn der Abberufene versehentlich gar nicht eingetragen war (OLG Köln, Rpfleger 2016, 39).

## 4. Amtsniederlegung

Nicht nur durch Widerruf der Bestellung, sondern auch durch Niederlegung kann das Amt des Geschäftsführers entfallen. Die entsprechende Erklärung ist an das Bestellungsorgan, also normalerweise an die Gesellschafter zu richten; Niederlegung gegenüber einem Gesellschafter genügt (BGH, 17.9.2001 – II ZR 378/99, GmbHR 2002, 26), auch wenn dieser die übrigen nicht benachrichtigt, nicht dagegen gegenüber einem Mitgeschäftsführer (OLG Düsseldorf, NJW-RR 2005, 1199).

Die Amtsniederlegung ist jederzeit ohne Angabe von Gründen wirksam (OLG Hamm, Rpfleger 2002, 456). Nachdem der Geschäftsführer mit dem Amt außervertragliche Verpflichtungen auf sich lädt, muss es ihm gestattet sein, diese auch nach Belieben wieder abzulegen. Die Niederlegung darf allerdings nicht zur Unzeit erklärt werden. Wann letzteres der Fall ist, bestimmt sich danach, wie schnell ein Ersatz-Geschäftsführer bestellt werden kann und welcher Schaden der GmbH durch sofortige Niederlegung entsteht. Unwirksam, weil rechtsmissbräuchlich, ist die Amtsniederlegung durch den einzigen Geschäftsführer, der zugleich alleiniger oder Mehrheits- Gesellschafter ist (OLG Düsseldorf, GmbHR 2015, 1271; einen Sonderfall behandelt OLG Nürnberg, NZG 2021, 1552). Dass dies früher nicht selten versucht wurde, beruhte darauf, dass auf diese Weise Gläubigern die Verfolgung ihrer Ansprüche gegen die GmbH erheblich erschwert wurde. Heute ist das nicht mehr möglich, da sich Gläubiger in diesem Fall an die Gesellschafter halten können (s. unten I. 6. a, S. 119).

Der Geschäftsführer, der sein Amt ohne wichtigen Grund niederlegt, obwohl in seinem Anstellungsvertrag eine Vertragsdauer fest vereinbart ist, haftet der GmbH für den wegen der notwendigen Suche nach einem geeigneten Nachfolger entstehenden Schaden, insbesondere Zeitungsanzeigen oder Kosten für einen Headhunter (OLG Koblenz, GmbHR 1995, 730).

Die Anmeldung der Amtsniederlegung kann nur durch eine Person erfolgen, die im Zeitpunkt der Anmeldung noch Geschäftsführer ist, also nicht durch denjenigen, der sein Amt „mit sofortiger Wirkung" niedergelegt hat (OLG Bamberg, GmbHR 2012, 1241). Die Niederlegung ist aber befristet möglich. Damit ein Geschäftsführer selbst für die Eintragung seiner Entlassung im Handelsregister sorgen kann, wird von dieser Möglichkeit sehr oft Gebrauch gemacht. Der Geschäftsführer legt sein Amt mit Wirkung für den Moment nieder, in dem seine Entlassung im Handelsregister eingetragen wird; mit der Anmeldung muss der Zugang der Amtsniederlegungserklärung bei einem Gesellschafter nachgewiesen werden (OLG Düsseldorf, FGPrax 2004, 300). Der Nachweis des Zugangs kann auch durch elektronische Dokumente erfolgen (KG, NZG 2022, 1735).

## 5. Notbestellung

Ohne Geschäftsführer ist die GmbH handlungsunfähig; sie kann nicht nach außen auftreten. Die Gesellschafter werden normalerweise diesen Zustand nicht absichtlich herstellen oder längere Zeit andauern lassen. Wenn aber nach dem Wegfall des letzten amtierenden Geschäftsführers für die Neubesetzung keine Mehrheit zustande kommt, kann das Amtsgericht einen Not-Geschäftsführer bestellen.

Man wendet hier § 29 BGB, der die Notbestellung des Vorstands für einen eingetragenen Verein regelt, entsprechend an. Das geschieht aber nicht von Amts wegen, sondern nur auf Antrag eines Beteiligten. Dieser muss ein berechtigtes Interesse an der Bestellung eines Not-Geschäftsführers und deren Notwendigkeit darlegen, insbesondere, warum die Gesellschaft nicht selbst für ihre Vertretung sorgen kann. Eine Notwendigkeit kann auch dann bestehen, wenn unklar ist, ob eine Gesellschaft derzeit einen oder zwei Geschäftsführer hat (OLG Düsseldorf, NZG 2016, 1068). Unter den gleichen Voraussetzungen kann im Liquidationsstadium ein Notliquidator bestellt werden (OLG Düsseldorf, NZG 2019, 580).

Ein berechtigtes Interesse haben grundsätzlich die Gläubiger der GmbH, denen ohne Geschäftsführer die Möglichkeit erschwert ist, ihre Forderung durchzusetzen. Zwar können die Gläubiger bei einer führungslosen GmbH Erklärungen gegenüber den Gesellschaftern abgeben und Schriftstücke zustellen lassen (§ 35 I 3 GmbHG), gleichwohl besteht auch ein berechtigtes Interesse für die Bestellung eines Notgeschäftsführers. Ein berechtigtes Interesse haben aber auch Gesellschafter, die drohende Nachteile für die GmbH glaubhaft machen können.

Als Notgeschäftsführer wird in der Regel ein Rechtsanwalt, Rechtsbeistand oder Steuerberater ausgewählt. Seine Amtsdauer endet von selbst mit der Bestellung eines von den Gesellschaftern gewählten Geschäftsführers. Die Gesellschafter können ihn dagegen ohne eine solche nicht abberufen (OLG München, GmbHR 1994, 122), wohl aber das Gericht, wenn ein wichtiger Grund in der Person oder dem Verhalten des Notgeschäftsführers vorliegt (OLG Düsseldorf, GmbHR 2002, 159). Wer von vorneherein erklärt hat, er werde das Amt nicht annehmen, darf nicht bestellt werden (BayObLG, Rpfleger 1996, 514).

## 6. Aufgaben des Geschäftsführers

Der Geschäftsführer hat, wie sein Name sagt, die Geschäfte der GmbH zu führen. Dazu gehört mehr, als mit Kunden zu verhandeln und Verträge abzuschließen. Geschäftsführer sein bedeutet vielmehr die Abwicklung aller Vorgänge, die in einem Unternehmen täglich anfallen. Man muss sich klarmachen, dass auch die Reinigung der Geschäftsräume, das Bezahlen von Rechnungen und selbst das Lochen und Ablegen eingegangener Post ein Geschäft der GmbH ist und damit zum Aufgabenbereich des Geschäftsführers zählt. Es ist sehr häufig der Fall, dass eine kleine GmbH zu Beginn noch kein Personal besitzt. Der Geschäftsführer ist dann Alleinakteur und hat neben den großen Vertragsabschlüssen auch alle Kleinarbeiten auszuführen, von denen einige als Beispiele genannt wurden.

In der Regel beschäftigt die GmbH jedoch Angestellte, die für den Geschäftsführer Arbeiten erledigen und damit Aufgaben erfüllen, die ihn zunächst in eigener Person treffen. Daraus wird verständlich, dass der Geschäftsführer für alles, und das heißt ganz konkret: für jeden Handgriff, der im Unternehmen geschieht, die Verantwortung trägt. Jede kleinste handwerkliche, technische, organisatorische, wirtschaftliche, finanzielle Handlung der GmbH ist die Aufgabe des Geschäftsführers. Er hat für ihre ordentliche Erfüllung zu sorgen und steht deshalb allumfassend für jegliches Tätigwerden der GmbH in der Pflicht.

## a) Die Vertretung der GmbH

Ein Teilbereich der Geschäftsführung ist die Vertretung der GmbH nach außen. Gemeint ist damit jede Handlung, mit der Rechtsbeziehungen zu einer Person hergestellt werden, die nicht gesellschaftsintern, d.h. kein Organ der GmbH, ist. Die Zahl solcher Außenhandlungen während des Bestehens einer GmbH ist groß. Sie beginnt damit, dass der Geschäftsführer die Räumlichkeiten des späteren Unternehmens anmietet oder den ersten Bürostuhl kauft. Auch die Einstellung von Arbeitern und Angestellten ist Außenhandlung und geschieht in rechtsgeschäftlicher Vertretung der GmbH. Die Arbeitnehmer sind, auch wenn sie in den Räumen des Unternehmens arbeiten, nicht Organe der Gesellschaft, sondern außenstehende Dritte.

Von diesen Außenhandlungen, die in der rechtsgeschäftlichen Vertretung der Gesellschaft durch den Geschäftsführer bestehen, sind die internen Handlungen, die auch als Geschäftsführung im engeren Sinn bezeichnet werden können, zu unterscheiden. Sie führen nicht zu Rechtsbeziehungen zwischen der GmbH und Dritten und erfordern deshalb auch keine Vertretungsmacht. Als Beispiele sind das bereits angesprochene Reinigen der Unternehmensräume und das Lochen der eingehenden Post, aber auch die gesamte Warenfertigung des Unternehmens, die Erarbeitung und Durchsetzung des Organisationssystems, also z.B. die interne Abwicklung eines Auftrags von dessen Eingang bis zur Erstellung der Kundenrechnung zu nennen. Als ein zentraler Punkt der Geschäftsführung im engeren Sinne sind die Buchhaltung sowie die Erstellung der Bilanz und des Jahresabschlusses zu erwähnen.

Das GmbHG überträgt die Außenhandlungen, also die Vertretung der GmbH, unbeschränkbar (§ 37 II GmbHG) und ausschließlich (§ 35 I GmbHG) den Geschäftsführern. Selbst für die Übertragung des gesamten Vermögens der Gesellschaft ist kein gesonderter Gesellschafterbeschluss erforderlich, § 179a AktG ist auf die GmbH auch nicht entsprechend anwendbar (BGH, 8.1.2019 – II ZR 364/18, NJW 2019, 1512). Für die Innengeschäftsführung findet sich eine derartige Regelung nicht. Nur für gewisse Aufgaben, z.B. für die Buchführungspflicht (§ 41 GmbHG) ist eine ausdrückliche Aufgabenzuweisung an die Geschäftsführer erfolgt. Daraus darf jedoch nicht geschlossen werden, dass die Innengeschäftsführung nicht den Geschäftsführern zustehe oder im Gesellschaftsvertrag einem anderen Organ übertragen werden kann. Beides, sowohl die Vertretung als auch die Geschäftsführung im engeren Sinn, sind die ursprünglichen und organschaftlichen Aufgaben des Geschäftsführers. Dass allein die Vertretung nach außen im Gesetz eine explizite Regelung erhält, liegt daran, dass hier Dritt- bzw. Gläubigerinteressen zu berücksichtigen sind.

Die Unbeschränkbarkeit der Vertretungsbefugnis des Geschäftsführers nach außen (§ 37 II GmbHG) ist von großer praktischer Tragweite, wie folgendes Beispiel illustrieren mag:

**BEISPIEL:** Als Gegenstand des Unternehmens der Maier Schreibwaren GmbH ist der Groß- und Einzelhandel mit Papier, Bürobedarf und Schreibwaren aller Art in das Handelsregister eingetragen. Wenn der Geschäftsführer auf die Idee kommt, für das Unternehmen statt Bleistifte und Papier einen Elefanten und einen Seelöwen zur Eröffnung eines Zirkus zu kaufen, so ist ihm das ohne weiteres möglich. Er kann durch den Kaufvertrag mit dem Tierhändler die GmbH wirksam zur Kaufpreiszahlung und Abnahme der Tiere verpflichten. Wegen der unbeschränkten Vertretungsbefugnis des Geschäftsführers (§ 37 II GmbHG) braucht der Tierhändler keine Bedenken zu haben, dass der bestellte Geschäftsführer die GmbH angesichts deren im Namen zum Ausdruck kommenden Unternehmensgegenstands nicht wirksam vertreten könnte.

Weil eine Begrenzung der Vertretungsmacht auf den Unternehmensgegenstand nicht erfolgt, muss sich der Vertragspartner einer GmbH in keinem Fall darüber informieren, in welcher Branche die Gesellschaft tätig ist und ob das beabsichtigte Geschäft zu dieser Branche gehört. Für den geschäftlichen Verkehr ist mit dieser umfassenden Vertretungsmacht deshalb eine große Erleichterung geschaffen. Durch die vom Geschäftsführer im Namen der GmbH abgegebene Willenserklärung wird diese in jedem Fall berechtigt und verpflichtet. Anders ist es nur, wenn der Geschäftsführer und der Vertragspartner zum Nachteil der Gesellschaft betrügerisch zusammenwirken (Kollusion) oder wenn dem Vertragspartner erkennbar ist, dass die Vertretungsmacht des Handelnden (z.B. durch Gesellschafterbeschluss) beschränkt wurde (LG Leipzig, NotBZ 2022, 275); es kommt im letzteren Fall nicht darauf an, ob der Geschäftsführer zum Nachteil der Gesellschaft gehandelt hat (BGH, 10.4.2006 – II ZR 337/05, NJW 2006, 2776).

Eine andere Frage ist es, wie die Gesellschaft intern mit ihrem Geschäftsführer den Kreis der vorzunehmenden Handlungen absteckt und im Fall der Überschreitung reagiert. Oft enthält schon der Gesellschaftsvertrag einen Katalog der im Innenverhältnis geltenden Beschränkungen für Geschäftsführer. Auf jeden Fall wird im Anstellungsvertrag zwischen der Gesellschaft und dem Geschäftsführer vereinbart, dass dieser nur Geschäfte vornehmen darf, die zum Unternehmensbereich der GmbH gehören und diese aus der Verpflichtung aus Geschäften freizustellen ist, die diesen Rahmen überschreiten.

Fehlt eine entsprechende Klausel im Anstellungsvertrag, sind die Handlungen des Geschäftsführers daran zu messen, ob sie mit der

Sorgfalt eines ordentlichen Geschäftsmannes getätigt werden, § 43 I GmbHG. Der Geschäftsführer hat also durchaus ein unternehmerisches Ermessen, wenn er bestehende Handlungsoptionen abschätzt (BGH, 14.7.2008 – II ZR 202/07, NJW 2008, 3361). Lässt sich für eine Handlung aber keine wirtschaftlich plausible Erklärung finden, haftet der Geschäftsführer der Gesellschaft für den entstandenen Schaden (§ 43 II GmbHG). Wenn der Geschäftsführer Fremdgeschäftsführer ist, kann diesen Anspruch nur die Gesellschaft geltend machen; ein Gesellschafter ist dazu nicht befugt (BGH, 25.1.2022 – II ZR 50/20, NZG 2022, 516). Darüber hinaus wird natürlich der Abschluss eines wirtschaftlich unsinnigen Vertrages durch den Geschäftsführer dessen sofortige Entlassung zur Folge haben. Im Streitfall ist es Sache des Geschäftsführers zu beweisen, dass er mit der Sorgfalt eines ordentlichen Kaufmanns gehandelt hat (BGH, 18.2.2008 – II ZR 62/07, NZG 2008, 314).

Es gibt nur ein einziges Mittel, mit dem die Gesellschafter spekulativen, tollkühnen oder unsinnigen Geschäften ihres Geschäftsführers vorbeugen können: die Bestellung von mindestens zwei Geschäftsführern, die nur gemeinschaftlich vertretungsbefugt sind. Die Gesellschaft kann nämlich nicht nur einen, sondern mehrere Geschäftsführer haben (§ 6 I GmbHG), die nach dem gesetzlichen Regelfall (§ 35 II GmbHG) nur gemeinschaftlich vertretungsbefugt sind. Soweit diese gesetzliche Regel nicht durch den Gesellschaftsvertrag abgeändert ist, wird die GmbH also nur durch alle ihre Geschäftsführer gemeinsam wirksam vertreten. Es ist ohne weiteres klar, dass auf diese Weise die Gesellschaft gegen unzweckmäßige Vertretungshandlungen geschützt wird, dass auf der anderen Seite eine solche **Gesamtvertretung** besonders beim Vorhandensein von drei oder mehr Geschäftsführern sehr schwerfällig ist. Zwar bestimmt § 35 II 3 GmbHG, dass eine Willenserklärung *gegenüber* der GmbH wirksam ist, auch wenn sie nur gegenüber einem Geschäftsführer abgegeben wird. Erklärungen, die die GmbH gegenüber einem Dritten abgeben will, müssen dagegen immer im Zusammenwirken aller Geschäftsführer erfolgen, wenn sie wirksam sein sollen. Damit ist die Gesamtvertretung zwar theoretisch ein wirksames Mittel, um dem Sicherungsinteresse der Gesellschaft zu dienen.

Praktisch kommt diese Möglichkeit aber nicht in Frage, zudem führt sie zum vollkommenen Stillstand, wenn sich die Geschäftsführer gegenseitig blockieren.

Hier bieten sich mehrere Auswege an: Einmal können die Geschäftsführer einem oder mehreren von ihnen eine Vollmacht erteilen, einen bestimmten Kreis von Geschäften, der gegenständlich, aber auch betragsmäßig beschränkt sein kann, allein für die Gesellschaft wahrzunehmen. Der Geschäftsführer handelt dann insoweit nicht als Organ, sondern als Bevollmächtigter der Gesellschaft und kann, solange er sich im Rahmen der Vollmacht hält, die Gesellschaft allein vertreten. Darüber hinausgehende Rechtsgeschäfte bedürfen dann aber nach wie vor des Zusammenwirkens aller Geschäftsführer.

Es kann aber auch von der gesetzlichen Möglichkeit (§ 35 II 1 GmbHG) Gebrauch gemacht werden, das Zusammenspiel der Geschäftsführer beliebig zu regeln. So kann – was der praktisch häufigste Fall sein dürfte – bestimmt werden, dass die Gesellschaft durch zwei Geschäftsführer oder durch einen Geschäftsführer in Gemeinschaft mit einem **Prokuristen** vertreten wird, aber auch, dass jeder Geschäftsführer stets einzelvertretungsberechtigt ist. Es können auch auf die Person der jeweiligen Geschäftsführer abstellende Festsetzungen getroffen werden.

Bei drei Geschäftsführern A, B und C könnte dem Geschäftsführer B damit eine gewisse herausgehobene Stellung verliehen werden, dass er entweder im Zusammenwirken mit A oder mit C Vertretungsmacht hat, während A und C ohne ihn nicht vertretungsberechtigt sind. Soll B noch mehr bevorzugt werden, so kann für ihn Einzelvertretung und im übrigen Gesamtvertretung vorgesehen werden. Dies bedeutet, dass B die GmbH allein verpflichten könnte, während A und C dafür die Mitwirkung eines der beiden anderen Geschäftsführer benötigen. Welche Regelung die beste ist, muss für jede GmbH im Einzelnen geprüft werden. Entscheidend wird sein, welches Vertrauen die Gesellschafter zu ihren Geschäftsführern haben bzw., wenn sie selbst tätig werden, wie stark einer von ihnen seine Position durchsetzen kann. Nicht möglich ist es, in das Handelsregister einzutragen, dass ein Geschäftsführer „Sprecher der Geschäftsführung“ ist (OLG München, GmbHR 2012, 750).

Es ist nicht möglich, einen Geschäftsführer gänzlich von der Vertretung auszuschließen. Weiterhin kann die Teilnahmeberechtigung nicht vom betreffenden Geschäftsgegenstand abhängig gemacht werden. Die Bestimmung, Geschäftsführer A sei in Geschäften, die den Wareneinkauf betreffen, zusammen mit B vertretungsberechtigt, und C in Verbindung mit B für alle Geschäfte, die den Warenvertrieb betreffen, ist somit unzulässig und kann nicht in das Handelsregister eingetragen werden.

Bei Kombinationsregeln sollte unbedingt darauf geachtet werden, dass der Fall nur eines vorhandenen Geschäftsführers nicht ungeregelt bleibt: „Falls nur ein Geschäftsführer bestellt ist, so ist dieser allein vertretungsberechtigt." Dadurch wird ausgeschlossen, dass beim Wegfall von Geschäftsführern eine zur Vertretung notwendige Kombination nicht mehr vorhanden ist und die GmbH damit vertretungslos ist. Unentbehrlich ist diese Regelung auch, wenn ein Geschäftsführer in Gemeinschaft mit einem Prokuristen zur Vertretung der Gesellschaft berechtigt sein soll. Eine solche „unechte Gesamtvertretung" ist nämlich nur beim Vorhandensein mehrerer Geschäftsführer möglich; der einzig verbliebene Geschäftsführer darf nicht an die Mitwirkung eines Prokuristen gebunden werden.

Oft besteht der Wunsch, die Vertretungsbefugnis von einer Genehmigung durch die Gesellschafterversammlung abhängig zu machen, etwa in der Weise, dass Geschäfte über 20.000 € im Einzelfall zu ihrer Wirksamkeit eines Beschlusses der Gesellschafterversammlung bedürfen. Solche Regelungen sind im Außenverhältnis unwirksam (§ 37 II GmbHG), können nicht in das Handelsregister eingetragen werden und wirken nur im Innenverhältnis der Gesellschaft.

Schließlich ist zu klären, ob Geschäftsführer vom **Verbot des Selbstkontrahierens** (§ 181 BGB) befreit werden sollen. Bei der Einpersonen-Gesellschaft ist diese Befreiung zwangsläufig (s. oben 2. Kap. XI. 1., S. 93), aber auch bei Mehrpersonengesellschaften wird sie dringend empfohlen. Zwar könnten hier die Einzahlungen auf die Geschäftsanteile und der Abschluss des Geschäftsführervertrags auch ohne Verletzung des Verbots erfolgen. Wird aber die Mitwirkung der jeweiligen anderen Gesellschafter einmal vergessen, wird das betreffende Geschäft steuerlich nicht anerkannt – was sich üblicherweise erst bei einer Betriebsprüfung herausstellt, daher nicht mehr rückwirkend für das betreffende Steuerjahr korrigiert werden und mit erheblichen steuerlichen Nachteilen verbunden sein kann.

Dies ist auch einer der Gründe, warum eine Gründung mit Musterprotokoll nicht empfohlen werden kann, wenn die Bestellung weiterer Geschäftsführer erwogen wird. Zwar können nach Eintragung der GmbH weitere Geschäftsführer bestellt werden. Da das Musterprotokoll aber keine abweichende Vertretungsregelung enthält, sind mehrere Geschäftsführer zwangsläufig nur gemeinsam vertretungsbefugt, was meist nicht gewünscht wird. Zudem nimmt die Rechtsprechung an, dass bei einem Geschäftsführerwechsel der neue Geschäftsführer nicht befreit ist (OLG Hamm, Rpfleger 2011, 330), ja sogar bei Bestellung eines weiteren Geschäftsführers die Befreiung des Gründungsgeschäftsführers von den Beschränkungen des § 181 BGB entfällt (OLG Nürnberg, GmbHR 2015, 1279), was genauso wenig den Wünschen der Beteiligten entspricht. Die Befreiungsmöglichkeiten müssen dann durch eine Änderung des Gesellschaftsvertrags geschaffen werden mit der Folge, dass Gründung und Änderung zusammen wesentlich höhere Kosten auslösen, als wenn gleich eine GmbH mit einem individuellen Gesellschaftsvertrag gegründet worden wäre.

Eine GmbH kann auch **stellvertretende Geschäftsführer** haben (§ 44 GmbHG). Sie haben dieselben Befugnisse, so dass nach außen hin also kein Unterschied besteht (§ 37 II GmbHG). Deshalb kann ein Stellvertreterzusatz auch nicht in das Handelsregister eingetragen werden (BGH, Rpfleger 1998, 161). Im Innenverhältnis darf der Stellvertreter aber nur im Vertretungsfall tätig werden.

Wie die Geschäftsführer für die GmbH handeln, bestimmt § 35 III GmbHG: Sie haben der Firma der Gesellschaft ihre Namensunterschrift beizufügen, wobei die Firma geschäftsüblich durch einen Stempelabdruck angegeben wird. Allerdings wird die Gesellschaft auch dann berechtigt und verpflichtet, wenn nicht in dieser Weise ausdrücklich in ihrem Namen gehandelt worden ist, sofern nur die Umstände ein Handeln für die Gesellschaft ergeben (§ 36 GmbHG).

Nicht jedes Außengeschäft der GmbH muss vom Geschäftsführer in eigener Person vorgenommen werden. So wie dieser die Geschäftsführungsaufgaben im engeren Sinn an die Arbeitnehmer der Gesellschaft delegieren kann, ist er auch nicht gehindert, bestimmten Angestellten Vollmacht zu erteilen und damit seine Vertretungsmacht weiterzugeben. Dies kann in sehr kleinem Umfang geschehen, etwa nur für ein im Voraus festgelegtes Geschäft, oder in sehr weitem Umfang durch Bestellung eines Prokuristen, der nahezu alle Rechtshandlungen für die Gesellschaft vornehmen kann. Mit fortschreitender Internationalisierung der Wirtschaft sind für Mitarbeiter in herausgehobener Stellung auch in Deutschland englische Titel im Vordringen; manchen mag es auch motivieren, wenn er sich als „chief executive officer", „vice president" oder „general manager" bezeichnen darf. Rechtliche Folgen haben solche Phantasietitel nicht, entscheidend für die Vertretungsbefugnisse des in dieser Weise Bezeichneten bleibt der Inhalt seiner Vollmacht.

Eine Abtretung der gesetzlich übertragenen Vertretungsmacht im Ganzen ist nicht möglich. Die Erteilung einer **Generalvollmacht** seitens des Geschäftsführers ist deshalb unzulässig, wenn sie ihm keinen eigenverantwortlich wahrzunehmenden Aufgabenbereich belässt (OLG Naumburg, GmbHR 1994, 556).

Die Vertretungsbefugnis durch die (verbleibenden) Geschäftsführer gilt auch in einem Prozess, den ein abberufener Geschäftsführer gegen die Gesellschaft (z. B. wegen noch zu zahlender Gehälter) führt, wenn die Gesellschafterversammlung nicht nach § 46 Nr. 8 GmbHG etwas anderes beschlossen hat (OLG Zweibrücken; GmbHR 2015, 1047).

Ist eine Gesellschaft – sei es durch Zufall (z.B. Tod des einzigen Geschäftsführers) oder Absicht (insbesondere: Amtsniederlegung aller Geschäftsführer) – geschäftsführerlos und damit führungslos geworden, können Willenserklärungen gegenüber einem (beliebigen) Gesellschafter abgegeben werden und einem solchen Schriftstücke (z.B. ein Vollstreckungsbescheid oder eine gerichtliche Klageschrift) zugestellt werden (§ 35 I 3, II 3 GmbHG).

### b) Die Geschäftsführung im engeren Sinn

Der Geschäftsführer hat alle seine Tätigkeiten mit der Sorgfalt eines ordentlichen Kaufmanns auszuführen (vgl. § 43 I GmbHG). Eigengeschäfte im Geschäftszweig der Gesellschaft sind ihm – anders als dem Gesellschafter einer OHG – nicht gesetzlich verboten, können ihm aber im Anstellungsvertrag untersagt werden. Damit solche Eigengeschäfte nicht als „verdeckte Gewinnausschüttung" (s. unten 6. Kap. I., S. 190) angesehen werden, sollte der Geschäftsführer ausdrücklich vom Wettbewerbsverbot befreit werden.

Die wichtigsten Geschäftsführungsaufgaben sind folgende:

(**1**) Vor Eintragung der GmbH sind für die Vorgesellschaft die Einlagen der Gesellschafter anzunehmen. Daraufhin ist die Anmeldung vorzunehmen und die Eintragung zu beantragen. Der Geschäftsführer hat dazu die oben aufgezählten Unterlagen vorzulegen, einschließlich seiner Versicherung über die eingezahlten Geschäftsanteile und das Nichtvorhandensein eines Ausschlussgrunds für seine Bestellung.

(**2**) Unmittelbar nach Eintragung ist gemäß § 242 I HGB eine Eröffnungsbilanz für die GmbH zu erstellen. In ihr sind alle Vermögenswerte und Verbindlichkeiten anzugeben, die der GmbH im Moment der Eintragung zustanden bzw. von der Vorgesellschaft auf sie übergegangen sind. Besondere Wichtigkeit erlangt die Eröffnungsbilanz bei der GmbH gegenüber anderen Handelsgesellschaften oder dem Einzelkaufmann deshalb, weil sich aus ihr eine eventuelle Differenzhaftung der Gesellschafter ergibt (s. oben 2. Kap. VIII., S. 85).

Der Geschäftsführer muss die GmbH sodann beim Transparenzregister anmelden. Rechtsgrundlage ist § 20 Geldwäschegesetz; mitzuteilen sind die in § 19 Geldwäschegesetz genannten Angaben zu den wirtschaftlich Berechtigten. Die Anmeldung war bis zum 31.7.2021 nicht erforderlich, so dass viele GmbHs dort bis heute nicht eingetragen sind. Für bestehende GmbHs ist die Frist für die Nachmeldung am 30.6.2022 abgelaufen; wer sich noch nicht hat eintragen lassen, sollte dies in jedem Fall unverzüglich nachholen, da andernfalls die Verhängung eines Bußgelds nach § 56 Geldwäschegesetz droht. Zweck des Transparenzregisters ist die Aufdeckung des wirtschaftlich Berechtigten, der – z.B. bei der Strohmanngründung (vgl. 2. Kap. VII., S. 86) – nicht mit dem Gesellschafter identisch zu sein braucht. Die Einsicht in das Transparenzregister war bis vor kurzem jedermann gegen eine geringe Gebühr gestattet; nach einem Urteil des EuGH vom 22.11.2022 wird nun allerdings die Darlegung eines berechtigten Interesses verlangt.

(**3**) Bei dem nachfolgenden Aufbau des Unternehmens und dessen Einrichtung ist § 35a GmbHG zu beachten. Dieser schreibt vor, dass auf dem **Briefpapier** der GmbH – auch auf Zahlungsavis und dergleichen! – deren Rechtsform, ihr Sitz, das Registergericht des Sitzes, die Nummer, unter der die Gesellschaft eingetragen ist, sowie die Geschäftsführer und die Mitglieder eines etwaigen Aufsichtsrats angegeben werden müssen. Die Vorschrift dient dem Zweck, es Dritten, die mit der GmbH in Verbindung treten, zu erleichtern, den Sitz und das Registergericht herauszubekommen, bei dem eine GmbH eingetragen ist. Genaue Beachtung dieser Vorschriften ist anzuraten: Wer für eine GmbH ohne den Zusatz „GmbH“ oder für eine Unternehmergesellschaft ohne den Zusatz „UG (haftungsbeschränkt)“ handelt, kann persönlich (als Inhaber!) für die eingegangenen Verbindlichkeiten haften (Rechtsscheinhaftung, BGH, 13.1.2022 – II ZR 210/20, NZG 2022, 513).

Bei jeder Änderung des Gesellschafterbestandes – insbesondere also bei Tod eines Gesellschafters, Erhöhung des Stammkapitals oder Übertragung eines Geschäftsanteils – ist eine von den Geschäftsführern höchstpersönlich unterschriebene (OLG Jena, GmbHR 2011, 980) aktualisierte **Liste der Gesellschafter** einzureichen (§ 40 I GmbHG), sofern nicht der Notar diese Liste zu unterschreiben, einzureichen und mit einer Bescheinigung zu versehen hat (§ 40 II GmbHG; Näheres s. unten II., S. 131).

(**4**) Jede Änderung in den Personen der Geschäftsführer, Neubestellung und Entlassung sind beim Registergericht anzumelden, § 39 I GmbHG.

(**5**) Die Geschäftsführer sind verpflichtet, für die ordnungsgemäße Buchführung der Gesellschaft zu sorgen, § 41 GmbHG. Gemeint ist damit die ordnungsgemäße kaufmännische Buchführung gemäß § 238 HGB. Danach ist jedes vermögensrelevante Geschäft aufzuzeichnen, Belege sind aufzubewahren und übersichtlich und nachvollziehbar einzuordnen.

**(6)** Aus der Buchführung ist der Jahresabschluss zu erstellen (§ 42 GmbHG). Dieser setzt sich nach den Vorschriften des HGB zusammen aus

- dem Jahresabschluss im eigentlichen Sinne (Bilanz, § 266 I HGB) als einer Zusammenfassung der wirtschaftlichen Daten, die den Stand der GmbH auf einen Blick wiedergeben,
- der Gewinn- und Verlustrechnung (§ 276 HGB),
- einer Anlage zur Erläuterung der Gewinn- und Verlustrechnung (§ 288 HGB),
- dem Anhang zur Erläuterung der Gewinn- und Verlustrechnung (§ 288 HGB)
- einem Lagebericht, in dem die Geschäftsführer den Geschäftsverlauf des letzten Jahres, die wirtschaftliche Lage der GmbH und die absehbare Entwicklung in der Zukunft anzugeben haben (§ 289 HGB).

Grundsätzlich ist für jede GmbH ein solcher Jahresabschluss zu erstellen. Erleichterungen kommen „kleinen" und „mittleren" GmbHs zugute. Die Einstufung erfolgt nach den Grundsätzen von § 267 HGB. Hiernach ist jede GmbH nach ihrer wirtschaftlichen Bedeutung als kleine, mittlere oder große einzuordnen. Kleine GmbHs dürfen zwei der folgenden drei Merkmale nicht überschreiten: 6.000.000 € Bilanzsumme, 12.000.000 € Umsatz und durchschnittlich 50 Arbeitnehmer. Mittlere GmbHs sind solche, die zwei der vorgenannten Merkmale überschreiten, aber mindestens zwei der nachstehenden Merkmale nicht überschreiten: 20.000.000 € Bilanzsumme, 40.000.000 € Umsatz und durchschnittlich 250 Arbeitnehmer. Für kleine GmbHs kann der Jahresabschluss wesentlich gekürzt werden. Ein weiterer Vorteil liegt darin, dass er nicht, wie bei mittleren und großen GmbHs, in den ersten drei Monaten des neuen Geschäftsjahres, sondern erst innerhalb eines halben Jahres nach Ende des Geschäftsjahrs aufgestellt sein muss (§ 264 HGB). Dabei kann der Jahresabschluss im eigentlichen Sinn auf Überpositionen zusammengefasst sein, die Gewinn- und Verlustrechnung kann wesentlich vereinfacht dargestellt und der Anhang sehr knapp gehalten sein. Fehlen darf keiner der vorgeschriebenen Bestandteile, sonst ist der Jahresabschluss nichtig (OLG Stuttgart, GmbHR 2004, 662). Noch weiter erleichtert ist die Aufstellung des Jahresabschlusses für Kleinstkapitalgesellschaften (§ 267a HGB), die zwei der folgenden Merkmale nicht überschreiten dürfen: 350.000 € Bilanzsumme, 700.000 € Umsatz und durchschnittlich 10 Arbeitnehmer.

(7) GmbHs unterliegen der Pflicht, ihren Jahresabschluss bekannt zu machen (**Publizitätspflicht**). Dies geschieht durch Einreichung beim Betreiber des elektronischen Bundesanzeigers, das ist die Bundesanzeiger Verlagsgesellschaft mbH mit dem Sitz in Köln. Mittlere und kleine GmbHs brauchen nur eine verkürzte Bilanz mit kurzem Anhang sowie den Gewinnverteilungsvorschlag einzureichen. Für kleine GmbHs ist hierfür ein Zeitraum von 12 Monaten nach Schluss des Geschäftsjahres vorgesehen (§§ 325 bis 327 HGB). Kleinstkapitalgesellschaften können zudem von der Erleichterung des § 326 II HGB Gebrauch machen. Viele Gesellschaften kamen den vorstehenden Verpflichtungen früher nicht nach, weil alle eingereichten Unterlagen von jedermann (also auch der Konkurrenz!) eingesehen werden können, ohne dass dafür ein besonderes rechtliches Interesse geltend gemacht werden muss. Inzwischen setzt das Bundesamt für Justiz die Beachtung der Publizitätsvorschriften aber konsequent durch.

(8) Die Geschäftsführer haben die Beiträge zur **Sozialversicherung** für die Arbeitnehmer der Gesellschaft abzuführen und gegenüber dem Finanzamt die vorgeschriebenen Steuererklärungen abzugeben und fälligen Steuern zu entrichten. Welche Steuern hier in Frage kommen, ist im 6. Kap., S. 189 ff. näher ausgeführt.

(9) Die Geschäftsführer müssen die Einlagen, die bei der Anmeldung der GmbH noch nicht geleistet sind, nach Maßgabe des Gesellschaftsvertrags von den Gesellschaftern einfordern. Da die Einzahlungen nach § 19 I GmbHG nach dem Verhältnis der übernommenen Geschäftsanteile zu leisten sind, richtet sich die Höhe des jeweils anzufordernden Betrags nach dem Verhältnis des übernommenen Geschäftsanteils zum Stammkapital. Die Entscheidung, welcher Gesamtbetrag einzufordern ist, liegt allerdings bei der Gesellschafterversammlung. Der Geschäftsführer ist nur ausführendes Organ, dem

die Berechnung der Einzelleistungen und notfalls die gerichtliche Geltendmachung obliegt.

## 7. Haftung

Die Haftung aus der Tätigkeit des Geschäftsführers trifft teils diesen selbst, teils die GmbH, teils beide als Gesamtschuldner.

### a) Haftung der GmbH

Die GmbH haftet:

- für alle Verbindlichkeiten, die der Geschäftsführer als ihr gesetzlicher Vertreter für sie eingeht. Eine Verpflichtung des Geschäftsführers in eigener Person entsteht daneben nicht. Kauft also der Geschäftsführer im Namen der GmbH, so wird diese Vertragspartei. Sie hat mit ihrem Vermögen für den Kaufpreisanspruch einzustehen, und der Verkäufer kann Befriedigung für seinen Anspruch in ihrem Vermögen (und nur dort) suchen. Diese Haftungsfolge tritt auch dann ein, wenn eine dritte Person, die nicht Geschäftsführer ist, aber als solche im Handelsregister eingetragen ist, im Namen der Gesellschaft handelt (§ 15 HGB; im Einzelnen s. oben 2. Kap. VII. 5, S. 79 ff.). Die Fiktion der Richtigkeit des Handelsregisters bewirkt, dass der Dritte als bestellter Geschäftsführer anzusehen ist. Durch seine Erklärung kann er damit die GmbH wirksam verpflichten und gegenüber dem Vertragspartner in Haftung bringen;
- für rechtswidrige Handlungen des Geschäftsführers, die dieser bei Verrichtung seines Amts begangen hat (§ 31 BGB). Das Feld dieser Haftung ist sehr weit. Voraussetzung ist, dass dem Geschäftsführer eine schuldhafte, rechtswidrige Handlung zur Last fällt, die bei einem Dritten einen Schaden verursacht hat. Das ist z.B. der Fall, wenn der Geschäftsführer bei einer betriebsbedingten Autofahrt die Vorfahrt missachtet und einen anderen Pkw beschädigt. Neben dem Geschäftsführer als Fahrer (§ 18 StVG) und Unfallverursacher (§ 823 BGB) hat die GmbH entsprechend § 31 BGB als Gesamtschuldnerin (§ 421 BGB) für den Schaden aufzukommen. Aus der gleichen rechtlichen Grundlage ergibt

sich die Schadensersatzpflicht der GmbH, wenn der Geschäftsführer eines Chemie-Unternehmens beispielsweise giftige Abwässer in einen Fluss einleiten lässt und sich ein Kind dort beim Baden Verätzungen zuzieht. Hier haften ebenfalls die GmbH und der Geschäftsführer als Gesamtschuldner nach § 421 BGB nebeneinander auf Ersatz der Behandlungskosten und Zahlung eines Schmerzensgeldes. Ebenso ist es bei Unterlassungsansprüchen. Verfasst der Geschäftsführer einen Leserbrief mit dem Zusatz „für die Geschäftsführung der X-GmbH" so können die Gesellschaft und er persönlich auf Unterlassung in Anspruch genommen werden, wenn er unwahre ehrenrührige Behauptungen enthält (OLG Koblenz, NJW 1992, 1330).

### b) Haftung des Geschäftsführers

Der Geschäftsführer haftet gegenüber Dritten:

- als Handelnder, solange die Gesellschaft noch nicht eingetragen ist und nur als Vorgesellschaft existiert (§ 11 II GmbHG; Näheres s. oben 2. Kap. VIII., S. 83 f.). Die Haftung des Geschäftsführers erlischt, sobald die Gesellschaft eingetragen ist. Danach kann nur noch eine Differenzhaftung der Gesellschafter bestehen;
- aus Rechtsscheinhaftung, wenn er entgegen § 4 II GmbHG für die GmbH ohne den Rechtsformzusatz „GmbH" auftritt und durch sein Verhalten den Eindruck erweckt, eine unbeschränkt haftende Person, z.B. er selbst, sei der Inhaber des Unternehmens. Der Vertragspartner kann dann den Handelnden persönlich in Anspruch nehmen, wenn er die wahren Verhältnisse nicht kennt (OLG Karlsruhe, GmbHR 2004, 1016);
- aus dem Gesichtspunkt des Verschuldens beim Vertragsschluss (sog. **culpa in contrahendo**), wenn der Geschäftsführer beim Vertragsschluss Vertrauen in seine eigene Person beim Vertragspartner begründet hat. Dies ist vor allem dann der Fall, wenn der Geschäftsführer gegenüber dem Vertragspartner den Eindruck erweckt hat, er garantiere mit eigener Person für die Bonität der GmbH, oder wenn er bei maßgeblicher Eigenbeteiligung an der Gesellschaft als Gesellschafter mit diesem Umstand geworben hat, aber auch, wenn er nach Insolvenzreife der GmbH Geschäfte

abschließt, ohne den Vertragspartner über die Finanzlage der Gesellschaft zu informieren (s. unten VII., S. 163);

- aus unerlaubter Handlung, wenn durch eine solche die Schädigung eines Dritten erfolgt (siehe oben). Hier kann der Geschäftsführer, wenn er persönlich in Anspruch genommen wird, regelmäßig Freistellung durch die GmbH verlangen. Das nutzt ihm aber nicht viel, wenn die GmbH insolvent geworden ist und er jetzt von der Krankenkasse oder vom Finanzamt wegen nicht abgeführter Sozialversicherungsbeiträge (zu den Voraussetzungen vgl. BGH, 3.5.2016 – II ZR 311/14, GmbHR 2016, 806) oder Steuern in Anspruch genommen wird (ein abschreckendes Beispiel bei BGH, NJW 1997, 1239). Mit dem Einwand, er sei nur **„Strohmann"** für den eigentlichen Geschäftsleiter, wird er ebenso wenig Erfolg haben (BGH, 13.10.2016 – 3 StR 352/16, GmbHR 2016, 1311).

Während in diesen Fällen der Geschäftsführer den geschädigten Dritten unmittelbar haftet, ist dies in den nun zu nennenden Fällen jedenfalls nach der überwiegenden Meinung nicht der Fall. Hier haftet der Geschäftsführer unmittelbar nur der GmbH. Die Geschädigten können deren Anspruch gegen den Geschäftsführer aber pfänden und sich zur Einziehung überweisen lassen. Hier sind folgende Fälle zu nennen:

- die Haftung des Geschäftsführers aus einer Verletzung seiner Obliegenheiten (§ 43 II GmbHG), insbesondere der Pflicht, die Sorgfalt eines ordentlichen Geschäftsmanns zu beachten (§ 43 I GmbHG), aber auch der Überschreitung der vertraglich festgesetzten Grenzen seines Handlungs- und Vertretungsbereichs und die Nichtbeachtung von Weisungen durch die Gesellschafterversammlung (BGH, NJW 1997, 741). § 43 II GmbHG ist beispielsweise anwendbar, wenn der Geschäftsführer auf Kosten der Gesellschaft einen Caravan anschafft und Reparaturen ausführen lässt, obwohl das Fahrzeug für seine persönliche Nutzung vorgesehen ist (OLG Brandenburg, NZG 2022, 1351). Zu den allgemeinen Pflichten, deren Nichtbeachtung Schadensersatzansprüche der Gesellschaft begründet, gehört auch, dass der Geschäftsführer stets auf den wirtschaftlichen Vorteil der GmbH bedacht sein muss. Er darf deshalb Geschäftschancen der Gesellschaft nur für diese, nicht für sich selbst nutzen. Auch die Annahme von **Schmiergeldern** ist ein grober Verstoß gegen diese Verpflichtung. Weiterhin besteht für den Geschäftsführer eine Treuepflicht gegenüber der GmbH, die sich beispielsweise darin konkretisiert, dass der Geschäftsführer über die Verhältnisse der GmbH Verschwiegenheit zu wahren hat und der GmbH keinen Wettbewerb machen darf. Die Feststellung einer Schadensersatzpflicht beim Verstoß gegen diese Verpflichtungen ist dem Grunde nach unproblematisch. Schwierig ist in der Regel dagegen die exakte Bezifferung des eingetretenen Schadens;

- die Haftung des Geschäftsführers aus falschen Angaben anlässlich der Gründung (§ 9a I GmbHG);
- die Haftung wegen Auszahlung von Gesellschaftskapital an die Gesellschafter, obwohl das Stammkapital unterschritten war (§ 30 GmbHG), der Erwerb eigener Anteile in dieser Situation (§ 33 GmbHG) oder Zahlungen an Dritte nach Eintritt der Insolvenzreife (§ 15b InsO; s. unten VII., S. 165).

Auf die Ansprüche aus § 9a GmbHG kann die Gesellschaft nicht einmal verzichten (§ 9b I GmbHG). Sie bestehen also sogar dann, wenn der Geschäftsführer nach Anweisung der Gesellschafterversammlung gehandelt hat (BGH, 20.4.2021 – II ZB 387/18, GmbHR 2021, 868); es kommt auch nicht darauf an, ob der Insolvenzverwalter zugestimmt hat. Diese Bestimmung dient ebenso wie § 43a GmbHG, der bestimmt, dass den Geschäftsführern (und anderen dort aufgeführten Personen) aus dem zur Erhaltung des Stammkapitals erforderlichen Vermögen kein Kredit gewährt werden darf, dem Schutz des Stammkapitals vor unlauterer Verminderung. Bei einer Zuwiderhandlung hat der Geschäftsführer den Kreditbetrag sofort, also ohne dass es einer Kündigung des Kredits bedürfte, zurückzuzahlen.

Bei mehreren Geschäftsführern haftet auch bei interner Ressortverteilung jeder Einzelne für die Verletzung aller Pflichten. Insbesondere haftet ein Geschäftsführer, wenn er erkennbar pflichtwidrige Gehaltszahlungen eines Mitgeschäftsführers an sich selbst nicht verhindert (OLG München, GmbHR 2015, 1324).

Der Geschäftsführer haftet dagegen nicht für die von ihm durch eine Pflichtverletzung gegenüber Dritten verursachte Belastung des Gesellschaftsvermögens mit einem Schadensersatzanspruch; der Geschädigte kann deshalb insoweit auch nichts pfänden lassen (BGH, 31.1.2000 – II ZR 189/99, NJW 2000, 1571).

Die Haftung des Geschäftsführers kann durch eine ihm für einen bestimmten Zeitraum – üblicherweise ein Geschäftsjahr – erteilte **Entlastung** ausgeschlossen sein. Durch eine solche ist die Gesellschaft mit allen Schadensersatzansprüchen ausgeschlossen, die für das entlastende Organ (normalerweise die Gesellschafterversammlung) aufgrund der Rechenschaftslegung des Geschäftsführers und der vorgelegten Unterlagen erkennbar waren (BGH, NJW 1986, 2250).

## II. Die Geschäftsanteile

Ein Gesellschafter kann sowohl bei der Gründung der GmbH (s. oben 2. Kap. II. 2., S. 46) als auch später beliebig viele Geschäftsanteile erwerben. Mehrere Anteile eines Gesellschafters sind rechtlich selbständig, können verschieden einbezahlt sein, was für die spätere Einforderung weiterer Einzahlungen von Bedeutung sein kann, und stets haftet bei nicht voll einbezahlten Geschäftsanteilen im Fall des Ausschlusses der Rechtsvorgänger für den Ausfall (§ 22 GmbHG); diese Haftung geht der allgemeinen **Ausfallhaftung** des § 24 GmbHG vor. Mehrere Geschäftsanteile, die sich in einer Hand vereinigt haben, können allerdings durch Beschluss der Gesellschafterversammlung (§ 46 Nr. 4 GmbHG) dann zusammengelegt werden, wenn die Einlage voll erbracht ist. In diesem Fall sind keine entgegenstehenden Interessen von Mitgesellschaftern oder Gläubigern denkbar.

Es ist nicht verboten, dass eine GmbH ihr eigener Gesellschafter ist, also Geschäftsanteile eines Gesellschafters selbst erwirbt, allerdings nach § 33 GmbHG nur unter engen Voraussetzungen: Die Geschäftsanteile müssen voll einbezahlt sein, und zu ihrem Erwerb darf das Stammkapital nicht angegriffen werden müssen; ob dies der Fall ist, entscheidet sich nach der Bilanz, nicht nach den tatsächlichen Werten (BGH, NJW 1997, 196).

Ändert sich der Gesellschafterbestand, dann muss deswegen nicht der Gesellschaftsvertrag geändert werden. Es dürfen also weiterhin die Gründungsgesellschafter im Vertrag stehen, auch wenn sich inzwischen alle von ihrem Geschäftsanteil getrennt haben. Zumindest nach vollständiger Einzahlung können die Gesellschafter aber auch ganz weggelassen werden oder die neuen Gesellschafter aufgenommen werden; dabei ist nur darauf zu achten, dass nicht der Eindruck erweckt wird, diese seien die Gründungsgesellschafter.

Ein Gesellschafter kann seine Beteiligung an der Gesellschaft, aber auch einen Teil davon auf eine andere Person übertragen (sog. **Geschäftsanteilsabtretung**). Bei teilweiser Übertragung durch einen Gesellschafter mit mehreren Geschäftsanteilen muss klar sein, aus welchem Anteil die Übertragung erfolgt, sonst ist die Abtretung mangels Bestimmbarkeit ihres Gegenstands unwirksam (BGH, 19.4.2010 – II ZR 150/09, Rpfleger 2010, 593). Die Übertragung bedarf der notariellen Beurkundung (§ 15 III GmbHG). Beurkundet werden müssen dabei die Erklärungen beider Vertragsteile, also auch des Erwerbers (BGH, 8.5.2007 – VIII ZR 235/06, NJW 2007, 2117). Vor der Eintragung bestehen noch keine Geschäftsanteile; die Übertragung des künftigen Geschäftsanteils wird erst mit der Eintragung wirksam (BGH, 13.12.2004 – II ZR 409/02, Rpfleger 2005, 198). Manchmal wird vorgeschlagen, sich die Beurkundung zu „sparen“, indem vorweggenommene Satzungsklauseln vereinbart werden, wonach beispielsweise ein kündigender Gesellschafter seinen Anteil bereits im Gesellschaftsvertrag überträgt; ob diese wirksam sind, ist aber sehr zweifelhaft. Das Beurkundungserfordernis betrifft zwar alle Nebenvereinbarungen (z.B. die Übernahme von Bürgschaften; BGH, 27.6.2001 – VIII ZR 329/99, NJW 2002, 143); eine mangelhafte Beurkundung der Übertragung wird aber durch die formgerechte Abtretung geheilt (§ 15 IV GmbHG). Davon wird oft hinsichtlich der Gegenleistung Gebrauch gemacht. Wenn die Vertragspartner nicht wünschen, dass ihre internen Vereinbarungen den anderen Gesellschaftern oder gar Dritten bekannt werden, können sie beurkunden lassen: „Die Gegenleistung für die Geschäftsanteilsabtretung wurde außerhalb dieser Urkunde vereinbart.“ Das Beurkundungserfordernis erstreckt sich auch nur auf den Vertrag selbst; eine Vollmacht oder die Genehmigung des Handelns eines Vertreters ohne Vertretungsmacht sind nicht formbedürftig. Wer wirtschaftlich Gesellschafter einer GmbH sein, aber nicht nach außen in Erscheinung treten will, kann seinen Anteil durch eine solche Geschäftsanteilsabtretung auf einen Treuhänder übertragen, der dann nach außen hin Gesellschafter und allein in der Gesellschafterliste eingetragen ist, aber intern den Verpflichtungen aus dem Treuhandvertrag unterliegt. Für den Treugeber ist das allerdings nicht ungefährlich, wie der Sachverhalt von BGH, 6.12.2022 – II ZR 187/21, ZIP 2023, 355 zeigt: Hier hatte der Treuhänder seine Rechtsmacht durch eine Änderung des Gesellschaftsvertrags zu seinen Gunsten missbraucht, die der Treugeber erst nach jahrelangem Rechtsstreit rückgängig machen konnte. Wie bei der Strohmanngründung (vgl. 2. Kap. VIII., S. 86) kann jeder, der ein rechtliches Interesse hat, zudem die wirtschaftlich Beteiligten aus dem Transparenzregister ersehen.

Häufig ist im Gesellschaftsvertrag vorgesehen, dass die Übertragung von Geschäftsanteilen von der Zustimmung der Gesellschaft, aller oder der Mehrheit der Gesellschafter oder auch eines bestimmten Gesellschafters, der sich dadurch die Einflussnahme auf den Gesellschafterbestand vorbehalten will, abhängig gemacht ist (sog. **Vinkulierung**). Möglich ist auch, den Erwerb von der Zugehörigkeit des Erwerbers zu einer Partei, einem Verein oder einer sonstigen näher bestimmten Gruppe abhängig zu machen. Solche Vereinbarungen sind wirksam; unwirksam wäre es dagegen, entgegen § 15 I GmbHG zu bestimmen, dass ein Geschäftsanteil überhaupt nicht veräußerlich ist. Ist die Vinkulierung nicht bereits bei Gründung der Gesellschaft vereinbart, kann sie nachträglich nicht durch Mehrheitsentscheidung, sondern nur im Einverständnis aller betroffenen Gesellschafter eingeführt werden (OLG München, GmbHR 2008, 541). Ein gesetzliches Recht zur Kündigung oder zum Austritt hat der Gesellschafter einer GmbH nicht. Allerdings sieht der Gesellschaftsvertrag zumindest dann regelmäßig ein Kündigungsrecht vor, wenn die Geschäftsanteile nicht frei veräußerlich sind (ein Beispiel in § 11 des Vertragsmusters 4 im Anhang, S. 212).

Sobald eine Geschäftsanteilsabtretung wirksam geworden ist, muss eine neue Gesellschafterliste erstellt werden, in der die Gesellschafter nach Name, Vorname, Geburtsdatum, Wohnort und der laufenden Nummer des veräußerten Geschäftsanteils aufgeführt werden (§ 40 I GmbHG); angegeben werden muss auch die prozentuale Beteiligung eines Gesellschafters, sowohl mit jedem einzelnen Geschäftsanteil, als auch mit der Summe der ihm zustehenden Geschäftsanteile. Das kann entweder durch den Notar oder durch die Geschäftsführer selbst geschehen. Auf jeden Fall muss der Notar, der die Beurkundung vorgenommen hat, diese Gesellschafterliste unterschreiben, mit einer Bescheinigung versehen, dass die unveränderten Eintragungen der bisherigen Gesellschafterliste und die geänderten Eintragungen seiner Beurkundung entsprechen, und zum Handelsregister einreichen (§ 40 II GmbHG); Beglaubigungstätigkeiten des Notars lösen die Verpflichtung nicht aus (KG, FGPrax 2022, 259). Die Liste ist in jedem Fall elektronisch einzureichen; sie kann auch in elektronischer Form erstellt werden (§ 40 I 1, II 1 GmbHG). Haben seit Erstellung der letzten Liste mehrere Veränderungen stattgefunden, so ist jedenfalls nach der Meinung von OLG Düsseldorf, NZG 2019, 821, für jede Veränderung eine gesonderte Liste zu erstellen.

Die Erstellung einer Gesellschafterliste ist derart formalisiert, dass sie eine Wissenschaft für sich geworden ist; dies gilt insbesondere nach den seit dem 26.6.2017 in Kraft getretenen Änderungen. Vorgeschrieben ist allerdings nur ein bestimmter Inhalt, nicht eine bestimmte Form der Darstellung (KG, NZG 2019, 1304). Eine Anleitung, wie man Beanstandungen des Registergerichts vermeiden kann, gibt die auf § 40 IV GmbHG gestützte Verordnung über die Ausgestaltung der Gesellschafterliste (GesLV). Vor allem ist folgendes zu beachten: Die neue Liste muss hinsichtlich der Nummerierung an die alte Liste anschließen. Das kann durch Beibehaltung der bisherigen Nummerierung, aber auch durch die Vergabe neuer Nummern geschehen, vorausgesetzt, dass jeder Geschäftsanteil durch Angabe der früheren Nummerierung identifizierbar bleibt (BGH, 1.3.2011 – II ZB 6/10, NJW 2011, 1809) und die GesLV eine Neunummerierung zulässt, also nicht beim schlichten Gesellschafterwechsel (OLG Oldenburg, GmbHR 2022, 38). Ist die Abtretung aufschiebend bedingt, darf die Liste erst nach Eintritt der Bedingung eingereicht werden (OLG Hamburg, GmbHR 2011, 32). Die Eintragungen in die Veränderungsspalte dienen lediglich der Erläuterung; es genügt also eine Angabe wie „Geschäftsanteilsabtretung“ oder „Kapitalerhöhung“ – um welche notarielle Urkunde es sich dabei handelte, muss nicht angegeben werden; selbst das Fehlen einer Veränderungsspalte steht der Aufnahme in das Handelsregister nicht entgegen (OLG Hamm, FGPrax 2020, 125), es sei denn, es handle sich um eine Bereinigungsliste mit neuer Nummerierung (§§ 1 IV, 2 II GesLV).

Die Bedeutung der Gesellschafterliste besteht zunächst darin, dass – wie § 16 I 1 GmbHG bestimmt – bei Übergang eines Geschäftsanteils im Verhältnis zur Gesellschaft nur derjenige Gesellschafter, der in der Gesellschafterliste aufgeführt ist. Allein der Umstand, dass die Gesellschaft von der Anteilsübertragung erfährt, reicht nicht. Das gilt auch für die Erben eines Gesellschafters. Allerdings ist derjenige, der einen Anteil neu erworben hat, sofort handlungsfähig, wenn nur die Liste im Anschluss unverzüglich in das Handelsregister aufgenommen wird (§ 16 I 2 GmbHG). Ob die Gesellschaft bei einer unrichtigen Liste dem nicht in der Liste stehenden Gesellschafter nur keine Mitgliedschaftsrechte gewähren muss oder auch nicht gewähren darf, ist bisher vom BGH nicht allgemein entschieden. Eine neuere Entscheidung geht davon aus, dass er jedenfalls zur Abstimmung in der Gesellschafterversammlung nicht zugelassen werden darf (BGH, 26.1.2021 – II ZR 391/18, NZG 2021, 831); ob das richtig ist, ist allerdings sehr zweifelhaft, nachdem das gleiche Gericht wenige Wochen vorher entschieden hat, ein Geschäftsanteil, dessen wirksame Einziehung zweifelhaft ist, könne vorsorglich erneut eingezogen werden – aber nur, wenn der betroffene Gesellschafter zu der zweiten Gesellschafterversammlung eingeladen war (BGH, 10.11.2020 – II ZR 211/19, NZG 2021, 117). Die Legitimationswirkung der Gesellschafterliste gilt auch für das Registergericht; es muss Rechtshandlungen eines Gesellschafters, die er nach seinem Ausscheiden aus der Gesellschaft, aber vor der Aufnahme der dies verlautbarenden Gesellschafterliste in das Handelsregister vorgenommen hat, als wirksam behandeln (OLG Jena, NZG 2021, 1025).

Eine materielle Wirkung hat die Liste dagegen nicht: Wer in einer fehlerhaften Liste nicht oder nicht mehr aufgeführt worden ist, verliert dadurch nicht seine Stellung als Gesellschafter (BGH, 6.12.2022 – II ZR 187/21, ZIP 2023, 255).

Die Bedeutung der Gesellschafterliste besteht weiter darin, dass der **gute Glaube** an die Richtigkeit der Liste geschützt wird, wenn jemand einen Geschäftsanteil von dem in die Liste Eingetragenen (aber in Wirklichkeit gar nicht Berechtigten) erwirbt. Der gute Glaube genügt in jedem Fall, wenn die Liste bereits drei Jahre lang unrichtig ist; sind die drei Jahre bei Erwerb des Geschäftsanteils noch nicht abgelaufen, genügt er dann, wenn dem Berechtigten die Unrichtigkeit der Liste zuzurechnen ist, dieser also das Vorliegen einer unrichtigen Liste hätte verhindern können. Wer meint, dass eine Gesellschafterliste unrichtig ist, kann im Wege der einstweiligen Verfügung einen **Widerspruch** gegen die Richtigkeit der Liste erwirken (OLG München, GmbHR 2015, 1214), den das Registergericht der Liste zuordnet mit der Folge, dass der gute Glaube an die Richtigkeit der Liste dann nichts mehr nutzt (§ 16 III GmbHG). Ein Testamentsvollstreckervermerk darf dagegen nicht in die Liste aufgenommen werden (BGH, 24.2.2015 – II ZB 17/14, NJW 2015, 1303). Das Gericht nimmt die eingereichte Gesellschafterliste entgegen, hat aber nicht die Aufgabe zu prüfen, ob sie inhaltlich richtig ist (BGH, 17.12.2013 – II ZB 6/13, NJW 2014, 2026); nur wenn es die offenbare Unrichtigkeit erkennt (z.B. wenn ein Ausschluss aus der Gesellschaft erkennbar unwirksam ist, lehnt es die Aufnahme der Liste in das Handelsregister ab (OLG München, NZG 2021, 293). Wenn ein Gesellschafter erfährt, dass der Geschäftsführer oder der Notar eine unrichtige Liste einreichen will, sollte er deshalb sofort ein Schreiben an das Registergericht senden, in dem auf die Unrichtigkeit hingewiesen wird und die Gründe dargelegt werden. Eine Beschwerde gegen die Ankündigung des Gerichts, die Liste in das Handelsregister aufzunehmen, ist nicht statthaft (OLG Celle, NZG 2022, 1605).

Erkennt der Notar, dass eine von ihm bescheinigte Liste unrichtig ist, ist er berechtigt, eine berichtigte Liste einzureichen; diese muss sich allerdings auf die fehlerhafte Liste beziehen und deutlich machen, was berichtigt worden ist (OLG Nürnberg, NZG 2018, 312). Das ist deswegen erforderlich, weil die fehlerhafte Liste nicht aus dem Registerordner entfernt werden darf; es muss auf Dauer nachvollziehbar sein, welche Liste die jeweils aktuelle (wenn auch womöglich fehlerhafte) gewesen ist (OLG Brandenburg, Rpfleger 2022, 646).

Ebenso ist der Geschäftsführer berechtigt, eine berichtigte Liste einzureichen, wenn er erkennt, dass die vom Notar eingereichte Liste fehlerhaft ist (BGH, 17.12.2013 – II ZR 21/12, NZG 2014, 184). Bevor er das tut, muss er allerdings dem von der Berichtigung Betroffenen Gelegenheit geben, sich zu äußern; kann dieser den Geschäftsführer von der Richtigkeit seiner Argumente nicht überzeugen, ist ihm zu raten, eine einstweilige Verfügung gegen die Aufnahme einer neuen Liste in das Handelsregister zu erwirken.

Die Geschäftsanteile sind, wie ebenfalls § 15 I GmbHG bestimmt, auch **vererblich.** Auch insoweit ist eine entgegenstehende Bestimmung im Gesellschaftsvertrag unwirksam. Wollen die Gesellschafter aber verhindern, dass der Geschäftsanteil auf eine – möglicherweise unübersehbare und handlungsunfähige – Erbengemeinschaft übergeht oder wollen sie sich in noch größerem Umfang Einflussmöglichkeiten auf die Person des Rechtsnachfolgers vorbehalten, dann können im Gesellschaftsvertrag entsprechende Einschränkungen vereinbart werden, die bis zur Verpflichtung der Abtretung des Geschäftsanteils durch den Erben an einen Dritten und bis zur Einziehung des Geschäftsanteils gehen können. Ein Muster für eine solche Satzungsbestimmung findet sich in § 12 des Gesellschaftsvertrags Nr. 4 des Anhangs, S. 212. Die **Teilung** eines Geschäftsanteils ist ohne Einschränkung zulässig; die entstehenden Teile müssen allerdings auf ganze Euro lauten.

Die meisten Gesellschaftsverträge sehen die zwangsweise **Einziehung** eines Geschäftsanteils vor, wenn der Gesellschafter in Vermögensverfall gerät oder seine Pflichten gegenüber der Gesellschaft grob verletzt (§ 34 I GmbHG; vgl. § 10 II des Vertragsmusters 4 im Anhang, S. 212). Daran werden aber hohe Anforderungen gestellt. Auch eine Strafanzeige gegen einen Mitgesellschafter ist kein Grund, der die zwangsweise Einziehung rechtfertigt, wenn der Anzeigeerstatter vergeblich versucht hat, die Probleme innergesellschaftlich zu klären und nicht wider besseres Wissen gehandelt hat (BGH,

24.2.2003 – II ZR 243/02, NZG 2003, 530). Zudem müssen die Voraussetzungen der Einziehung schon im Gesellschaftsvertrag festgelegt gewesen sein, als der Geschäftsanteil, der eingezogen werden soll, erworben wurde (§ 34 II GmbHG).

Besonders zu beachten ist, dass durch die Einziehung das Stammkapital nicht angegriffen werden darf (§ 30 I GmbHG). Die Einziehung kann also nur bei voll eingezahlten Geschäftsanteilen erfolgen und nur dann, wenn die Gesellschaft über freie Mittel verfügt, um das Einziehungsentgelt leisten zu können. Dieses Entgelt darf nur dann niedriger als der Verkehrswert festgesetzt werden, wenn für den vergleichbaren Fall der Ausschließung des Gesellschafters aus wichtigem Grund dieselbe Regelung getroffen wird (BGH, 19.6.2000 – II ZR 73/99, NJW 2000, 2819). Mit der Mitteilung der Einziehung des Geschäftsanteils an den betroffenen Gesellschafter (nicht erst mit der Zahlung des Entgelts; BGH, 24.1.2012 – II ZR 109/11, GmbHR 2012, 387) erlöschen alle Rechte und Pflichten; das festgesetzte Stammkapital bleibt aber unberührt. Das führt zu der merkwürdigen Folge, dass nach der Einziehung die Summe der Geschäftsanteile nicht mehr das Stammkapital erreicht. Beheben kann man diesen Schönheitsfehler entweder durch entsprechende **Aufstockung** der verbliebenen Anteile oder durch Schaffung neuer Anteile in Höhe des Differenzbetrags. Allerdings hängt die Wirksamkeit des Einziehungsbeschlusses nicht davon ab, ob entsprechende Maßnahmen ergriffen wurden (BGH, 2.12.2014 – II ZR 322/13, NJW 2015, 1385).

**Hinweis**

Auf jeden Fall ist es empfehlenswert, alternativ zur Einziehung die Pflicht zur Übertragung des Geschäftsanteils vorzusehen (vgl. § 10 IV des Vertragsmusters 4 im Anhang, S. 212), wodurch die beschriebenen Schwierigkeiten vermieden werden.

In jedem Fall muss der Geschäftsführer nach Einziehung eines Geschäftsanteils eine neue Gesellschafterliste einreichen, in der der eingezogene Geschäftsanteil aufgeführt ist (§ 40 I GmbHG); sollte die Einziehung in notarieller Urkunde beschlossen sein, ist der Notar verpflichtet (§ 40 II GmbHG). Wer meint, die Einziehung seines Geschäftsanteils sei unwirksam, muss versuchen, eine einstweilige Verfügung gegen die Aufnahme der neuen Liste in das Handelsregister erwirken (zu den Voraussetzungen OLG München, NZG 2021, 293), da er andernfalls nicht mehr an Gesellschafterbeschlüssen mitwirken kann. § 16 GmbHG gilt nämlich nach der Rechtsprechung des BGH auch für die Einziehung von Geschäftsanteilen (BGH, 20.11.2018 – II ZR 12/17, NJW 2019, 993). Eine Ausnahme besteht nur dann, wenn sich die Gesellschaft über eine gerichtliche Anordnung hinwegsetzt und entgegen gerichtlicher Anordnung eine neue Liste beim Handelsregister einreicht (BGH, 2.7.1019 – II ZR 406/17, NJW 2019, 3155). Ist unklar, ob eine Einziehung gültig ist, kann sie (auch nach Einreichung einer neuen Liste!) vorsorglich wiederholt werden; zu der betreffenden Gesellschafterversammlung muss dann auch der Gesellschafter eingeladen werden, dessen bereits eingezogener Geschäftsanteil vorsorglich nochmals eingezogen werden soll (BGH, 10.11.2020 – II ZR 211/19, NJW 2021, 622). Ist der Gesellschafter mit der Einziehung nicht einverstanden, kann er dagegen klagen – ohne Rücksicht darauf, ob eine neue Liste in das Handelsregister aufgenommen wurde oder nicht; das ist ein Gebot wirksamen Rechtsschutzes (BGH, 2.7.2019 – II ZR 406/17, NJW 2019, 3155).

Regelungen über die Rechtsfolgen und das Verfahren, wenn ein Gesellschafter die von ihm geforderten Einzahlungen auf seinen Geschäftsanteil nicht leistet, treffen die §§ 20 bis 24 GmbHG, wobei § 25 GmbHG die Vorschriften der §§ 21 bis 24 ausdrücklich für nicht abänderbar erklärt. Wichtig für jeden, der eine GmbH gründen oder sich an ihr beteiligen will, ist besonders § 24 GmbHG: Für Einzahlungen auf Geschäftsanteile, die nicht von dem Übernehmer erlangt werden können, haften *alle* übrigen Gesellschafter anteilig, und, wenn einzelne nicht zahlungsfähig sind, die übrigen auch für diesen Ausfall. Durch diese Bestimmung wird das Prinzip der Haftungsbeschränkung jedes Gesellschafters auf den Betrag seines Geschäftsanteils in einem wesentlichen Punkt durchbrochen. Auch bei ordnungsgemäßer Gründung haftet jeder Gesellschafter auf bis zu $^3/_4$ des gesamten Stammkapitals. Wer also bei der Gründung einer GmbH mit einem Stammkapital von 1.000.000 € einen Geschäftsanteil von 10.000 € übernimmt, dem muss klar sein, dass er – abgesehen von den zusätzlichen Gefahren im Gründungsstadium (s. dazu oben 2. Kap. VIII., S. 84) – im äußersten Fall eine Haftung für 750.000 € übernimmt, wenn alle übrigen Gesellschafter ihre ausstehenden Einlagen nicht leisten können. Die Beschränkung seines Risikos auf den Betrag des eigenen Geschäftsanteils tritt nur ein, wenn alle anderen Einzahlungsverpflichtungen ordnungsgemäß erfüllt werden. Allerdings wird nach § 24 GmbHG nicht für Einzahlungsverpflichtungen gehaftet, die erst fällig geworden sind, nachdem der in Anspruch Genommene aus der Gesellschaft ausgeschieden ist (BGH, NJW 1996, 2306). Nicht erforderlich ist dagegen, dass der in Anspruch Genommene zu diesem Zeitpunkt bereits Gesellschafter war. Mit dem Anteilserwerb tritt der Erwerber in alle mit der Mitgliedschaft verbundenen Pflichten ein – auch in die Haftung nach § 24 GmbHG (BGH, 18,9.2018 – II ZR 312/16, NZG 2018, 1344); er kann sich von dieser Haftung auch durch Weiterabtretung seines Anteils nicht mehr befreien.

## III. Die Gesellschafterversammlung

Die Gesellschafterversammlung ist das oberste Willensorgan, gewissermaßen das „Hirn" der GmbH. Ihre Aufgaben umreißt § 46 GmbHG, der aber in weitem Umfang der Abänderung durch den Gesellschaftsvertrag unterliegt. Dieser kann im Innenverhältnis die Geschäftsführer auch in anderen Angelegenheiten anhalten, einen Beschluss der Gesellschafterversammlung herbeizuführen und umgekehrt die meisten Aufgaben dieses Organs auf andere Organe, etwa einen Beirat oder Aufsichtsrat oder auch auf einen bestimmten Gesellschafter übertragen. Zwingend vorgeschrieben ist die Zuständigkeit der Gesellschafterversammlung nur für Änderungen des Gesellschaftsvertrags (§ 53 GmbHG), die Auflösung der Gesellschaft (§ 60 GmbHG) und die Einforderung von Nachschüssen (§ 26 GmbHG). Die Gesellschafterversammlung ist auch für alle anderen Beschlüsse zuständig, die nicht anderweitig geregelt sind, z.B. auch für die Entscheidung, ob eine bestimmte Maßnahme der Satzung entsprochen hat (sog. „satzungsauslegender Beschluss", BGH,

25.11.2002 – II ZR 69/01, NZG 2003, 127). Nach § 46 Nr. 1 GmbHG unterliegt der Bestimmung der Gesellschafter insbesondere auch die Feststellung des Jahresabschlusses und die Verwendung des Ergebnisses. Der Umfang der Befugnisse, die die Gesellschafterversammlung dabei hat, richtet sich danach, wann die GmbH in das Handelsregister eingetragen worden ist. Handelt es sich um eine „alte", vor dem 1.1.1986 eingetragene GmbH, so gilt für sie § 29 I GmbHG a.F.: Grundsätzlich sind alle Gewinne auszuschütten, sofern nicht der *Gesellschaftsvertrag* anderes bestimmt; ein einfacher Gesellschafterbeschluss ist hier für eine abweichende Gewinnverwendung nicht ausreichend; vgl. bei diesen Gesellschaften auch unten IV. 2., S. 145. Dagegen gilt für seit diesem Stichtag eingetragene („neue") GmbHs § 29 GmbHG in der heutigen Fassung: Ausschüttung oder Nichtausschüttung von Gewinnen wird durch Gesellschafterbeschluss entschieden. Aber Vorsicht: Ein solcher Beschluss ist unwirksam, wenn er ohne Vorlage eines korrekten Jahresabschlusses erfolgt, mit der Folge, dass auf Grund eines solchen Beschlusses bezogene Gewinne zurückzuzahlen sind – auch noch an den Insolvenzverwalter (OLG Stuttgart, GmbHR 2004, 662).

In der Gesellschafterversammlung können die Gesellschafter auch Fragen zur Lage der Gesellschaft stellen und sich Zahlen vorlegen lassen. Sie sind insoweit aber nicht auf die Gesellschafterversammlung beschränkt, sondern können jederzeit von den Geschäftsführern Auskunft und – wie es § 51 a GmbHG ausdrückt – „Einsicht in die Bücher und Schriften" verlangen, haben also ein Auskunfts- und **Informationsrecht,** das allerdings nicht rechtsmissbräuchlich ausgeübt werden darf, was etwa dann der Fall ist, wenn ein Gesellschafter nicht an der Gesellschafterversammlung teilnimmt und nachträglich ständig neue Auskünfte verlangt (OLG Jena, GmbHR 2004, 1588). Der Anspruch besteht auch noch nach Eröffnung des Insolvenzverfahrens und richtet sich dann gegen den Insolvenzverwalter (OLG Hamm, Rpfleger 2002, 152).

Das Verfahren, in dem Gesellschafterbeschlüsse gefasst werden, regeln die §§ 47 bis 51 GmbHG. Notwendig ist die Einladung mittels „eingeschriebener Briefe" – dazu genügt ein Einwurf-Einschreiben (LG Mannheim, NZG 2008, 111) – durch einen Geschäftsführer

(BGH, 24.3.2016 – IX ZB 32/15, GmbHR 2016, 587) mit einer Ladungsfrist von mindestens einer Woche. In einer von einem Unbefugten (z.B. einem abberufenen Geschäftsführer, BGH, 8.11.2016 – II ZR 304/15, GmbHR 2017, 188) einberufenen Gesellschafterversammlung können keine wirksamen Beschlüsse gefasst werden, ebenso wenig in einer Gesellschafterversammlung, zu der nicht alle Gesellschafter eingeladen worden sind (OLG Brandenburg. NZG 2020, 1110). Allerdings kann der Gesellschaftsvertrag von den gesetzlichen Vorschriften abweichen, und z.B. die Einberufung durch jeden Geschäftsführer allein zulassen oder bestimmen, dass die Einladung zur Gesellschafterversammlung durch gewöhnlichen Brief erfolgt (OLG Jena, Rpfleger 1996, 513). Die Teilnahme an der Gesellschafterversammlung muss jedem Gesellschafter zumutbar sein; es geht also nicht an, zerstrittene Gesellschafter in die Kanzlei der Anwälte des einen Gesellschafters oder gar in die Wohnung des Mitgesellschafters oder eines nahen Angehörigen einzuladen (OLG Celle, GmbHR 1997, 748). Grundsätzlich kann nur der Gesellschafter selbst an der Gesellschafterversammlung teilnehmen; für eine juristische Person handelt ihr gesetzlicher Vertreter. Wenn der Gesellschaftsvertrag nichts Gegenteiliges bestimmt, darf der Gesellschafter einen mit Vollmacht ausgestatteten Vertreter entsenden. Ein allgemeines Recht, selbst teilzunehmen und *zusätzlich* einen **Berater** mitzubringen, hat der Gesellschafter nur dann, wenn schwerwiegende Entscheidungen zu fällen sind (OLG Dresden, DB 2016, 2222); da die Rechtsprechung hier unterschiedlich ist, empfiehlt sich eine Regelung im Gesellschaftsvertrag (z.B. Muster 4 im Anhang, § 6, S. 212).

Bei einer kleinen GmbH, deren Gesellschafter sich zumindest in den Grundfragen einig sind, wird man die einzelnen Form-, Frist- und Verfahrensvorschriften in der Regel nicht einhalten. Man kommt informell zusammen, bespricht sich und fasst einen Beschluss, oder man holt die Meinungen aller Gesellschafter ohne förmliche Zusammenkunft telefonisch oder per E-Mail ein. Wenn alle Gesellschafter in der Sache einig *und* mit dieser Verfahrensweise einverstanden sind, ist, wie man § 51 III GmbHG erweiternd auslegen kann, dagegen nichts zu sagen (OLG Köln, Rpfleger 2002, 318);

im Einverständnis aller Gesellschafter kann die Gesellschafterversammlung auch im **Ausland** stattfinden (OLG Düsseldorf, GmbHR 1990, 169). So gefasste Beschlüsse sind wirksam und gültig. Keinesfalls zulässig ist es dagegen, einen Gesellschafter zu übergehen, weil er ohnehin in der Minderheit wäre. Ein informeller Beschluss, der gefasst wird, obwohl auch nur ein Gesellschafter in der Sache oder auch nur mit dem Verfahren nicht einverstanden ist, muss als unwirksam angesehen werden; ebenso unwirksam ist – wenn der Gesellschaftsvertrag das nicht ausnahmsweise zulässt – die Abstimmung in einem „kombinierten Verfahren", bei dem ein Teil der Gesellschafter in der Gesellschafterversammlung anwesend ist und ein Teil schriftliche Voten nachreicht (BGH, 16.1.2006 – II ZR 135/04, NJW 2006, 2044). Die während der Corona-Pandemie geltenden Ausnahmen sind inzwischen außer Kraft getreten. Eine neue Ausnahme gilt seit 1.8.2022 für Beschlüsse per Telefon oder Videokonferenz. Hier genügt es, wenn sich alle Gesellschafter in Textform mit diesem Verfahren einverstanden erklären (§ 48 I 2 GmbHG); Einigkeit in der Sache ist dann nicht erforderlich. Werden Beschlüsse gefasst, an die sich eine Handelsregistereintragung anschließt (z.B. Bestellung oder Abberufung eines Geschäftsführers), prüft das Registergericht, ob die Beschlüsse formell ordnungsgemäß zustande gekommen sind (KG, GmbHR 2016, 927); ob Vollmachten tatsächlich wirksam erteilt wurden, kann es dagegen nicht prüfen, weil hier die Textform ausreicht (§ 47 III GmbHG); sie können also schriftlich, aber auch per Telefax oder per E-Mail erteilt werden.

In der Einpersonen-GmbH tritt, wie bereits erwähnt (s. oben 2. Kap. XI. 1., S. 92 f.), an die Stelle der Gesellschafterversammlung der Entschluss des Alleingesellschafters. Auf die Einhaltung der Formvorschrift des § 48 III GmbHG (Aufnahme einer unterzeichneten Niederschrift) sei an dieser Stelle noch einmal hingewiesen.

In seinem Abstimmungsverhalten in der Gesellschafterversammlung ist der Gesellschafter grundsätzlich völlig frei. Stimmrechtsvereinbarungen sind aber zulässig und formfrei gültig (OLG Köln, GmbHR 2003, 416); ob eine entgegen einer Stimmbindung erfolgte Stimmabgabe wirksam ist, hängt von der Sachlage ab (OLG Celle, NZG 2023, 71). Ein Stimmenkauf ist normalerweise sittenwidrig und deshalb nichtig. Und: Wirkt der Gesellschafter an einem Beschluss mit, durch den Auszahlungen aus dem zur Erhaltung des Stammkapitals erforderlichen oder gar bereits überschuldeten Gesellschaftsvermögen veranlasst werden, dann macht er sich der Gesellschaft gegenüber schadensersatzpflichtig. Früher nahm die Rechtsprechung sogar an, der Gesellschafter hafte in einem solchen Fall selbst für Zahlungen, die an Mitgesellschafter geflossen sind. Diese Ansicht hat der BGH später zwar aufgegeben (BGH, NJW 1999, 2817); das ändert aber nichts an der Haftung nach § 31 III GmbHG (s. oben 1. Kap. II. 6. b, S. 15 ff.).

In „eigener Sache" darf man nach § 47 IV GmbHG nicht abstimmen. Damit sollen mögliche Interessenkonflikte verhindert werden; ob sich der Gesellschafter tatsächlich in einem Interessenwiderstreit befindet, spielt keine Rolle. Der praktische Hauptfall sind die Abberufung eines Gesellschafters als Geschäftsführer aus wichtigem Grund und sein Ausschluss aus der Gesellschaft; hier ist der Gesellschafter, gegen den die Maßnahmen ergriffen werden sollen, vom Stimmrecht ausgeschlossen (BGH, 27.4.2009 – II ZR 167/07, NJW 2009, 2300). Auch an einer Abstimmung, ob eine Sonderprüfung der Tätigkeit eines Gesellschafter-Geschäftsführers durchgeführt werden soll mit dem Ziel, gegen diesen Ersatzansprüche geltend zu machen, darf der Gesellschafter nicht teilnehmen (OLG Brandenburg, GmbHR 2022, 1141). Kein Stimmverbot besteht bei der Wahl zum Geschäftsführer; man kann sich also als Gesellschafter ohne weiteres selbst wählen.

Aufgrund seiner Treuepflicht muss ein Gesellschafter einer Maßnahme zustimmen, wenn der Gesellschaftszweck und das Interesse der Gesellschaft gerade diese Maßnahme objektiv zwingend gebieten und der Gesellschafter seine Zustimmung ohne vertretbaren Grund verweigert (BGH, 12.4.2016 – II ZR 275/14, NJW 2016, 2739). Aus der Frage, ob eine Maßnahme zweckmäßig ist, hält sich das Gericht dagegen heraus. Die Treuepflicht besteht auch zwischen den Gesellschaftern in dieser Eigenschaft: Wer einen anderen Gesellschafter davon abhält, an einer Gesellschafterversammlung teilzunehmen, indem er wahrheitswidrig behauptet, er dürfe wegen eines Stimmverbots ohnehin nicht abstimmen, kann aus Beschlüssen, die wegen des Fernbleibens des Mitgesellschafters gefasst werden konnten, keine Rechte herleiten (OLG Hamm, NZG 2018, 1145).

Sind die Gesellschafter zerstritten, wird es oft zu Meinungsverschiedenheiten darüber kommen, ob und welche Beschlüsse in einer Gesellschafterversammlung gefasst wurden oder ob ein Beschluss gültig und wirksam ist. Für eine solche **Anfechtung** oder Feststellungsklage kann der Gesellschaftsvertrag eine Frist vorsehen, die aber nicht unter einem Monat festgesetzt werden kann, um wirksam zu sein. Wenn der Gesellschaftsvertrag keine Frist vorsieht, geht die Rechtsprechung heute davon aus, dass die Anfechtung binnen eines Monats erfolgen muss; hat der Gesellschafter nicht an der Versammlung teilgenommen und auch kein Protokoll erhalten, beginnt diese Frist grundsätzlich erst mit Kenntniserlangung. Der Gesellschafter hat aber die Obliegenheit, sich zu erkundigen, und zwar nach der Rechtsprechung innerhalb einer an die Monatsfrist anschließenden Erkundigungsfrist von ca. 2 Wochen (OLG Hamm, GmbHR 2016, 358; OLG Dresden, NZG 2020, 867). Es ist also stets Eile geboten. Auch bei der Feststellungsklage empfiehlt sich schnelles Handeln, da zweifelhaft ist, ob hier ebenfalls Fristen beachtet werden müssen.

## IV. Änderungen des Gesellschaftsvertrags

### 1. Allgemeines

Zu den unentziehbaren Aufgaben der Gesellschafterversammlung gehört die Beschlussfassung über Änderungen des Gesellschaftsvertrags. § 53 GmbHG bestimmt, dass dieser Beschluss notarieller Beurkundung bedarf; wenn keine Beurkundung erfolgt, der Beschluss aber trotzdem in das Handelsregister eingetragen wird, ist damit der Formfehler geheilt (BGH, NJW 1996, 257); wird der Formfehler nach Handelsregisteranmeldung bemerkt, kann die Beurkundung auch jetzt noch nachgeholt werden (OLG Hamm, GmbHR 2002, 495). Beurkundungsbedürftig ist dabei nur der Beschluss als solcher; Vollmachten gelten auch hier in der Form des § 47 III GmbHG. Für den Beschluss ist eine Dreiviertelmehrheit der *abgege-*

*benen* Stimmen erforderlich, bei deren Berechnung Enthaltungen nicht mitgezählt werden. Der Gesellschaftsvertrag kann diese Anforderungen noch verschärfen, also beispielsweise Dreiviertelmehrheit der *vorhandenen* Stimmen oder gar Einstimmigkeit vorschreiben, darf die Anforderungen aber nicht herabsetzen.

**Sonderrechte** dürfen einem Gesellschafter nicht ohne seine Zustimmung entzogen werden. Aus § 53 III GmbHG entnimmt man weiterhin, dass Bestimmungen, die für den Gesellschafter besonders einschneidende Wirkungen haben – wie eine Verpflichtung zu weiteren Leistungen – nur mit Zustimmung aller Gesellschafter beschlossen werden können. Das ist etwa der Fall, wenn nachträglich die Verfügung über Geschäftsanteile von der Zustimmung der Gesellschaft abhängig gemacht wird oder Vorkaufsrechte an Geschäftsanteilen festgelegt werden, denn die freie Verfügbarkeit der Geschäftsanteile prägt die Rechtsstellung des Gesellschafters in zentraler Weise (OLG Dresden, GmbHR 2004, 1080).

Änderungen des Gesellschaftsvertrags sind alle Änderungen seines Wortlauts, also etwa Änderung der Firma, des Gegenstands des Unternehmens, des Geschäftsjahrs, der Regelung der abstrakten Vertretungsbefugnis, der Vorschriften über Gewinnverwendung, Durchführung der Gesellschafterversammlung oder Ausscheiden eines Gesellschafters. Auch Änderungen, die nur redaktionelle Bedeutung haben, gehören hierher, sofern sie gesellschaftsvertraglichen Charakter haben. Keine Änderung des Gesellschaftsvertrags ist dagegen die Abberufung der Geschäftsführer und deren Neubestellung, selbst wenn die abberufenen Geschäftsführer im Gesellschaftsvertrag bestellt wurden, wie es nach § 6 III GmbHG möglich ist; auch das Musterprotokoll macht von dieser Möglichkeit Gebrauch. In individuellen Gesellschaftsverträgen empfiehlt sich aber klarzustellen, dass es sich so verhalten soll und mit der Bestellung im Gesellschaftsvertrag kein Sonderrecht des betreffenden Geschäftsführers statuiert werden sollte (vgl. die Formulierung in § 5 des Gesellschaftsvertrags in Muster Nr. 4 des Anhangs, S. 212). § 54 GmbHG bestimmt, dass Änderungen des Gesellschaftsvertrags in das Handelsregister eingetragen werden müssen; erst mit der Eintragung erlangen sie rechtliche Wirkung. Viele Registergerichte verlangen, dass in der Anmeldung die geänderten Bestimmungen des Gesellschaftsvertrags „schlagwortartig“ bezeichnet werden (OLG Frankfurt, Rpfleger 2003, 667). In der Regel geschieht dies durch Wiedergabe der Überschrift der entsprechenden Bestimmung des Gesellschaftsvertrags, und entsprechend erfolgt auch die Eintragung in das Register. Das gilt nach verbreiteter Praxis auch dann, wenn der gesamte Gesellschaftsvertrag völlig neu gefasst worden ist (OLG Hamm, GmbHR 2002, 64). Ein Muster für eine den Anforderungen entsprechende Änderungsanmeldung enthält Nr. 14 des Anhangs, S. 238. Änderung des Gesellschaftsvertrags und Handelsregisteranmeldung dürfen selbstverständlich in einer Urkunde enthalten sein (Bay ObLG, GmbHR 1994, 62).

Die **Anmeldung** muss durch die Geschäftsführer in vertretungsberechtigter Zahl erfolgen; es müssen also nicht alle Geschäftsführer handeln. Eine Ausnahme besteht nur dann, wenn eine Kapitalerhöhung oder -herabsetzung angemeldet wird (s. dazu unten 4. a, S. 151).

§ 54 I 2 GmbHG schreibt vor, dass mit der Anmeldung der vollständige Wortlaut des Gesellschaftsvertrags in der geänderten Fassung einzureichen ist. Wer die Registerakten einsieht, soll damit aus einer einzigen Urkunde die Rechtsverhältnisse der Gesellschaft ersehen können. Dieser vollständige Wortlaut muss mit der notariellen **Bescheinigung** der Richtigkeit versehen sein. In der Praxis überlassen es die Gesellschafter regelmäßig dem Notar, den vollständigen Wortlaut aus der bisherigen Satzung und den Änderungen selbst zu erstellen. Die Bescheinigung des Notars ist gebührenfrei und wird von manchen Gerichten (z. B.OLG Jena, GmbHR 2016, 487) auch dann verlangt, wenn die ganze Satzung völlig neu gefasst wird, auch wenn das dann leerer Formalismus ist.

Eine **Verlegung des Sitzes** einer GmbH ist bei dem Gericht anzumelden, bei dem die GmbH bisher eingetragen war. Sie wird von dort mit einem Registerauszug an das Gericht des neuen Sitzes weitergesandt. Und – damit eine Löschung von Amts wegen nicht vereitelt werden kann (s. dazu unten 4. Kap. III. 2., S. 177) – wird die Sitzverlegung einer vermögenslosen GmbH für überhaupt unwirksam gehalten. Auch bei einer Verlegung der Geschäftstätigkeit an einen anderen Ort kann der Sitz beibehalten und nur die neue Geschäftsanschrift angemeldet werden, was eine erhebliche Kostenersparnis vor allem bei den Notarkosten bedeutet, da für eine Änderung der Geschäftsanschrift keine Änderung des Gesellschaftsvertrags beschlossen werden muss. Ändert sich dagegen nur die Lage der Geschäftsräume (ohne Änderung der „inländischen Geschäftsanschrift"), dann ist das dem Handelsregister lediglich formlos anzuzeigen (§ 24 II HRV).

Die Prüfungsrechte und -pflichten des Registerrichters bei Änderungen des Gesellschaftsvertrags sind nach der Rechtsprechung strenger als bei der Gründung: Während dort nur schwere Mängel die Eintragung hindern (s. oben 2. Kap. III., S. 52), gilt § 9c II GmbHG für die Änderung des Gesellschaftsvertrags nicht, so dass alle Mängel beanstandet werden können. Es kann einem hier sogar passieren (wie den Gesellschaftern im Fall LG München I, GmbHR 2001, 114), dass (nur) unklare oder in ihrer Auslegung zweifelhafte Bestimmungen beanstandet werden – auch wenn es dafür keinen gesetzlichen Grund gibt. Allerdings darf wegen einer für sich ordnungsgemäßen Anmeldung einer Änderung nicht die Anmeldung weiterer Änderungen verlangt werden (KG, GmbHR 2016, 707: wegen Änderung des Unternehmensgegenstands kann nicht die Änderung einer jetzt möglicherweise irreführenden Firma verlangt werden).

## 2. Anpassung an das Bilanzrichtlinien-Gesetz

Durch Art. 11 II Bilanzrichtlinien-Gesetz ist eine **Registersperre** eingeführt worden, die alle GmbHs betrifft, die am 1.1.1986 bereits in das Handelsregister eingetragen waren. Bei diesen GmbHs darf eine Änderung des Gesellschaftsvertrags nur dann in das Handelsregister eingetragen werden, wenn die Gesellschafter eine Bestimmung über die Gewinnverwendung in den Gesellschaftsvertrag aufnehmen oder, wenn eine Regelung bereits enthalten ist und es bei dieser bleiben soll, diese durch eine entsprechende Satzungsbestimmung (z.B. „Dabei soll es auch nach Inkrafttreten des Bilanzrichtliniengesetzes sein Bewenden haben.") bestätigen. Der Beschluss über die Aufnahme einer solchen Bestimmung kann ausnahmsweise mit einfacher Mehrheit beschlossen werden. Welche Regelung die Gesellschafter beschließen, ist ganz ihrem Ermessen überlassen. Sie können – wie nach § 29 I GmbHG a.F. – ein Gewinnausschüttungsgebot statuieren, sie können – was nach § 29 GmbHG n.F. für „neue", also nach dem 1.1.1986 eingetragene, GmbH ohnehin gilt – beschließen, dass die Gesellschafterversammlung über Ausschüttung oder Thesaurierung des Gewinns entscheiden soll, oder auch eine ganz andere Regelung zum Inhalt des Gesellschaftsvertrags machen. Entscheidend ist nur, dass überhaupt eine Bestimmung getroffen wird.

## 3. Nachschusspflicht

Entwickelt sich das Gesellschaftsvermögen ungünstig, so kann es zur Weiterführung des Geschäftsbetriebs erforderlich sein, dass die Gesellschafter weitere Zahlungen, sog. Nachschüsse, an die Gesellschaft leisten. Sie können bereits bei der Gründung im Gesellschaftsvertrag festgesetzt sein (§ 26 GmbHG). Dabei ist zwischen einer betragsmäßig beschränkten und einer unbeschränkten Nachschusspflicht zu unterscheiden. Bei der unbeschränkten Nachschusspflicht kann sich jeder Gesellschafter, der seinen Geschäftsanteil vollständig eingezahlt hat, von der Zahlung des auf seinen Geschäftsanteil eingeforderten Nachschusses durch Preisgabe des Anteils befreien (§ 27 I GmbHG). Diese Möglichkeit hat er bei der beschränkten Nachschusspflicht nicht. Hier ist er zur Zahlung verpflichtet; bei Verweigerung oder Unvermögen gilt dasselbe wie bei der Nichtzahlung des Geschäftsanteils: Der Geschäftsanteil unterliegt der Kaduzierung (§ 21 GmbHG).

Die Statuierung von Nachschusspflichten schon bei der Gründung der GmbH ist in der Praxis entschieden die Ausnahme: Die Gesellschafter hoffen bei der Gründung auf ein Florieren der Gesellschaft und beschäftigen sich deshalb nicht mit der Situation, dass die Gesellschaft zum Überleben weiteres Kapital benötigt. Stellt sich dieser Kapitalbedarf später heraus, so kann eine derartige Bestimmung nachträglich in den Gesellschaftsvertrag aufgenommen werden. Ein Beschluss darüber bedarf aber der Zustimmung aller beteiligten Gesellschafter (§ 53 III GmbHG). Damit ist sichergestellt, dass niemand gegen seinen Willen zu Leistungen über den erbrachten Geschäftsanteil hinaus verpflichtet werden kann.

Noch seltener ist eine Satzungsbestimmung, wonach sich die Gesellschafter verpflichten, Verluste der Gesellschaft in einem bestimmten Verhältnis (meist der Geschäftsanteile) zu decken; ohne Angabe einer betragsmäßigen Obergrenze ist eine solche Verlustdeckungshaftung unwirksam (BGH, 22.10.2007 – II ZR 101/06).

## 4. Erhöhung des Stammkapitals

Von der Einforderung von Nachschüssen ist die Erhöhung des Stammkapitals zu unterscheiden. Zwar wird durch beide Maßnahmen das Gesellschaftsvermögen erhöht, dennoch bestehen zwischen den beiden Möglichkeiten der Zuführung weiteren Kapitals wesentliche Unterschiede. Die Gläubigerschutzvorschriften der §§ 30, 33 GmbHG garantieren nur die Erhaltung des Stammkapitals, nicht etwa anderer Leistungen der Gesellschafter. Durch Erhöhung des Stammkapitals zugeführte Mittel müssen der Gesellschaft also erhalten bleiben, durch Nachschüsse aufgebrachte dagegen nicht. Sie können den Gesellschaftern – falls sich die Lage der GmbH wieder bessert – ohne weiteres zurückerstattet werden. Die Einforderung von Nachschüssen ist deshalb der flexiblere Weg, sich veränderten Unternehmenssituationen anzupassen.

Bei der Erhöhung des Stammkapitals sind die Kapitalerhöhung gegen Einlagen und die Kapitalerhöhung aus Gesellschaftsmitteln zu unterscheiden. Eine Besonderheit stellt das genehmigte Kapital dar.

### a) Kapitalerhöhung gegen Einlagen

Die Kapitalerhöhung gegen Einlagen ist in den §§ 55 bis 57 GmbHG geregelt. Sie erfolgt durch eine Änderung des Gesellschaftsvertrags, nämlich der Vorschrift über das Stammkapital und die Geschäftsanteile, so dass zunächst alle Grundsätze über Änderungen des Gesellschaftsvertrags zu beachten sind: Die Kapitalerhöhung erfolgt also durch Beschluss der Gesellschafterversammlung; es ist nicht Voraussetzung, dass die bisherigen Geschäftsanteile voll einbezahlt sind. Durch die Kapitalerhöhung werden normalerweise rechtlich selbstständige Geschäftsanteile geschaffen; eine Aufstockung des Geschäftsanteils eines Gesellschafters, der eine Einlage leistet, ist nur möglich, wenn der Geschäftsanteil entweder voll einbezahlt ist und keine Nachschusspflicht besteht oder er noch dem Gründungsgesellschafter zusteht. Die restliche Einzahlung kann selbstverständlich auch anlässlich der Kapitalerhöhung erfolgen.

Neue Geschäftsanteile können durch Geldeinlagen oder als Sacheinlagen geschaffen werden. Die Versuchung, das Kapital ohne tatsächliche Zuführung frischen Geldes zu erhöhen, ist für manche Gesellschafter groß. Deshalb verlangt die Rechtsprechung vom Notar, dass er die Gesellschafter deutlich auf die bestehenden Vorschriften hinweist, widrigenfalls der Notar haften kann (BGH, 2.10.2007 – III ZR 13/07, NJW 2007, 3566).

Durch den Beschluss über die Kapitalerhöhung ist diese allerdings noch nicht durchgeführt. Das ergibt sich schon daraus, dass nicht zwangsläufig die bisherigen Gesellschafter den Erhöhungsbetrag des Stammkapitals übernehmen müssen, sondern aus diesem Anlass neue Gesellschafter in die Gesellschaft eintreten können, die naturgemäß an dem Beschluss über die Erhöhung und die Modalitäten der Einzahlung noch nicht mitwirken können. § 55 I GmbHG schreibt deshalb vor, dass es zur Übernahme jedes auf das erhöhte Stammkapital zu leistenden Geschäftsanteils einer notariell beglaubigten **Übernahmeerklärung** bedarf. Diese kann auch durch einen vollmachtlosen Vertreter erfolgen, wenn dessen Handeln vom Übernehmer später formgerecht genehmigt wird (KG, NZG 2022, 926). Die Übernahme eines Geschäftsanteils bei einer Erhöhung unter gleichzeitigem Eintritt in die bereits bestehende GmbH ist nicht ohne Risiko: Zwar besteht für den eintretenden Gesellschafter anders als bei der Gründung der GmbH nicht die Gefahr der Differenzhaftung (s. dazu oben 2. Kap. VIII., S. 85). Dafür haftet der Neueintretende aber nicht nur für seinen Geschäftsanteil, sondern auch für die noch nicht einbezahlten Beträge der anderen, bei der Kapitalerhöhung geschaffenen Geschäftsanteile und sogar für Ausfälle der alten Geschäftsanteile. Bei einer kleinen Beteiligung an einer GmbH mit einem hohen Stammkapital, auf das womöglich nur ein Viertel einbezahlt ist, kann sich daraus – Zahlungsunfähigkeit anderer Gesellschafter vorausgesetzt – eine Haftung auf ein Vielfaches der übernommenen Einlage ergeben.

Dieser Gesichtspunkt ist auch bei der Neufassung der Bestimmung des Gesellschaftsvertrags über das Stammkapital zu beachten: Solange ein Geschäftsanteil nicht voll einbezahlt ist, muss er nach verbreiteter Meinung, an die man sich sicherheitshalber halten sollte, unter Angabe seines ersten Übernehmers im Gesellschaftsvertrag aufgeführt bleiben; das gilt auch dann, wenn sich die früheren Geschäftsanteile in einer Hand vereinigt haben. Außerdem sind die durch die Kapitalerhöhung geschaffenen Geschäftsanteile im Gesellschaftsvertrag einzeln aufzuführen. Ist dagegen das ursprüngliche Stammkapital voll einbezahlt, so genügt die Angabe der Erhöhungsbeträge. Ein Muster für die Neufassung enthält Nr. 6 des Anhangs (S. 220). Wäre in dem dort behandelten Fall das ursprüngliche Stammkapital von 25.000 € voll einbezahlt, so würde die entsprechende Satzungsbestimmung lauten:

„Das Stammkapital der Gesellschaft beträgt 75.000 €. Bei der Erhöhung des Stammkapitals von 25.000 € auf 75.000 € haben übernommen:
Herr Hans Fischer einen Geschäftsanteil zu 15.000 €, Herr Marcus Fischer einen Geschäftsanteil zu 35.000 €. Auf jeden neuen Geschäftsanteil ist ein Viertel sofort einzuzahlen, der Rest nach Anforderung durch die Geschäftsführung."

Bei der Erbringung von Sacheinlagen bestehen die gleichen Voraussetzungen wie bei der Gründung; Sacheinlagen sind auch bei einer UG erlaubt, wenn sie dadurch ein Kapital von 25.000 € erreicht (BGH, 19.4.2011 – II ZB 25/10, NJW 2011, 1881). Ein dem Sachgründungsbericht entsprechender **Bericht der Gesellschafter** ist zwar nicht ausdrücklich vorgeschrieben, wird aber von manchen Registergerichten verlangt und ist in jedem Fall zweckmäßig, um dem Registergericht zusammen mit den Unterlagen über den Wert der Sacheinlagen die Überzeugung von der Vollwertigkeit der Sacheinlagen zu verschaffen. Dabei steht fest, dass das Registergericht die Eintragung ablehnen muss, wenn die Sacheinlage einen geringeren Wert hat als den Erhöhungsbetrag des Stammkapitals. Gestritten wird aber über folgenden Fall:

**BEISPIEL:** Ein Gesellschafter bringt ein Grundstück ein, das angeblich einen Wert von 150.000 € hat. Er erhält dafür einen Geschäftsanteil von 100.000 €; den Restbetrag von 50.000 € gewährt er der Gesellschaft als Darlehen. Muss das Registergericht die Eintragung ablehnen, wenn es der Überzeugung ist, dass das Grundstück zwar mindestens 100.000 €, aber weniger als 150.000 € wert ist?

Hier wird teilweise angenommen, der Darlehensteil gehe das Registergericht nichts an, weswegen eingetragen werden müsse (LG Augsburg, GmbHR 1996, 216), aber auch, die Prüfung der Werthaltigkeit erstrecke sich auch auf die Darlehensforderung, weswegen die Eintragung abgelehnt werden müsse (OLG Düsseldorf, GmbHR 1996, 214).

Schließlich entsprechen auch die Regeln über die **Anmeldung** der Kapitalerhöhung zum Handelsregister (§ 57 GmbHG) denjenigen, die für die Gründung einer GmbH gelten: Jede Sacheinlage muss vollständig geleistet sein, auf jede Geldeinlage muss mindestens ein Viertel einbezahlt sein (auch bei der Aufstockung eines voll einbezahlten Geschäftsanteils; BGH, 11.6.2013 – II ZB 25/12, NJW 2013, 2428). Die Einzahlung eines Viertels des Erhöhungsbetrags (mindestens aber – zusammen mit dem Gründungskapital – eines Betrags von 12.500 €) genügt auch bei der Kapitalerhöhung einer UG (OLG Düsseldorf, NZG 2022, 1393); versichert werden muss nur die Einzahlung des Erhöhungsbetrags; ob das ursprüngliche Stammkapital noch vorhanden ist, spielt keine Rolle (OLG Celle, NZG 2017, 1222). Der Geschäftsführer muss versichern, dass die Einlagen der Gesellschaft wirklich zugeflossen sind; die Rechtsprechung ist hier aber großzügiger als bei der Gründung und lässt es genügen, dass die Einlagen zu irgendeinem Zeitpunkt zwischen Kapitalerhöhungsbeschluss und Eintragung in das Handelsregister erbracht und nicht an den Einleger zurückbezahlt worden sind (BGH, 18.3.2002 – II ZR 11/01, NJW 2002, 1716). Die Regelung zielt also – anders als bei der Gründung – auf die Mittelaufbringung, nicht auf die Mittelerhaltung (OLG Jena, NotBZ 2021, 155). Werden die Einlagen vor Beschlussfassung einbezahlt, so ist ihre Anrechnung auf die Einzahlungspflicht nur möglich, wenn die Beträge zum Zeitpunkt der Beschlussfassung noch als solche im Vermögen der Gesellschaft vorhanden sind (BGH, 26.6.2006 – II ZR 43/05, NJW 2007, 515), und das sind sie nur, wenn sie zu diesem Zeitpunkt zur freien Verfügung der Geschäftsführer stehen. Die Richtigkeit der in diesem Buch schon immer gegebenen Empfehlung, keinesfalls auf ein **debitorisches Konto** der Gesellschaft einzuzahlen, hat der BGH (15.3.2004 – II ZR 210/01, NJW 2004, 515) bestätigt: Auch wenn die Bank nach Verrechnung der Gutschrift eine Verfügung über den Einlagebetrag zulässt, ist die Einzahlung nicht ordnungsgemäß (und deshalb bei späterer Insolvenz erneut zu leisten!). Entsprechendes gilt für die Zahlung auf ein Konto, das in einen Cash-Pool einbezogen ist (BGH, 20.7.2009 – II ZR 273/07, NJW 2009, 3091).

Wertgleiche Deckung zum Zeitpunkt der Anmeldung zum Handelsregister wird dagegen – anders als früher – nicht mehr verlangt. Deshalb muss der Geschäftsführer in der Handelsregisteranmeldung auch nicht versichern, dass die eingezahlten Beträge endgültig zu seiner freien Verfügung „stehen“, sondern dass sie „eingezahlt und in der Folge nicht an die Einleger zurückgezahlt worden sind“ (vgl. Muster 15 des Anhangs, S. 240).

Bei mehreren Geschäftsführern ist die Anmeldung durch alle Geschäftsführer zu bewirken (§ 78 GmbHG); eine Liste der Übernehmer der neuen Geschäftsanteile, die von den Anmeldenden unterschrieben sein muss, ist beizufügen. Ein Muster für die Anmeldung einer Kapitalerhöhung (nebst weiteren Änderungen des Gesellschaftsvertrags) findet sich in Nr. 15 des Anhangs (S. 240). Erst mit der Eintragung der Kapitalerhöhung entstehen die neuen Geschäftsanteile; der Notar kann aber die nach der Eintragung gültige Gesellschafterliste bereits vorab bescheinigen und mit der Registeranmeldung vorlegen (OLG Jena, GmbHR 2010, 1038); aus praktischen Gründen ist das auch empfehlenswert.

Das Registergericht prüft die Ordnungsmäßigkeit der Kapitalerhöhung. Insbesondere kann es Nachweise darüber verlangen, dass die Versicherung über die Leistung der Geldeinlagen richtig ist und dass die Sacheinlagen nicht erheblich überbewertet sind. Wenn alles in Ordnung ist, wird die Kapitalerhöhung unter Angabe des Tages des Gesellschafterbeschlusses in das Handelsregister eingetragen; das bisherige Stammkapital wird „gerötet“ (vgl. die Eintragung 3 auf dem Handelsregisterblatt, Nr. 20 des Anhangs, S. 249).

### b) Genehmigtes Kapital

Der Gesellschaftsvertrag einer GmbH kann – wie bei der AG – ein genehmigtes Kapital vorsehen (§ 55a GmbHG). Hierunter versteht man die den Geschäftsführern eingeräumte Befugnis, während eines festgelegten Zeitraums – der höchstens fünf Jahre betragen darf – das Stammkapital durch Ausgabe weiterer Geschäftsanteile gegen Einlagen zu erhöhen; die Befugnis darf nicht über die Hälfte des zum Zeitpunkt der Ermächtigung vorhandenen Stammkapitals hinausgehen.

**BEISPIEL:** Das Stammkapital der Müller GmbH beträgt 25.000 €. Die Gesellschafter beschließen am 16.11.2008 eine sofortige Erhöhung um 8.000 € auf 33.000 € und ein genehmigtes Kapital von 12.500 €, das bis zum 31.12.2012 ausgenutzt werden darf. Nicht möglich wäre es, ein genehmigtes Kapital von 16.500 € (½ von 33.000 €) zu schaffen, da die Kapitalerhöhung um 8.000 € erst mit der Eintragung in das Handelsregister wirksam wird, also zum Zeitpunkt der Ermächtigung noch nicht besteht.

Ein genehmigtes Kapital kann sowohl bei der Gründung der Gesellschaft als auch später durch Änderung des Gesellschaftsvertrags geschaffen werden; es ist dann sinnvoll, wenn sich die Gesellschaft die Möglichkeit offenhalten will, auf plötzlich auftretenden Kapitalbedarf schnell und flexibel ohne weitere Änderung des Gesellschaftsvertrags reagieren zu können.

### c) Kapitalerhöhung aus Gesellschaftsmitteln

Von der Kapitalerhöhung gegen Einlagen, die der GmbH neue Mittel zuführt, ist die Kapitalerhöhung aus Gesellschaftsmitteln zu unterscheiden, die im Grunde nichts anderes als die Umwandlung von Rücklagen in Stammkapital darstellt. Einzahlungen der Gesellschafter erfolgen hier nicht; der Erhöhungsbetrag ist bereits im Gesellschaftsvermögen vorhanden. Die Kapitalerhöhung ist also ein rein bilanzmäßiger Vorgang; sie ist nur möglich, wenn umwandlungsfähige Rücklagen, nämlich Kapital- oder Gewinnrücklagen in der Bilanz ausgewiesen sind (§ 57d GmbHG). Dieses Vermögen muss während der bisherigen Geschäftstätigkeit der GmbH angesammelt worden sein. Es findet auch keine Übernahme der neu geschaffenen Geschäftsanteile statt, sondern diese stehen automatisch den bisherigen Gesellschaftern im bisherigen Beteiligungsverhältnis zu (§ 57j GmbHG). Damit sind die Kapitalerhöhung aus Gesellschaftsmitteln und die Kapitalerhöhung gegen Einlagen wirtschaftlich und rechtlich zwei völlig verschiedene Vorgänge.

Die Kapitalerhöhung aus Gesellschaftsmitteln kann erst durchgeführt werden, nachdem der Jahresabschluss für das letzte Geschäftsjahr festgestellt und über die Verwendung des Jahresergebnisses ein Beschluss gefasst worden ist. Dann ist aber Eile geboten, denn der Stichtag der **Bilanz** darf nicht mehr als acht Monate vor der Anmeldung der Kapitalerhöhung zum Handelsregister liegen (rechtzeitige Beschlussfassung genügt also nicht!). In der Regel wird die Jahresbilanz die Grundlage darstellen (§ 57e GmbHG), aber auch die Aufstellung einer Zwischenbilanz (§ 57f GmbHG) ist möglich; in jedem Fall muss die Bilanz geprüft sein und zwar, bei kleinen und mittleren GmbHs (vgl. hierzu I. 6. b (6), S. 122), durch vereidigte Buchprüfer (oder andere zur Bilanzprüfung Berechtigte). Diese Bilanz darf weder einen Verlust noch einen Verlustvortrag ausweisen, und die für die Kapitalerhöhung bestimmten Beträge müssen in der Bilanz mit dieser Zweckbestimmung ausgewiesen werden oder im letzten Gewinnverwendungsbeschluss als Zuführung für die Kapital- oder Gewinnrücklage ausgewiesen sein.

Auch bei einer Erhöhung aus Gesellschaftsmitteln ist die Änderung des Stammkapitals Satzungsänderung und kann deshalb nur mit Dreiviertelmehrheit beschlossen werden, was § 57c IV GmbHG mit seiner Verweisung auf § 53 GmbHG noch einmal ausdrücklich bestimmt. Bei der technischen Durchführung bestehen zwei Möglichkeiten (§ 57h GmbHG): entweder die Bildung neuer Anteile oder die Erhöhung des Nennbetrags der bestehenden Geschäftsanteile; bei nicht voll eingezahlten Geschäftsanteilen ist nur das letztere erlaubt (§ 57 l II 2 GmbHG). Die Geschäftsanteile müssen auf volle Euro lauten (§§ 57h I 2, 57 l II 4 GmbHG).

Was bei der Anmeldung der Kapitalerhöhung zum Handelsregister besonders zu beachten ist, sagt § 57i GmbHG: Die Geschäftsführer müssen versichern, dass nach ihrer Kenntnis seit dem Bilanzstichtag keine Vermögensminderung eingetreten ist, die der Kapitalerhöhung entgegenstünde, wenn sie am Tag der Anmeldung beschlossen worden wäre. Mit der Eintragung des Beschlusses ist das Stammkapital erhöht.

## 5. Kapitalherabsetzung

Schließlich ist auch die Kapitalherabsetzung Änderung des Gesellschaftsvertrags. Sie kommt aus zwei Gründen in Frage: Entweder ist die Gesellschaft überkapitalisiert, benötigt also zur Führung ihres Geschäftsbetriebs weniger eigene Mittel als dem Betrag ihres Stammkapitals entspricht – ein sehr seltener Fall –, oder die Gesellschaft hat einen wesentlichen Teil ihres Stammkapitals durch Verlust eingebüßt und will den Nominalbetrag des Stammkapitals den tatsächlich noch vorhandenen eigenen Mitteln anpassen. In beiden Fällen sind nicht nur die Interessen der Gesellschafter betroffen, sondern auch die der Gesellschaftsgläubiger, da sich die wichtigsten Gläubigerschutzvorschriften, insbesondere die §§ 30, 33 GmbHG, am Betrag des Stammkapitals orientieren.

### a) Kapitalherabsetzung wegen Überkapitalisierung

Für die Kapitalherabsetzung wegen Überkapitalisierung schreibt § 58 GmbHG ein langwieriges und mit erheblichem Aufwand verbundenes Verfahren der Kapitalherabsetzung vor. Diese Schwierigkeiten geben Veranlassung, nochmals vor einem hohen Ansatz des Stammkapitals zu warnen (s. oben 2. Kap. II. 1., S. 45 f.).

Die Regelung entspricht in einigen Punkten dem auch bei der Auflösung der Gesellschaft zu beachtenden Verfahren. Hier wie dort muss der Beschluss von den Geschäftsführern in den Gesellschaftsblättern (also i. d. R. im elektronischen Bundesanzeiger) bekannt gemacht werden und sind die Gläubiger der Gesellschaft aufzufordern, sich bei ihr zu melden, und die Eintragung der Kapitalherabsetzung in das Handelsregister darf erst erfolgen, wenn seit dem Tag der Aufforderung ein Jahr verstrichen ist. Teilweise wird verlangt, dass die **Bekanntmachung** den Grund enthalten muss, aus dem das Stammkapital herabgesetzt werden soll.

Daneben bestehen aber weitere Erfordernisse: Die aus den Büchern der GmbH ersichtlichen oder sonst bekannten Gläubiger sind durch gesonderte Mitteilung von der Kapitalherabsetzung zu benachrichtigen, und wer sich von den Gläubigern meldet und der Herabsetzung nicht zustimmt, ist zu befriedigen bzw. sicher zu stellen; mit der Anmeldung zum Handelsregister müssen die Geschäftsführer versichern, dass dies auch tatsächlich geschehen ist. Man kann sich denken, dass insbesondere diese Verpflichtung zur Benachrichtigung der Gläubiger, die ja meist Geschäftspartner der Firma sind, dem Ansehen der Gesellschaft nicht unbedingt förderlich ist. Solche Kapitalherabsetzungen kommen deshalb in der Praxis nur ganz selten vor.

Da die Kapitalherabsetzung Satzungsänderung ist, bedarf sie eines notariell beurkundeten Gesellschafterbeschlusses, der nur mit Dreiviertelmehrheit gefasst werden kann (§ 53 II GmbHG). Soweit kein Kapitalüberschuss vorliegt, soweit also nicht die Differenz zwischen altem und neuem Stammkapital an die Inhaber der Geschäftsanteile ausgezahlt werden kann (bzw. noch ausstehende Einlagen erlassen werden), dürfte entsprechend § 53 III GmbHG sogar die Zustimmung jedes betroffenen Gesellschafters zu verlangen sein. Eine Herabsetzung unter 25.000 € ist ausgeschlossen (§ 58 II 1 GmbHG).

### b) Kapitalherabsetzung zum Ausgleich von Verlusten

Die beschriebene Bekanntmachung, die Benachrichtigung bekannter Gläubiger und die Einhaltung des Sperrjahrs brauchen nicht zu erfolgen, wenn die Kapitalherabsetzung zum Ausgleich von Verlusten erfolgt und nach den §§ 58a bis 58f GmbHG durchgeführt wird. Voraussetzung dafür ist, dass keine Gewinn- oder Kapitalrücklagen in nennenswerter Höhe vorhanden sind (§ 58a II GmbHG), dass die gewonnenen Beträge nur zur Deckung von Verlusten verwendet werden (§ 58b I GmbHG) und in den nächsten fünf Jahren eine Gewinnausschüttung nur unter besonderen Beschränkungen erfolgen darf (§ 58d GmbHG). Geschäftsanteile müssen auch hier auf volle

Euro lauten, das Stammkapital darf aber unter 25.000 € und sogar auf Null herabgesetzt werden, wenn gleichzeitig eine Kapitalerhöhung auf mindestens diesen Betrag erfolgt (§ 58a III, IV GmbHG). Diese Bestimmungen lassen eine Sanierung von GmbHs unter gleichzeitiger Zuführung neuen Kapitals zu.

## 6. Anpassung an den Euro

Das Stammkapital einer GmbH wird nicht automatisch auf Euro umgestellt; es besteht auch – solange nicht das Stammkapital geändert werden soll – keine Verpflichtung der Gesellschaft, anlässlich anderer Änderungen des Gesellschaftsvertrags das Stammkapital umzustellen. Zeitlich unbegrenzt kann das Stammkapital in DM ausgedrückt bleiben; es kann aber jederzeit an die Stelle des eingetragenen Betrags des Stammkapitals in DM durch Beschluss der Gesellschafter der entsprechende Euro-Betrag, der dann zwangsläufig eine „krumme" Zahl darstellt, gesetzt werden. Dazu muss zwar selbstverständlich der offizielle Kurs von 1,95583 DM für 1 € genommen werden; es ist aber zulässig, im Interesse der Erhaltung identischer Beteiligungsverhältnisse jeden Geschäftsanteil einzeln nach diesem Kurs umzustellen, was infolge von Rundungsdifferenzen dann beim Stammkapital zu Abweichungen im Bereich von wenigen Cent führen kann (OLG Düsseldorf, NZG 2022, 1103).

**BEISPIEL:** Bei einer GmbH mit zwei Geschäftsanteilen von je 25.000 DM und einem Stammkapital von 50.000 DM wird jeder Geschäftsanteil auf 12.782,30 € umgestellt, wodurch das Stammkapital 25.564,60 € beträgt, obwohl die Umstellung des Betrags von 50.000 DM exakt 25.564,59 € ergeben würde. Das verbietet sich aber, weil dann ein Gesellschafter die Mehrheit des Kapitals hätte.

Die Gesellschafter können sich auf diese Umstellung beschränken oder aber – was der Normalfall ist – sie zum Anlass nehmen, die krummen Beträge bei Stammkapital und Geschäftsanteilen zu glätten. Eine **Registersperre** besteht insofern, als Änderungen des Stammkapitals nur eingetragen werden können, wenn vorher alle Geschäftsanteile auf ganze Euro umgestellt wurden.

Wenn nicht ohnehin eine Kapitalerhöhung beabsichtigt ist, handelt es sich dabei um eine eigentlich ungewollte Kapitalmaßnahme, deren Umfang man deshalb so niedrig wie möglich halten wird. Für die Glättung bestehen zwei Möglichkeiten, nämlich die Erhöhung der Nennbeträge der bestehenden Geschäftsanteile und eine Kapitalherabsetzung mit anschließender Erhöhung auf den nächsthöheren glatten Euro-Betrag. Einfacher ist eine Kapitalerhöhung durch Erhöhung des Nennbetrags der bestehenden Geschäftsanteile (Aufstockung), die unter den in Abschn. 4. a, S. 147 genannten Voraussetzungen zulässig ist. Ein Muster einer solchen Anpassung an den Euro enthält Muster 8 des Anhangs (S. 226); die entsprechende Handelsregisteranmeldung findet sich in Muster 16 des Anhangs (S. 242). Wichtig ist, dass zunächst die Geschäftsanteile auf Euro umgestellt und dann aufgestockt werden; ein Beschluss, der nur die neuen Euro-Beträge nennt, kann nicht eingetragen werden (OLG Hamm, GmbHR 2011, 654).

Ist eine Kapitalerhöhung durch Erhöhung der Nennbeträge der Geschäftsanteile nicht möglich, bleibt nur der Weg der Kapitalherabsetzung und anschließende Erhöhung durch Bildung neuer Geschäftsanteile. Um die „richtigen" Zahlen zu finden, kann man sich recht komplizierter Formeln bedienen; meistens genügt es auch, ein wenig zu probieren.

**BEISPIEL:** Im Fall der GmbH von Muster 6 des Formularteils würde man das Stammkapital von 25.564,60 auf 25.560 € und die Geschäftsanteile von 12.782,30 auf 12.780 €, von 7.669,38 auf 7.668 € und von 5.112,92 auf 5.112 € herabsetzen und dann um 10 € auf 25.570 € erhöhen, wobei neue Geschäftsanteile zu 5, 3 und 2 € ausgegeben werden.

Die Übernahmeerklärungen wegen der Erhöhungsbeträge, die auch hier unbedingt erforderlich sind (BayObLG, GmbHR 2002, 497), kann man den Notar in diesem Fall direkt in die Urkunde aufnehmen lassen, da mit einer notariellen Beglaubigung selbst gefertigter Übernahmeerklärungen in diesem Fall wegen der geringen Höhe der Beträge keine Kostenersparnis verbunden wäre.

## V. Der Aufsichtsrat

Eine GmbH kann einen Aufsichtsrat als weiteres Gesellschaftsorgan neben der Gesellschafterversammlung und den Geschäftsführern haben, sie muss aber nicht (§ 52 GmbHG). Eine Ausnahme gilt nur für Unternehmen, die mehr als 500 Arbeitnehmer beschäftigen; damit wird man aber zu Beginn der Geschäftstätigkeit nur ausnahmsweise konfrontiert sein. Ebenso wie die Existenz überlässt das GmbHG auch die Ausgestaltung dieses Organs ganz dem Gesellschaftsvertrag; nur für den Fall, dass dieser keine Bestimmungen trifft, gelten die in § 52 GmbHG im Einzelnen genannten Bestimmungen des Aktiengesetzes.

Die Einrichtung eines Aufsichtsrats ist im Grunde nur in größeren GmbHs sinnvoll, ferner dann, wenn ein am Gesellschaftsvermögen maßgeblich beteiligter Gesellschafter nicht Geschäftsführer werden will oder werden kann und trotzdem die Geschäftsführung überwachen und sich über alle Angelegenheiten informieren will. Er kann sich dann zum Aufsichtsrat wählen und im Gesellschaftsvertrag entsprechende Kontrollbefugnisse einräumen lassen.

Auch sonst ist die Überwachung der Geschäftsführung die Hauptaufgabe des Aufsichtsrats (§ 111 AktG). Die Zahl seiner Mitglieder kann der Gesellschaftsvertrag beliebig festsetzen; ihre Wahl erfolgt durch die Gesellschafterversammlung (§ 101 AktG). Wenn der Aufsichtsrat an das entsprechende Organ der Aktiengesellschaft angelehnt ist, kann ein Aufsichtsratsmitglied nicht gleichzeitig Geschäftsführer sein (§ 105 I AktG). Auch hiervon kann der Gesellschaftsvertrag abweichen. Wenn beispielsweise mehr die beratende Funktion als die kontrollierende im Vordergrund steht, kann auch ein Geschäftsführer in diesem Organ tätig sein. Üblicherweise wird man es dann allerdings nicht „Aufsichtsrat", sondern „Beirat" oder „Verwaltungsrat" nennen.

Ob die im Gesellschaftsvertrag als Möglichkeit vorgesehene (aber zunächst nicht erfolgte) Einrichtung eines solchen Organs durch Satzungsänderung beschlossen werden muss, ist umstritten; der BGH (2.7.2019 – II ZR 406/17) hat die Frage verneint; der Aufsichtsrat kann in einem solchen Fall durch schlichten Gesellschafterbeschluss eingerichtet werden. Eine Eintragung der Aufsichtsratsmitglieder in das Handelsregister erfolgt nicht; eine neutrale Eintragung („Die Gesellschaft hat einen Aufsichtsrat.“) ist aber zulässig. Über die jeweilige Zusammensetzung des Aufsichtsrats ist eine Liste beim Registergericht einzureichen; das Registergericht macht bekannt, wenn solches geschehen ist (§ 52 III 2 GmbHG).

## VI. Umwandlung und Verschmelzung

Das Umwandlungsrecht lässt nahezu unbeschränkt zu, dass ein Rechtsträger Teile seines Vermögens in eine neue Rechtsform überführt (Ausgliederung oder Spaltung), zwei oder mehrere Rechtsträger sich zu einem vereinigen (Verschmelzung) oder sich ohne Änderung der Identität die Rechtsform eines Rechtsträgers ändert, er sich gewissermaßen ein neues Gewand überzieht (Formwechsel). Je nach Rechtsform bestehen verschiedene Erfordernisse, die insbesondere dem Gläubigerschutz Rechnung tragen sollen. In der Regel sind es nämlich haftungsrechtliche oder steuerliche Gründe, die für einen solchen Rechtsvorgang maßgebend sind. Früher sprach man allgemein von „Umwandlung“; heute unterscheidet das Gesetz die „Verschmelzung“ (mehrerer Gesellschaften) von der „Ausgliederung“ oder „Spaltung“ und dem „Formwechsel“. Alle diese Erscheinungen werden auch heute noch oft mit dem Sammelbegriff „Umwandlung“ beschrieben. In der Praxis besonders häufig sind die Umwandlung (der Formwechsel) einer OHG oder KG in eine GmbH und die Umwandlung (Ausgliederung) eines einzelkaufmännischen Handelsgeschäfts in eine GmbH. Auf den ersten Blick scheint die Umwandlung hier eine völlig unnötige Rechtsfigur zu sein, weil die bisherigen Gesellschafter oder der Einzelkaufmann ohne weiteres eine GmbH nach den allgemeinen Regeln gründen und ihr bisheriges Handelsgeschäft als Einlage einbringen könnten.

Der Vorteil der Umwandlung gegenüber der Einbringung besteht in folgendem: Juristisch gesehen ist der einzubringende Betrieb nicht *eine* Sache oder *ein* Recht. Vielmehr steht jeder einzelne Gegenstand selbstständig in einem eigenen Eigentumsverhältnis zum bisherigen Inhaber. Wer also ein Handelsgeschäft in eine GmbH einbringt, muss jedes Grundstück, jeden Pkw, jeden Schreibtisch, und auch jeden Bleistift und jede Büroklammer der GmbH übereignen. Das kann zwar in einem einzigen Akt geschehen. Gegenstände, die vergessen worden sind, werden aber nicht Eigentum der GmbH, und bei Grundstücken fallen in nicht unerheblichem Umfang Kosten und **Grunderwerbsteuer** an. Demgegenüber führt die Umwandlung dazu, dass das gesamte Handelsgeschäft automatisch ohne weitere Übertragungsakte Eigentum der GmbH wird. Sie ist also **Gesamtrechtsnachfolger,** ebenso wie beispielsweise der Erbe einer natürlichen Person. Alle Aktiva und Passiva fallen mit einem Schlag dem neuen Unternehmensträger an und werden von ihm in dem Bestand übernommen, wie er beim bisherigen Rechtsträger bestanden hat.

## 1. Die Ausgliederung eines einzelkaufmännischen Handelsgeschäfts zur Neugründung einer GmbH

Soll ein einzelkaufmännisches Handelsgeschäft in eine GmbH umgewandelt werden, so ist eine notariell beurkundete Ausgliederungserklärung des Kaufmanns erforderlich, die – entsprechend der Errichtungserklärung bei der Neugründung – die Satzung der GmbH zu enthalten hat (§§ 152 S. 1, 125 S. 6, 135 II UmwG). Dieser Spaltungsplan muss eine Übersicht über die Vermögensgegenstände und Verbindlichkeiten enthalten, die auf die GmbH übertragen werden sollen, um feststellen zu können, welche Vermögensgegenstände und Verbindlichkeiten des Kaufmanns auf die GmbH übergehen und welche Vermögen und Schulden des Kaufmanns bleiben sollen (§§ 136, 126 I Nr. 9 UmwG).

Wie bei einer Neugründung beträgt das Stammkapital mindestens 25.000 €. Durch einen **Sachgründungsbericht** (§§ 159 I, 58 I UmwG), eine Versicherung der Geschäftsführer und zweckdienliche Unterlagen ist glaubhaft zu machen, dass das umgewandelte Unternehmen den Wert des Stammkapitals erreicht. Dass das Vermögen des Kaufmanns ganz oder fast ganz in dem Handelsgeschäft besteht, schließt die Ausgliederung nicht aus. Ein Umwandlungshindernis besteht aber dann, wenn der Kaufmann überschuldet ist, mag er auch noch kreditwürdig (also zahlungsfähig und deshalb noch nicht insolvenzreif) sein (§ 152 S. 2 UmwG). Ein überschuldeter Geschäftsinhaber kann also nicht in die Organisationsform der GmbH „flüchten".

Voraussetzung der Umwandlung ist ferner, dass der Kaufmann in das Handelsregister eingetragen ist (§ 152 S. 1 UmwG); das ist aber nie ein Hindernis, denn die Eintragung steht jetzt jedem Gewerbetreibenden offen (§ 2 HGB). Muster für eine Ausgliederungserklärung und für die Anmeldung zum Handelsregister geben die Nr. 9 und 17 des Anhangs (S. 228 und 244).

## 2. Der Formwechsel einer OHG oder KG in eine GmbH

Ähnliche Vorschriften gelten für die Umwandlung einer Personenhandelsgesellschaft (OHG oder KG) in eine GmbH. Hier ist allerdings kein Verzeichnis der Vermögensgegenstände und Verbindlichkeiten erforderlich, da das Vermögen einer Personenhandelsgesellschaft rechtlich von dem ihrer Gesellschafter abgegrenzt ist und eine Klarstellung deshalb nicht erforderlich ist. Der Umwandlungsbeschluss bedarf der Zustimmung aller Gesellschafter der Personenhandelsgesellschaft, wenn deren Gesellschaftsvertrag nichts anderes bestimmt; ist auch nur ein Gesellschafter nicht einverstanden, so kann sie nicht erfolgen (§ 217 I 1 UmwG).

Wie bei der Umwandlung eines einzelkaufmännischen Unternehmens bestehen auch bei der Umwandlung einer Personenhandelsgesellschaft die vorher begründeten Forderungen Dritter gegen den oder die früheren Rechtsträger fort. Die Haftung endet aber in beiden Fällen fünf Jahre nach Bekanntmachung der Ausgliederung bzw. des Formwechsels durch das Registergericht (§§ 157, 224 UmwG).

## 3. Der Formwechsel einer GmbH in eine Personengesellschaft

Soll die GmbH in eine Personengesellschaft umgewandelt werden, kann außer der OHG und der normalen KG auch die praktisch bedeutsame Möglichkeit der Umwandlung in eine GmbH & Co. KG gewählt werden. Nach der Rechtsprechung (BGH, 9.5.2005 – II ZR 29/03, NZG 2005, 722) kann die neue Komplementär-GmbH auch im Zuge des Formwechsels beitreten, sodass keine natürliche Person – auch nicht für eine juristische Sekunde – für die Verbindlichkeiten des Unternehmens persönlich haften muss. Die Umwandlung in eine OHG kann nur einstimmig, die Umwandlung in eine KG auch mit einer Mehrheit von $^3/_4$ des vertretenen Stammkapitals beschlossen werden (§ 233 UmwG).

## 4. Die Verschmelzung

Ebenso wie beim Formwechsel erfolgt bei der Verschmelzung der Übergang des Vermögens einer Gesellschaft als Ganzes auf einen neuen Rechtsträger. Die §§ 2 ff. UmwG regeln zwei Arten der Verschmelzung:

(**a**) die Verschmelzung durch Aufnahme, bei der eine GmbH in einer anderen, bestehen bleibenden aufgeht,

(**b**) die Verschmelzung durch Neugründung, bei der zwei GmbHs in einer dritten, neu zu errichtenden, aufgehen.

Auch hier besteht der rechtliche und steuerliche Vorteil darin, dass die Gesellschaften nicht aufgelöst oder ihre Vermögen eingebracht werden müssen, sondern an die Stelle der fusionierenden GmbHs ein neuer Rechtsträger tritt, auf den im Wege der Gesamtrechtsnachfolge das Vermögen beider Gesellschaften übergeht.

Voraussetzung ist der Abschluss eines **Verschmelzungsvertrags** durch die Geschäftsführer der sich vereinigenden Gesellschaften, der notariell beurkundet werden muss und dem die Gesellschafter beider Gesellschaften durch, ebenfalls zu beurkundenden, Beschluss zustimmen müssen. Bei der Verschmelzung durch Aufnahme hat die aufnehmende Gesellschaft den Gesellschaftern der erlöschenden Gesellschaft Geschäftsanteile zu gewähren; auch der Alleingesellschafter zweier verschmelzender Schwestergesellschaften kann hierauf nicht verzichten (BayObLG, GmbHR 1990, 35).

Die Verschmelzung ist zu den Handelsregistern aller beteiligten Gesellschaften anzumelden. Mit der Eintragung bei der übernehmenden bzw. mit der Eintragung der neu errichteten GmbH wird die Verschmelzung wirksam, und es erlöschen die aufgenommene bzw.

die beiden verschmolzenen Gesellschaften ohne besondere Löschung (§§ 19 I 2, 20 I Nr. 2 UmwG). Ob eine Kapitalerhöhung der übernehmenden GmbH erforderlich oder zulässig ist, regelt § 54 UmwG. Der Gläubigerschutz bestimmt sich nach § 22 UmwG, und § 25 UmwG sollte für die Geschäftsführer der übertragenden Gesellschaft Anlass sein, die Vermögensverhältnisse der übernehmenden Gesellschaft sorgfältig zu prüfen. Sie haften sonst nämlich der Gesellschaft, den Gesellschaftern und den Gläubigern auf Schadensersatz.

## VII. Die GmbH in der Krise

Dass bei Aufnahme des Geschäftsbetriebs einer GmbH Anlaufverluste entstehen, leuchtet jedem ein. Wenn sie aber nicht durch spätere Gewinne ausgeglichen werden, sondern die GmbH auch weiterhin glücklos operiert, darf der Geschäftsführer davor seine Augen nicht verschließen, sondern muss beispielsweise sein Gehalt reduzieren, wenn die Zahlungen der finanziellen Lage der Gesellschaft nicht mehr angemessen sind (OLG Köln, NZG 2008, 637). Um die Gefahr persönlicher Haftung oder gar der Strafverfolgung zu vermeiden, muss er Folgendes beachten:

Bereits bei Verlust der Hälfte des Stammkapitals (bei der UG dagegen nur bei drohender Zahlungsunfähigkeit, § 5a IV GmbHG) muss er zwingend eine Gesellschafterversammlung einberufen (§ 49 III GmbHG), damit sie, wenn keine Besserung der Lage in Sicht ist, z.B. mit der Einstellung des Geschäftsbetriebs reagieren kann. Stellt ein Geschäftsführer die Zahlungsunfähigkeit oder Überschuldung der Gesellschaft fest, ist er nicht nur berechtigt, sondern *verpflichtet*, Insolvenzantrag für die GmbH zu stellen, sobald er diese Situation erkennen kann (§ 15a InsO), und zwar auch dann, wenn schon ein Gläubiger Insolvenzantrag gestellt hat (BGH, 28.10.2008 – 5 StR 166/08, NJW 2009, 157). Diese Pflicht ist auch der Grund, warum die Gründung einer UG mit einem Stammkapital von 1 € nicht in Betracht kommt: Diese wäre vom ersten Tag an überschuldet. Bei Fehlen eines Geschäftsführers (unbekannter Aufenthalt oder eine Forschungsreise reichen dafür nicht, AG Potsdam, NZI

2013, 602) ist auch jeder Gesellschafter zur Antragstellung verpflichtet, es sei denn, dass er von der Überschuldung oder der Führungslosigkeit keine Kenntnis hat. Unterlässt ein Verpflichteter die Antragstellung, so muss er nicht nur dem, der zur Durchführung eines Insolvenzverfahrens einen Vorschuss leistet, die gezahlte Summe erstatten (§ 26 III InsO), sondern sieht sich zwei Ansprüchen ausgesetzt: dem Erstattungsanspruch der Gesellschaft nach § 15b IV InsO und dem auf §§ 15a I InsO; 823 II BGB zu stützenden Anspruch aller Geschäftspartner, die nach diesem Zeitpunkt eine Forderung gegen die Gesellschaft erwerben (nicht Sozialversicherungsträgern, deren Forderungen kraft Gesetzes entstehen, BGH, NJW 1999, 2182). Der Anspruch besteht in voller Höhe der Forderung, nicht etwa nur in Höhe der Insolvenzquote, die sie bei rechtzeitiger Antragstellung erhalten hätten (BGH, NJW 1994, 2220), und von dem Schadensersatzanspruch ist auch nicht das abzuziehen, was der Geschädigte im Zeitraum der Insolvenzverschleppung auf „Altforderungen" erhalten hat (BGH, 12.3.2007 – II ZR 315/05, NJW 2007, 3130). Zudem macht sich der Verpflichtete durch die **Unterlassung strafbar** (§ 15a IV InsO). Die Verpflichtung trifft bei Führungslosigkeit der Gesellschaft auch jeden Gesellschafter (§ 15a III InsO) und nach der Rechtsprechung auch denjenigen, der, ohne zum Geschäftsführer bestellt zu sein, die Geschäfte der GmbH tatsächlich wie ein Geschäftsführer führt (OLG München, NZG 2019, 1189). Auch wenn kein Anspruch nach § 15b IV InsO besteht, kann eine Haftung wegen vorsätzlicher sittenwidriger Schädigung nach § 826 BGB in Frage kommen (BGH, 18.12.2007 – VI ZR 231/06, GmbHR 2008, 315, zum Insolvenzausfallgeld), wobei allerdings zu beachten ist, dass die Pflichten des Geschäftsführers aus § 43 I GmbHG nur gegenüber der Gesellschaft, nicht gegenüber Dritten bestehen und aus diesem Grund ein Anspruch aus § 826 BGB häufig ausscheidet (BGH, 7.5.2019 – VI ZR 512/17, NJW 2019, 2164).

Überschuldung ist gegeben, wenn die Verbindlichkeiten die Vermögensgegenstände übersteigen. Es genügt also nicht, dass eine GmbH ihre laufenden Zahlungsverpflichtungen noch erfüllen kann, weil sie – zu Recht oder zu Unrecht – noch für kreditwürdig gehalten wird. Die Überschuldung kann (und muss im Ernstfall) der Geschäftsführer durch Aufstellung einer **Überschuldungsbilanz** ermitteln. Diese unterscheidet sich von einer „normalen“ Jahresbilanz dadurch, dass Stammkapital und Rücklagen nicht auf die Passivseite gesetzt werden müssen; auch alle Gesellschafterdarlehen bleiben heute außer Betracht (§ 19 II 2 InsO), ohne dass es – wie früher – darauf ankäme, ob diese einen sog. „Rangrücktritt“ erklärt haben. Übersteigt die Passivseite dann gleichwohl noch die Aktiva, dann ist die Gesellschaft überschuldet. Zahlungsunfähigkeit ist gegeben, wenn die GmbH wegen Mangels an Zahlungsmitteln nicht mehr in der Lage ist, ihre sofort zu erfüllenden Geldschulden im Wesentlichen zu berichtigen (zur Feststellung der Zahlungsunfähigkeit s. BGH, 28.6.2022 – II ZR 112/21, NZG 2022, 1550).

Außer der Pflicht zur Insolvenzantragstellung hat der Geschäftsführer bei schlechter Lage seiner GmbH weitere Vorsichtsmaßnahmen zu beachten:

**(1)** Er darf die Arbeitslöhne nicht mehr ungekürzt auszahlen, wenn er die darauf entfallenden Lohnsteuern und Sozialabgaben nicht mehr bezahlen kann; andernfalls haftet er für diese persönlich (BGH, 25.9.2006 – II ZR 108/05, NJW 2006, 3573).

**(2)** Weiß er bei einer Bestellung namens der GmbH, dass diese die Waren vermutlich nicht mehr bezahlen kann, muss er das offenlegen. Andernfalls haftet er wegen vorsätzlicher sittenwidriger Schädigung nach § 826 BGB (OLG Celle, GmbHR 1994, 467).

**(3)** Er darf nach Eintritt der Insolvenzreife grundsätzlich keine Zahlungen mehr an Dritte leisten (§ 15b I 1 InsO); Lohnsteuer darf er und Sozialversicherungsbeiträge muss er dagegen noch abführen, letztere, weil er sich durch Nichtzahlung nach § 266a StGB strafbar machen würde (OLG Düsseldorf, GmbHR 2015, 708). Die Zahlung von Löhnen und Gehältern ist dann mit der Sorgfalt eines ordentlichen Kaufmanns vereinbar, wenn andernfalls der Betrieb sofort eingestellt und die Chance einer Sanierung oder Fortführung im Insolvenzverfahren zunichte gemacht würde (OLG Düsseldorf, GmbHR 2022, 414).

Der Begriff der „Zahlung an Dritte“ wird dabei sehr weit ausgelegt, vor allem, was Zahlungen angeht, die der Hausbank zufließen. Die Rechtsprechung sieht es nicht nur als Zahlung an die kontoführende Bank an, wenn der Geschäftsführer einen Kundenscheck auf ein im Minus befindliches Konto zur Gutschrift einreicht (OLG Hamburg, GmbHR 1995, 521), sondern schon dann, wenn er für Rechnungen an Kunden ein Formular verwendet, auf dem das debitorische Konto angegeben ist (OLG Oldenburg, GmbHR 2004, 1340). In beiden Fällen erhält die Hausbank dadurch ja volle Tilgung des betreffenden Kreditbetrags. Nur Eröffnung eines neuen Kontos bei einer anderen Bank, das auf allen Rechnungen ausschließlich angegeben wird, und Einreichung aller Schecks bei dieser Bank ist korrekt. Teilweise werden sogar Lieferungen von Waren oder sonstige Leistungen als verbotene „Zahlungen“ angesehen (OLG Düsseldorf, GmbHR 1996, 616). Allerdings hat die neue Rechtsprechung des BGH diese Grundsätze deutlich eingeschränkt. Keine Pflichtverletzung soll hiernach nämlich vorliegen, wenn bereits vor Eintritt der Insolvenzreife eine Sicherungsabtretung an die Hausbank vereinbart war (BGH, 23.6.2015 – II ZR 366/13, NJW 2015, 2806) oder wenn Ware bezahlt wird, die an die Bank sicherungsübereignet war (BGH, 8.12.2015 – II ZR 68/14, NJW 2016, 1092).

# 4. Kapitel

# Das Ende der GmbH

Das Ausscheiden der GmbH aus dem Rechtsverkehr vollzieht sich in drei Stufen: Mit dem Auflösungsbeschluss oder bei Vorliegen eines der übrigen gesetzlichen Auflösungsgründe ist die Gesellschaft *aufgelöst.* Sie ist damit aber noch nicht beseitigt. Zunächst müssen die schwebenden Geschäfte abgewickelt werden; die Gesellschaft muss ihre Verbindlichkeiten begleichen und etwa vorhandene Außenstände einziehen. Diese zweite Stufe ist die *Liquidation.* In diesem Stadium existiert die GmbH noch, aber nur noch zum Zweck der Abwicklung und der Verteilung etwa noch verbleibenden Gesellschaftsvermögens unter die Gesellschafter. Nach Abschluss der Liquidation erst ist die Gesellschaft *erloschen* und damit rechtlich nicht mehr existent.

## I. Die Auflösung der GmbH

Die Gründe für die Auflösung der GmbH sind in § 60 GmbHG zusammengestellt. Der praktisch wichtigste Fall ist § 60 Nr. 2 GmbHG, die Auflösung durch Gesellschafterbeschluss.

### 1. Auflösungsbeschluss und Durchführung

Auch wenn im Gesellschaftsvertrag festgelegt ist, dass die Gesellschaft auf bestimmte Zeit errichtet ist (s. oben 2. Kap. III., S. 56), können die Gesellschafter jederzeit den Beschluss fassen, dass die

Gesellschaft aufgelöst ist. In diesem Beschluss liegt bei Errichtung auf unbestimmte Zeit keine Satzungsänderung; allerdings schreibt § 60 Nr. 2 GmbHG vor, dass der Beschluss mit $^3/_4$-Mehrheit gefasst werden muss. Davon können die Gesellschafter aber abweichen, also z.B. einfache Mehrheit genügen lassen oder auch Einstimmigkeit für einen solchen Beschluss verlangen.

Im Regelfall werden die Gesellschafter den Auflösungsbeschluss fassen, wenn sich ihre Erwartungen, die sie an die Gründung der Gesellschaft geknüpft haben, nicht erfüllt haben, insbesondere wenn das ganze Stammkapital oder wesentliche Teile davon verloren sind und keine Besserung in Sicht ist. Eine Begründung für den Beschluss sind die dafür stimmenden Gesellschafter aber weder solchen Mitgesellschaftern schuldig, die dagegen sind, noch dem Gericht oder den Gesellschaftsgläubigern. Das GmbHG schreibt übrigens auch *keine Form* für den Auflösungsbeschluss vor; die Gesellschafter brauchen insoweit also den Notar nicht in Anspruch zu nehmen. Ein Muster für einen Auflösungsbeschluss gibt Nr. 10 des Anhangs (S. 231).

Notarieller Beglaubigung wie jede Handelsregisteranmeldung bedarf dagegen die **Anmeldung** der Auflösung zum Handelsregister, die § 65 I 1 GmbHG vorschreibt. Es müssen dabei die Geschäftsführer in vertretungsberechtigter Zahl (also nicht unbedingt alle) handeln. Die Anmeldung kann erst nach dem Tag erfolgen, auf den die Auflösung beschlossen worden ist, da in das Handelsregister nur schon geschehene, nicht etwa künftige Vorgänge eingetragen werden können (OLG Frankfurt, FGPrax 2022, 69).

**BEISPIEL:** Wenn am 15.11.2022 beschlossen worden ist, dass die Gesellschaft mit Wirkung vom 31.12.2022 aufgelöst wurde, darf die Anmeldung zum Handelsregister nicht schon im November 2022, sondern frühestens am 2.1.2023 erfolgen.

Allerdings ist der Mangel durch Zeitablauf geheilt; wird die verfrühte Anmeldung erst nach dem Stichtag bearbeitet, muss ihr stattgegeben werden (OLG Hamm, NZG 2021, 1071). In der Anmeldung ist der Grund der Auflösung, also: durch Gesellschafterbeschluss, anzugeben. Ob eine bestehende Prokura erlischt (und dies deshalb ebenfalls angemeldet werden muss), wird unterschiedlich beurteilt. Die überwiegende Meinung geht wohl dahin, dass dies nicht automatisch der Fall ist und sogar neue Prokuristen bestellt werden können.

Die GmbH kann ihre werbende Tätigkeit auch einstellen und ihre Geschäfte abwickeln, ohne einen förmlichen Auflösungsbeschluss zu fassen. Man spricht dann von „stiller Liquidation", die durch die Geschäftsführer erfolgt.

Mit der förmlichen Auflösung endet dagegen die Befugnis der Geschäftsführer, die Gesellschaft zu vertreten. Diese Befugnis haben jetzt die **Liquidatoren.** Sie müssen gleichzeitig mit der Auflösung angemeldet werden. Es spielt dabei keine Rolle, ob die Liquidatoren im Auflösungsbeschluss bestellt worden sind, oder ob bereits der Gesellschaftsvertrag bestimmt, dass im Fall der Auflösung die Geschäftsführer automatisch Liquidatoren werden (s. oben 2. Kap. III., S. 56), oder ob die Geschäftsführer – mangels gegenteiliger Bestimmung – nach § 66 I GmbHG Liquidatoren geworden sind. Liquidator kann, wie § 66 IV GmbHG bestimmt, nur werden, wer auch Geschäftsführer werden könnte. Wenn der Gesellschaftsvertrag nicht ausdrücklich bestimmt, wie die Liquidatoren vertreten, können die Gesellschafter die Vertretungsbefugnis beliebig regeln. Tun sie das nicht, sind die Liquidatoren nur gemeinsam vertretungsberechtigt (§ 68 I 2 GmbHG) – auch dann, wenn sie zuvor als Geschäftsführer einzelvertretungsberechtigt waren (BGH, 27.10.2008 – II ZR 255/07, Rpfleger 2009, 157).

Auch der Fall, dass niemand bereit ist, das Amt des Liquidators zu übernehmen, ist geregelt: Auf Antrag von Gesellschaftern, die $^{1}/_{10}$ des Stammkapitals halten, kann das Gericht Liquidatoren bestellen (§ 66 II GmbHG). Ausnahmsweise kann in dringenden Fällen und als einstweilige Maßnahme eine solche Bestellung auch auf Antrag anderer Beteiligter erfolgen, insbesondere auf Antrag von Gläubigern der Gesellschaft. Das ergibt sich zwar nicht aus dem GmbHG, aber aus § 29 BGB, wo dies für den eingetragenen Verein angeordnet ist. Diese Bestimmung ist für die GmbH entsprechend anwendbar (vgl. für die Bestellung von Notgeschäftsführern oben 3. Kap. I. 5., S. 110 f.).

Die Liquidatoren können in derselben Weise, wie sie bestellt wurden, auch abberufen werden, also durch Gesellschafterbeschluss, und, im Fall der Berufung durch das Gericht, durch Gerichtsbeschluss. Man kann auch keinen Liquidator zwingen, Liquidator zu bleiben: Eine Amtsniederlegung ist – auch ohne wichtigen Grund – zulässig; § 66 III GmbHG trifft keine abschließende Regelung.

Der Liquidator ist nicht automatisch vom Verbot des Selbstkontrahierens befreit (OLG Rostock, NZG 2004, 288), kann also nicht gleichzeitig für sich selbst und für die Gesellschaft handeln, und zwar auch dann nicht, wenn ihm diese Befugnis als Geschäftsführer zukam. Wird diese Befreiung gewünscht, müssen die Gesellschafter bei der Bestellung des Liquidators daher ausdrücklich beschließen, dass er von dieser Beschränkung befreit sein soll. Ob es dafür genügt, dass der Gesellschaftsvertrag eine Befreiungsmöglichkeit für die *Geschäftsführer* enthält (so OLG Zweibrücken, GmbHR 2011, 1209) oder dafür ausdrücklich eine Befreiungsmöglichkeit für die Liquidatoren enthalten sein (und deshalb erforderlichenfalls durch Änderung des Gesellschaftsvertrags geschaffen werden!) muss (so OLG Frankfurt, NZG 2019, 1295), darüber streiten die Gerichte. Es ist deshalb ratsam, dass der Gesellschaftsvertrag die Befreiungsmöglichkeit für die Liquidatoren ausdrücklich vorsieht. Bei einer Gründung mit Musterprotokoll ist eine Befreiung nicht möglich, weil das Musterprotokoll überhaupt keine Befreiungsmöglichkeit enthält (OLG Frankfurt, GmbHR 2012, 394).

Zum Handelsregister angemeldet werden muss sowohl die abstrakte Vertretungsbefugnis mehrerer Liquidatoren (BGH, 7.5.2007 – II ZB 21/06, Rpfleger 2007, 550) als auch die konkrete Vertretungsbefugnis des oder der tatsächlich bestellten, die – genau wie Geschäftsführer – die Versicherung abgeben müssen, dass sie nicht wegen der im Katalog des § 6 GmbHG genannten Delikte vorbestraft sind und kein Berufsverbot besteht, und dass sie auch über die unbeschränkte Auskunftspflicht gegenüber dem Gericht belehrt wurden (vgl. für die Geschäftsführer oben 2. Kap. VI. 1. (i), S. 68 ff.). All dies gilt – auch wenn es höchst unergiebiger Formalismus zu sein scheint – nicht nur für „neue“ Liquidatoren, sondern auch für solche, die bereits Geschäftsführer waren. Die Versicherung als Geschäftsführer ersetzt nicht die Versicherung als Liquidator (KG, NZG 2022, 1624; OLG Schleswig, Rpfleger 2015, 36). Ein Muster für die Anmeldung der Auflösung und der Liquidatoren findet sich in der Nr. 18 des Anhangs (S. 247).

Die erste Liquidatorenpflicht regelt § 65 II GmbHG: Die Auflösung der GmbH ist in den Gesellschaftsblättern bekanntzumachen, also, wenn der Gesellschaftsvertrag nichts anderes bestimmt, im elektronischen Bundesanzeiger (s. oben 2. Kap. III., S. 56). Erforderlich ist folgender Text (im Fall der Auflösung Muster Nr. 10 des Anhangs, S. 231):

**BEISPIEL:** „Malerische Wochenendhäuser Bauträger GmbH in Weißensand: Die Gesellschaft ist aufgelöst. Die Gläubiger der Gesellschaft werden aufgefordert, sich bei ihr zu melden. Der Liquidator."

Die Bekanntmachung darf nach verbreiteter Auffassung erst nach der Eintragung der Auflösung im Handelsregister erfolgen. Das Leserpublikum im Internet dürfte nur sehr gering sein. Dennoch hat diese Bekanntmachung eine große Bedeutung für die GmbH: Mit dem Tag der Bekanntmachung beginnt nämlich das „Sperrjahr" (§ 73 I GmbHG; s. unten II., S. 175). Auf die Bekanntmachung kann grundsätzlich auch dann nicht verzichtet werden, wenn der Insolvenzantrag der GmbH mangels Masse abgewiesen worden ist (KG, NZG 2023, 75), denn dann kann trotzdem (geringes) verteilbares Vermögen vorhanden sein; ob die Bekanntmachung entbehrlich ist, wenn dem Registergericht vollständige Vermögenslosigkeit nachgewiesen wird, ist umstritten (offengelassen von BGH, 9.11.2021 – II ZB 1/21, NZG 2022, 268, wo sich eine beeindruckende Liste von Belegen pro und contra findet).

## 2. Weitere Auflösungsgründe

Die Auflösung der GmbH durch Auflösungsbeschluss ist zwar der häufigste, aber nicht der einzige Auflösungsgrund. In der Reihenfolge des Gesetzes sind noch folgende zu nennen:

(1) Ablauf der im Gesellschaftsvertrag bestimmten Zeit, ein nicht sehr häufiger Fall;

(2) Gerichtliches Urteil oder verwaltungsbehördliche bzw. verwaltungsgerichtliche Entscheidung;

(3) Eröffnung des Insolvenzverfahrens;

(4) Ablehnung der Eröffnung des Insolvenzverfahrens mangels Masse;

(5) Verfügung des Registergerichts oder erfolgreiche Klage (§§ 75, 77 GmbHG), durch die die Nichtigkeit der GmbH festgestellt wird;

(6) Verfügung des Registergerichts, durch die ein Mangel des Gesellschaftsvertrages festgestellt worden ist;

(7) Löschung wegen Vermögenslosigkeit.

Der Gesellschaftsvertrag kann außer den gesetzlichen Auflösungsgründen noch weitere vorsehen, z.B. die Kündigung, den Tod oder die Insolvenz eines beliebigen oder auch eines bestimmten Gesellschafters. Fehlen solche Bestimmungen, führen dagegen Gründe wie Einstellung des Geschäftsbetriebs, Tod eines Gesellschafters, Unerreichbarkeit des Gesellschaftszwecks, nicht automatisch zur Auflösung der Gesellschaft.

Die meisten der gesetzlichen Auflösungsgründe sind recht selten; nennenswerte praktische Bedeutung haben nur die Eröffnung des Insolvenzverfahrens, ihre Ablehnung mangels Masse und die Löschung wegen Vermögenslosigkeit.

Durch die Eröffnung des Insolvenzverfahrens erlischt die GmbH ebenso wenig wie durch einen Auflösungsbeschluss. Die Insolvenzeröffnung lässt nur die Verfügungsbefugnis über das Gesellschaftsvermögen auf den Insolvenzverwalter übergehen; die GmbH besteht (mindestens) so lange, bis das gesamte Vermögen an die Gläubiger verteilt ist, ihre Geschäftsführer bleiben im Amt, solange sie nicht abberufen wurden (OLG Hamm, GmbHR 2015, 143). Anders als bei einer natürlichen Person oder einer Personenhandelsgesellschaft findet das Insolvenzverfahren bei der GmbH nicht nur bei Zahlungsunfähigkeit, sondern auch bei Überschuldung statt, also allein schon deshalb, weil die Verbindlichkeiten die Vermögensgegenstände übersteigen. Der Zweck dieser Regelung liegt auf der Hand: Da mangels persönlicher Haftung den Gläubigern haftbares Vermögen nicht zur Verfügung steht, muss eine solche GmbH aus dem Rechtsverkehr verschwinden.

Die Eröffnung des Insolvenzverfahrens ist aber, vor allem bei kleinen GmbHs, die große Ausnahme. In aller Regel fehlt es an einer die Insolvenzkosten deckenden Masse; die Eröffnung des Insolvenzverfahrens wird dann *mangels Masse* abgelehnt, was der Eröffnung des Insolvenzverfahrens hinsichtlich der Auflösung der Gesellschaft gleichgestellt ist.

Gesellschafter, deren Geschäftsanteile zusammen $^1/_{10}$ des Stammkapitals ausmachen, können **Auflösungsklage** gegen die Gesellschaft erheben, wenn die Erreichung des Gesellschaftszwecks unmöglich wird oder wenn andere in den Verhältnissen der Gesellschaft liegende wichtige Gründe für die Auflösung vorhanden sind (§ 61 GmbHG). Ein solcher wichtiger Grund ist etwa ein tiefgreifendes und unheilbares Zerwürfnis unter den Gesellschaftern. Das die Auflösung aussprechende Urteil ist ein Gestaltungsurteil, d.h., es ersetzt den Auflösungsbeschluss und bildet die Grundlage für die Eintragung der Auflösung. Diese kann aber nur erfolgen, wenn das Urteil rechtskräftig ist. Da der Weg durch die Instanzen Jahre dauern kann, ist die Erhebung der Auflösungsklage ein höchst dornenvoller Weg für den Gesellschafter, der gegen den Willen der Mehrheit die Auflösung betreiben will.

## II. Die Liquidation

Eine Liquidation ist in allen Fällen, in denen die GmbH aufgelöst wird, erforderlich. Ausgenommen ist lediglich der Fall der Löschung wegen Vermögenslosigkeit, denn hier ist nichts zu liquidieren, sondern Auflösung und Erlöschen fallen zusammen (s. unten III. 2., S. 177). Im Fall der Insolvenz tritt das Insolvenzverfahren an die Stelle der Liquidation. Eine Liquidation kann auch entbehrlich sein, wenn die Eröffnung des Insolvenzverfahrens mangels Masse abgelehnt worden ist, dann nämlich, wenn keinerlei verteilbares Vermögen vorhanden ist. In diesem Fall müssen zwar Liquidatoren angemeldet werden, die aber sogleich das Erlöschen der Gesellschaft anmelden können. Findet dagegen eine Liquidation statt, dann besteht die Gesellschaft während ihrer Dauer unter ihrer bisherigen Firma weiter; sie muss aber als Liquidationsgesellschaft bezeichnet werden (§ 68 II GmbHG), was üblicherweise so geschieht, dass der Firma der Zusatz „i. L." beigefügt wird. Ein Liquidator, der ohne **Liquidationszusatz** unterschreibt, haftet auf Schadensersatz (OLG Frankfurt, GmbHR 1998, 789). Was eine GmbH im Liquidationsstadium noch tun kann bzw. tun muss und was ihr verboten ist, bestimmt sich nach dem Zweck dieses Verfahrens, das auf eine Umsetzung des Gesellschaftsvermögens in Geld gerichtet ist, wie § 70 GmbHG die Aufgabe der Liquidatoren umschreibt.

Im Einzelnen bedeutet das: Eine GmbH i. L. darf ihren Gesellschaftszweck in Anpassung an die Liquidationserfordernisse ändern; sie muss weiterhin Bücher führen und Bilanzen aufstellen. Geschäftsanteile können noch abgetreten werden. Dagegen kommt die Einforderung von ausstehenden Einzahlungen auf Geschäftsanteile, die noch nicht voll einbezahlt sind, oder eine Erhöhung des Stammkapitals nur ausnahmsweise in Frage, dann nämlich, wenn die GmbH das Geld zur Durchführung der Liquidation benötigt. Auch eine Sitzverlegung im Liquidationsstadium ist nicht ausgeschlossen (OLG Celle, GmbHR 2021, 715). Möglich, aber selten sinnvoll ist eine Herabsetzung des Stammkapitals.

Die Aufgaben der Liquidatoren sind im Einzelnen in § 71 GmbHG niedergelegt, der in Abs. 4 weitgehend auf die Rechte und Pflichten der Geschäftsführer verweist. Wichtig ist dabei vor allem, dass auf allen Geschäftsbriefen, die an einen bestimmten Empfänger gerichtet werden, die Tatsache der Liquidation (neben den übrigen, auch bei der lebenden Gesellschaft erforderlichen Daten) erwähnt werden muss.

Verbleibt – was leider eher die Ausnahme ist – am Ende der Liquidation Restvermögen, so steht es den Gesellschaftern im Verhältnis ihrer Geschäftsanteile zu. Wenn die Einlagen nicht voll eingezahlt sind, dann spielt dies keine Rolle, wenn der Prozentsatz der Einzahlung bei allen Geschäftsanteilen gleich ist; erfolgte die Einzahlung dagegen in verschiedenem Umfang, dann ist der fehlende Betrag bei der Ermittlung der Liquidationsanteile selbstverständlich in Anrechnung zu bringen.

Zum Schutz der Gesellschaftsgläubiger bestimmt § 73 GmbHG, dass die Verteilung des Restvermögens nicht vor Ablauf eines **Sperrjahres** erfolgen darf, das mit der Bekanntmachung der Auflösung in den Gesellschaftsblättern (s. oben I. 1., S. 171) beginnt. Es empfiehlt sich für die Liquidatoren dringend, diese Verteilungsbestimmungen (und die weiteren, in § 73 GmbHG nachzulesenden Verpflichtungen) genau zu beachten: Handeln sie ihnen nämlich zuwider, so haften sie der Gesellschaft auf Ersatz der verteilten Beträge, müssen also ersetzen, was sie zu Unrecht verteilt haben (§ 73 III GmbHG). Daneben haften sie einem Gläubiger, den sie zu Unrecht nicht berücksichtigt haben, bis zur Höhe der von ihnen verteilten Beträge unmittelbar (BGH, 13.3.2018 – II ZR 158/16, NZG 2018, 625).

Da die GmbH im Liquidationsstadium noch nicht erloschen, also noch nicht „tot“ ist, können die Gesellschafter sie in dieser Phase auch wieder zum Leben erwecken, wenn sie die **Fortsetzung beschließen.** Sie ist zulässig, wenn die Gesellschaft nicht überschuldet ist (BayObLG, Rpfleger 1999, 252) und noch nicht mit der Verteilung des Vermögens unter die Gesellschafter begonnen worden ist (BGH, 8.4.2020 – II ZB 3/19, NZG 2020, 1182). Nach Durchführung des Insolvenzverfahrens ist eine Fortsetzung nur in den in § 60 I Nr. 4 GmbHG genannten Fällen möglich (BGH, 28.4.2015 – II ZB 13/14, Rpfleger 2015, 708); hierbei muss der Insolvenzplan die Fortsetzung vorsehen (OLG Celle, NZG 2019, 543). Sehr umstritten war bisher, ob eine Fortsetzung nach Ablehnung der Insolvenzeröffnung mangels Masse zulässig sei, insbesondere dann, wenn die automatisch aufgelöste Gesellschaft in Wahrheit über Vermögen verfügt, das vom Insolvenzgericht bei seiner Entscheidung nicht berücksichtigt wurde (z.B. aus einem erst danach gewonnenen Prozess um eine hohe Forderung). Der BGH hat jetzt allerdings entschieden, dass eine Fortsetzung nicht zulässig ist (BGH, 25.1.2022 – II ZB 8/21, NZG 2022, 748).

Zweifelhaft ist, welcher Mehrheit ein Fortsetzungsbeschluss bedarf. Richtig dürfte es wohl sein, gewissermaßen in Umkehrung von § 60

I Nr. 2 GmbHG die $^3/_4$-Mehrheit zu verlangen, wenn der Gesellschaftsvertrag nichts anderes vorschreibt; er kann beispielsweise – wie beim Auflösungsbeschluss – Einstimmigkeit vorschreiben.

## III. Das Erlöschen der GmbH

### 1. Das Erlöschen nach Abschluss der Liquidation

Mit der vollständigen Erfüllung der Liquidatorenpflichten ist die Liquidation beendet. Die letzten Liquidatorenpflichten sind die Veranlassung der Aufbewahrung der Bücher und Schriften der Gesellschaft durch einen Gesellschafter oder einen Dritten auf die Dauer von zehn Jahren – wobei die Bestimmung notfalls durch das Gericht erfolgt (§ 74 II GmbHG; zur Auswahl des Verwahrers vgl. OLG Düsseldorf, Rpfleger 2010, 597) – und die **Anmeldung** des Schlusses der Liquidation, der Beendigung der Vertretungsbefugnis der Liquidatoren und des Erlöschens der Firma zum Handelsregister. Man beachte als Liquidator, dass diese Anmeldung noch einmal Geld kostet; es muss also ein entsprechender Betrag für diesen Zweck zurückbehalten werden. Ein Muster für die Anmeldung des Erlöschens findet sich in Nr. 19 des Anhangs, S. 248. Das Gericht überzeugt sich, ob die Voraussetzungen der Löschung vorliegen, insbesondere ob das Sperrjahr eingehalten worden ist. In der Regel wird beim Finanzamt angefragt, ob die Steuerverfahren der Gesellschaft abgeschlossen sind; die Gerichte waren sich aber uneinig, was zu tun ist, sollte dies nicht der Fall sein. Jetzt hat der BGH entschieden: Die Möglichkeit einer Änderung oder Aufhebung einer Steuerfestsetzung begründet keine Zweifel an der Vermögenslosigkeit (BGH, 9.11.2021 – II ZB 1/21, NZG 2022, 268). Wenn alles in Ordnung ist, wird das Erlöschen der Firma auf dem Registerblatt vermerkt. Alle Eintragungen werden (elektronisch!) „gerötet“ (vgl. 2. Kap. VII. 4., S. 78), das ganze Blatt rot durchgestrichen.

## 2. Die Löschung von Amts wegen

Wenn sich die Erwartungen in die Gründung einer GmbH nicht erfüllt haben, hat oft kein Beteiligter irgendein Interesse, in die Abwicklung eines längst vermögenslosen „lebenden Leichnams“ noch Zeit oder Geld zu investieren. Es wird dann kein Auflösungsbeschluss gefasst und deshalb auch keine Liquidation durchgeführt. Gäbe es keine Möglichkeit, eine solche GmbH von Amts wegen zu löschen, so wären die Handelsregister voll von Registerblättern von Gesellschaften, die weder über einen Geschäftsbetrieb noch über Vermögen verfügen, gewissermaßen der klassische Fall von „Karteileichen“ sind. Hier schafft § 394 FamFG Abhilfe. Nach dieser Vorschrift kann die Löschung einer vermögenslosen GmbH erfolgen; Auflösung und Löschung fallen hier immer zusammen, nachdem eine Liquidation mangels verteilbaren Vermögens nie in Frage kommt. Mit der Löschung „gilt“ die Gesellschaft als aufgelöst.

Da die Löschung im öffentlichen Interesse liegt, muss das Registergericht das Löschungsverfahren einleiten, wenn die Voraussetzungen dieser Bestimmung gegeben sind. Das Registergericht muss aber sorgfältig ermitteln, ob die Gesellschaft tatsächlich kein Vermögen mehr hat. Schon das Vorhandensein von Aktivvermögen in geringem Umfang hindert nämlich die Annahme der Vermögenslosigkeit. Erhebliche Steuerschulden oder schlechte Zahlungsmoral allein reichen keinesfalls (OLG Karlsruhe, GmbHR 2014, 1098). Das Verfahren kann dem Text der Bestimmung entnommen werden.

Hat das Registergericht irrig Vermögenslosigkeit angenommen (und deshalb zu Unrecht die Löschung der GmbH im Handelsregister eingetragen), dann muss trotz des Erlöschens eine Liquidation stattfinden. Da die GmbH aber rechtlich bereits „tot“ ist, also weder ihre früheren Geschäftsführer für sie handeln können noch ein Gesellschafterbeschluss über die Bestellung der Liquidatoren ergehen kann, muss das Gericht in einem solchen Fall die Liquidatoren ernennen (§ 66 V GmbHG). Erfolgte die Löschung wegen Vermögenslosigkeit aufgrund eines Verfahrensfehlers, dann muss die Löschung des Löschungsvermerks erfolgen, wenn die Gesellschafter die gelöschte GmbH wieder zum Leben erwecken wollen. Beschließen sie die **Fortsetzung** der Gesellschaft, dann muss das Registergericht auf dem Registerblatt der gelöschten Gesellschaft vermerken, dass diese fortgeführt wird. Allein die irrige Annahme von Vermögenslosigkeit rechtfertigt die Rückgängigmachung der Löschung allerdings nicht (OLG Düsseldorf, Rpfleger 2016, 583).

## 3. Nachtragsliquidation

Dass Tote wieder lebendig werden, kommt bei der GmbH noch in einem weiteren Fall vor, dann nämlich, wenn sich nach dem Ende der Liquidation und der Löschung der Gesellschaft herausstellt, dass doch noch Vermögen der Gesellschaft vorhanden ist. Dieser Fall ist häufiger, als man annehmen mag. Mitunter kommt es vor, dass eine GmbH nach ihrer Löschung noch über – wenn auch meist unbedeutenden und wenig wertvollen – Grundbesitz oder Rechte an Grundstücken verfügt, an die niemand mehr gedacht hat und die meist auf einem bei der Gesellschaft in Vergessenheit geratenen Grundbuchblatt vorgetragen sind, oder dass zugunsten einer gelöschten GmbH Geld hinterlegt worden ist (KG, NZG 2023, 73). In diesen Fällen muss eine Nachtragsliquidation stattfinden, die Gesellschaft also wieder in das Liquidationsstadium eintreten; auch ohne Vermögen kann diese Notwendigkeit bestehen, z.B. weil noch ein Steuerbescheid zuzustellen ist (OLG München, NZG 2008, 555).

Um in dieser Lage wieder handlungsfähig zu werden, braucht die GmbH neue Liquidatoren, deren Bestellung auch hier durch das Registergericht erfolgen muss, wenn es ein Beteiligter beantragt. Von Amts wegen wird ein Nachtragsliquidator in keinem Fall bestellt (OLG Bremen, GmbHR 2016, 709). Unnötig ist die Bestellung, wenn nur noch ein Prozess zu Ende zu bringen ist und dem Anwalt vor der Löschung wirksam Prozessvollmacht erteilt worden ist, da diese auch nach der Löschung weiter gilt (BayObLG, Rpfleger 2004, 707).

Es ist Sache des Antragstellers, eine geeignete Person vorzuschlagen, die zudem noch bereit ist, tätig zu werden: Aus der Staatskasse gibt es nämlich keine Vergütung für einen solchen Liquidator (zu seiner Vergütung durch die Gesellschaft vgl. OLG Düsseldorf, NZG 2019,

1311), und entsprechend kann auch niemand zur Übernahme dieses Amtes gezwungen werden (LG Köln, GmbHR 1990, 268). Es ist also nicht etwa so, dass das Amt der früheren Liquidatoren wieder aufleben würde, wenn sich deren Neubestellung – ihr Einverständnis vorausgesetzt – auch oft anbieten wird.

Es entsprach der bisher herrschenden Auffassung, es genüge, den Nachtragsliqidator mit einer entsprechenden Bestallung zu versehen, wenn es nur um eine einzelne Liquidationsmaßnahme geht. Der BGH hat jetzt aber für den Fall einer irrtümlich als vermögenslos gelöschten GmbH entschieden, dass der Nachtragsliquidator ohne Rücksicht darauf, wie viele Geschäfte von ihm auszuführen sind, samt der schon gelöschten GmbH in das Handelsregister einzutragen ist (BGH, 26.7.2022 – II ZB 20/21, NJW 2022, 3290); dies dürfte auch für die anderen Fälle der Nachtragsliquidation gelten. Nach Ende der Nachtragsliquidation ist dann zu vermerken, dass die Vertretungsmacht dieser Liquidatoren für die GmbH wieder erloschen ist.

# 5. Kapitel

## Hinweise zum Kostenrecht

Die Gebühren der Notare für die Gründung einer GmbH richten sich nach dem „Geschäftswert“. Dieser Umstand und die Vorschriften des GNotKG, wie der Geschäftswert zu berechnen ist, führen teilweise zu mäßigen, teilweise zu beängstigend hohen Kosten. Der Geschäftswert ist entweder ein fester Betrag oder richtet sich nach dem Wert des Gegenstands, der von dem Geschäft betroffen ist. Im Folgenden können dazu nur Hinweise für die wichtigsten Fälle gegeben werden; sie gelten nur für GmbHs mit einem Stammkapital bis 3.000.000 €.

Der Notar hat keinen Ermessensspielraum; wenn sich bei verschiedenen Notaren verschiedene Kostenbeträge ergeben, dann deshalb, weil manche Notare ähnlich wie manche Ärzte Leistungen erbringen und dann auch berechnen, die entbehrlich sind. Zudem gibt es sowohl bei den Gerichts- als auch bei den Notarkosten Streitfragen, die je nach Notar und Gericht unterschiedlich beurteilt werden, da sie höchstrichterlich nicht entschieden sind. Deshalb liegt die Gebühr für das einzelne Geschäft zwar „eigentlich“ mit dem Geschäftswert fest und sollte überall gleich sein. Tatsächlich kann die Gründung einer GmbH mit einem Stammkapital von 25.000 € bei verschiedenen Notaren zu deutlich unterschiedlichen Kosten führen. Es kann sich deshalb empfehlen, vor der Beurkundung eine Kostenauskunft einzuholen.

Je nach der Art des Geschäfts gibt es 0,1 Gebühren, 0,2 Gebühren, 0,5 Gebühren, 1,0 Gebühren und 2,0 Gebühren. Einen Überblick über die Höhe dieser Gebühren gibt die nachfolgende Tabelle; für Geschäftswerte, die zwischen den angegebenen Beträgen liegen, ergeben sich entsprechend dazwischen liegende Kosten. Die allgemeine Mindestgebühr beträgt 15 €, für die 0,5-Gebühr, die 1,0 Gebühr und die 2,0 Gebühr gibt es spezifische Mindestgebühren.

| Geschäftswert | 0,1 Gebühr | 0,2 Gebühr | 0,5 Gebühr | 1,0 Gebühr | 2,0 Gebühr |
|---|---|---|---|---|---|
| 1.000 € | 15,00 € | 15,00 €* | 30,00 € | 60,00 € | 120,00 € |
| 30.000 € | 15,00 € | 25,00 € | 62,50 € | 125,00 € | 250,00 € |
| 60.000 € | 19,20 € | 38,40 € | 96,00 € | 192,00 € | 384,00 € |
| 100.000 € | 27,30 € | 54,60 € | 136,50 € | 273,00 € | 546,00 € |
| 500.000 € | 93,50 € | 125,00 €* | 467,50 €* | 935,00 € | 1.870,00 € |
| 1.000.000 € | 125,00 € | 125,00 €* | 867,50 €* | 1.735,00 € | 3.470,00 € |

* Zu Mindest- und Höchstgebühren in besonderen Fällen vgl. den folgenden Text.

## I. Gründungskosten

Bei der Gründung einer GmbH fallen in jedem Fall die Notarkosten für die Beurkundung des Gesellschaftsvertrags und die Beglaubigung der Anmeldung zum Handelsregister an. Das Gericht erhebt eine Festgebühr für die Eintragung der Gesellschaft in das Handelsregister; Kosten für Bekanntmachungen fallen heute nicht mehr an.

Für die **Beurkundung** des Gesellschaftsvertrags erhält der Notar eine 2,0 Gebühr (Nr. 21100 KV GNotKG), wenn mehrere Gesellschafter beteiligt sind, hingegen eine 1,0 Gebühr (Nr. 21200 KV GNotKG), wenn eine Einpersonen-GmbH gegründet wird. Der Mindestwert beträgt jeweils 30.000 €. Bei einer individuellen Satzung werden die Gebühren auch bei der UG aus einem Geschäftswert von 30.000 € berechnet, sodass die Gründung einer UG mit 1.000 € Stammkapital dann nicht billiger ist als die einer „echten“ GmbH mit 25.000 € Stammkapital. Wird dagegen das Musterprotokoll verwendet, richten sich die Gebühren nach dem tatsächlichen Stammkapital, sodass die Gebühren für die Gründung einer UG mit Musterprotokoll niedriger (allerdings mindestens nach einem Stammkapital von 7.000 € berechnet) sind; für eine Mehrpersonengesellschaft kann es aber aus sachlichen Gründen nicht ernsthaft empfohlen werden (s. oben 2. Kap. IV., S. 58).

Während beim Musterprotokoll die Geschäftsführer automatisch im Gesellschaftsvertrag bestellt werden, sehen viele Notare bei der „klassischen" GmbH formularmäßig vor, dass die Geschäftsführer nicht im Gesellschaftsvertrag, sondern durch Beschluss der Gesellschafter, der regelmäßig in der gleichen Urkunde gefasst wird, bestellt werden. Da hierfür zusätzlich eine 2,0 Gebühr Nr. 21100 aus 30.000 € anfällt, verdreifacht dieses Vorgehen bei der „typischen" Einpersonen-GmbH mit 25.000 € Stammkapital die Kosten (von 125 € auf 375 €); bei der Mehrpersonen-GmbH erhöht es die Kosten um mehr als die Hälfte (von 250 € auf 384 €). Außerdem erhöht dieses Vorgehen auch noch die Vollzugsgebühr (von 62,50 € auf 91,00 €) und die Gebühr für die Erstellung der XML-Daten (von 15,00 € auf 19,20 €).

**Hinweis**

**Der Anfall dieser Gebühr ist in aller Regel unnötig. Die Beteiligten sollten deshalb verlangen, dass die Geschäftsführer im Gesellschaftsvertrag bestellt werden. Die Beurkundung eines Beschlusses durch den Notar ohne Hinweis auf die Kostenfolge ist falsche Sachbehandlung, was allerdings bestritten ist.**

Für die Anfertigung der Liste der Gesellschafter fällt – wenn der Geschäftsführer diese Liste nicht selbst erstellt – eine weitere Gebühr an, und zwar nach Auffassung des BGH (4.6.2019 – II ZB 16/18, NZG 2019, 995) eine 0,5 Gebühr Nr. 22110, 22111 KV GNotKG. Ist diese Gebühr nicht bereits für die Erstellung der Gesellschafterliste angefallen, wird sie von manchen Notaren für die Einholung einer Stellungnahme der Industrie- und Handelskammer berechnet; auch diese Gebühr ist allerdings vermeidbar, wenn sich die Gründer unmittelbar an die IHK wenden oder den Notar ausdrücklich anweisen, die Anfrage bei der IHK zu unterlassen.

Kann ein Gründer an der Gründungsversammlung nicht teilnehmen und genehmigt die Gründung anschließend beim gleichen oder einem anderen Notar, fällt ebenfalls die 0,5 Gebühr Nr. 22110 KV GNotKG an, wenn der Notar entweder mit der Einholung dieser Erklärung oder deren Entwurf beauftragt war. Diese Gebühr wird vermieden, wenn der Abwesende die Erklärung selbst anfertigt und – falls bei einem anderen Notar unterzeichnet – unaufgefordert dem Gründungsnotar übersendet. In jedem Fall und bei jedem Notar fällt für die Beglaubigung der Erklärung eine 0,2 Gebühr Nr. 25100 KV GNotKG an, die – abweichend von obiger Tabelle – mindestens 20,00 € und höchstens 70,00 € beträgt.

Die Gebühr Nr. 22110 KV GNotKG fällt nur einmal und in stets gleicher Höhe an, ob nun eine, zwei oder drei Vollzugstätigkeiten zu vergüten sind. Nur bei hohem Stammkapital ist von Bedeutung, dass die Gebühr für die Erstellung jeder Liste maximal 250,00 € beträgt, während die Gebühr für die anderen Vollzugstätigkeiten nach oben unbeschränkt ist.

Für die Beglaubigung der **Handelsregisteranmeldung** erhält der Notar eine 0,5 Gebühr Nr. 21201 KV GNotKG, wenn er die Anmeldung für die Beteiligten entworfen hat, dagegen nur eine 0,2 Gebühr Nr. 25100 KV GNotKG, wenn sich seine Tätigkeit auf die Beglaubigung der Unterschrift beschränkt, also die Beteiligten den Text der Anmeldung selbst formulieren. Eine weitere Nebengebühr fällt für die Aufbereitung der Daten für das Handelsregister (sog. XML-Daten) auch ohne besonderen Auftrag dann an, wenn die Beteiligten dieser Tätigkeit nicht ausdrücklich widersprechen. Ein solcher Widerspruch kann allerdings die Erledigung beim Registergericht deutlich verzögern, so dass er normalerweise nicht zu empfehlen ist. Je nachdem, ob der Notar bereits die genannte 0,5 Gebühr Nr. 22110 KV GNotKG berechnet hat, handelt es sich um eine 0,1 oder um eine 0,2 Gebühr (Nr. 22114, 22115 KV). Die zuletzt genannten Vollzugsgebühren sind dann höher, wenn nicht der mit der Beurkundung beauftragte Notar den Vollzug betreibt.

Das Gericht erhält für die Neueintragung einer GmbH eine vom Stammkapital unabhängige Gebühr von 200 € (zusammengesetzt aus einer Gebühr von 150 € und einer Zusatzgebühr von 50 €) nach der Handelsregistergebührenverordnung.

Insgesamt kann man für die Gründung einer GmbH mit einem Stammkapital von 25.000 € und mehreren Gesellschaftern mit folgenden Notar- und Gerichtskosten rechnen, wenn man unterstellt, dass die Registeranmeldung und die Liste der Gesellschafter vom Notar gefertigt wurden und der Erstellung der XML-Daten nicht widersprochen wurde (die Nummern sind solche des KV GNotKG):

| | |
|---|---|
| Beurkundungsgebühr Nr. 21100 | 250 € |
| Gebühr für die Handelsregisteranmeldung Nr. 21201 | 62,50 € |
| Liste der Gesellschafter, Nr. 22113 | 62,50 € |
| Erstellung der XML-Daten, Nr. 22115 | 15,00 € |
| Dokumentenpauschale und Auslagen, Nr. 32001, 32004 etwa | 30 € |
| 19% Mehrwertsteuer auf vorstehende Notargebühren etwa | 79,80 € |
| Gerichtsgebühr für die Eintragung | 200 € |
| | 700 € |

Bei einer mit einem Stammkapital von nicht mehr als 7.000 € unter Verwendung des Musterprotokolls gegründeten Einpersonen-UG sieht die Rechnung so aus:

| | |
|---|---|
| Beurkundungsgebühr, Nr. 21200 | 60 € |
| Gebühr für die Handelsregisteranmeldung Nr. 21201 | 30 € |
| Erstellung der XML-Daten, Nr. 22114 | 15 € |
| Dokumentenpauschale und Auslagen, Nr. 32001, 32004 etwa | 10 € |
| 19% Mehrwertsteuer auf vorstehende Notargebühren etwa | 14 € |
| Gerichtsgebühr für die Eintragung, § 79 | 200 € |
| | 329 € |

Die Beratung durch den Notar und der Entwurf des Gesellschaftsvertrags sind in diesen Gebühren inbegriffen, wenn es zu einer Beurkundung kommt. Wird dagegen ein Rechtsanwalt mit dem Entwurf des Gesellschaftsvertrags betraut, dann entsteht für diesen eine Gebühr nach Nr. 2100 RVG. Auch diese Gebühr hängt vom Gegenstandswert, also bei einer neu zu gründenden GmbH vom Stammkapital ab. Wird daneben noch ein Wirtschaftsprüfer oder Steuerberater zugezogen, so fällt hierfür eine weitere Gebühr nach der Steuerberatergebührenordnung an.

Die anfallenden Kosten können sich gewaltig erhöhen, wenn keine Bareinlagen geleistet werden, sondern bei einer Sachgründung beispielsweise ein Handelsgeschäft in die GmbH eingebracht wird. Maßgeblich ist dann nämlich nicht der Annahmewert, also die Differenz zwischen den Aktiva und den Passiva dieses Handelsgeschäfts, sondern vielmehr die Summe der Aktiva.

## II. Spätere Änderungen

Wird ein Gesellschaftsvertrag vor Eintragung der GmbH in das Handelsregister geändert, so ist eine Nachtragsbeurkundung erforderlich, deren Kosten vom Umfang der Änderungen abhängen. Änderungen nach Eintragung der GmbH erfolgen durch Gesellschafterbeschluss, für den eine 2,0 Gebühr anfällt (Nr. 21100 KV GNotKG)); Geschäftswert ist bei einer Erhöhung des Stammkapitals der Erhöhungsbetrag, bei anderen Satzungsänderungen (z.B. Sitzverlegung, Änderung des Gegenstands des Unternehmens) 30.000 €; billiger ist es, wenn das Musterprotokoll verwendet wurde und auch bei den Änderungen nicht von den Bestimmungen des Musterprotokolls abgewichen wird. Beim Gericht fällt eine Festgebühr von 70 € für die erste und von je 40 € für jede weitere Änderung an.

Zu beachten ist insbesondere die kostenrechtliche Behandlung einer Kapitalerhöhung. Sie erfordert einen Gesellschafterbeschluss *und* die Übernahme der neu geschaffenen Geschäftsanteile durch einen Gesellschafter, die, wenn die Übernahmeerklärung vom Notar entworfen wird, eine weitere 1,0 Gebühr auslöst. Das hat die paradoxe Folge, dass die Erhöhung des Stammkapitals einer GmbH von 25.000 € auf 50.000 € höhere Notargebühren auslöst als die Neugründung einer GmbH mit einem Stammkapital von 25.000 €. Kosten fallen hier weiterhin für die erforderlichen Listen der Übernehmer und der Gesellschafter nach Durchführung der Kapitalerhöhung an, wenn die Geschäftsführer diese nicht selbst anfertigen. Die Anpassung an den Euro löst nur ermäßigte Gebühren aus; auch die Anmeldung einer Änderung der inländischen Geschäftsanschrift ist sowohl beim Notar als auch beim Registergericht gebührenbegünstigt (OLG München, Rpfleger 2017, 51).

## III. Beendigung der GmbH

Die Anmeldung der Auflösung, der Liquidatoren und des Erlöschens der Vertretungsbefugnis der Liquidatoren ist eine einheitliche Anmeldung; es wird daher eine 0,5 Gebühr Nr. 21201 KV GNotKG erhoben (BGH, 18.10.2016 – II ZB 18/15, NZG 2017, 28). Hinzu kommen wieder die Gebühren für die Erstellung der XML-Daten. Auch für die Anmeldung, dass die Liquidation beendet und die Firma erloschen ist, wird eine 0,5 Gebühr Nr. 21201 KV GNotKG erhoben. Der Geschäftswert ist in beiden Fällen 30.000 €. Die Gerichtskosten der Eintragung der Auflösung sind nach wie vor umstritten; die Gebühren schwanken (für eine GmbH mit einem Geschäftsführer und einem Liquidator) je nach Registergericht zwischen 70 € und 190 € und sind bei manchen Registergerichten dann höher, wenn mehr als ein Geschäftsführer und/oder Liquidator vorhanden sind. Die Eintragung der Löschung ist gebührenfrei.

## IV. Geschäftsanteilsabtretung

Für die notarielle Beurkundung der Abtretung eines Geschäftsanteils wird eine 2,0 Gebühr Nr. 21100 KV GNotKG erhoben, die sich nach dem Wert des Geschäftsanteils oder nach der dafür erbrachten Gegenleistung richtet, je nachdem, welcher Wert der höhere ist. Dieser Wert des Geschäftsanteils bestimmt sich nach der Beteiligung des übertragenden Gesellschafters am Reinvermögen der Gesellschaft. Nach richtiger Auffassung ist bei teilweise eingezahlten Geschäftsanteilen der auf die Volleinzahlung fehlende Rest nicht hinzuzurechnen. Neben dieser Gebühr kann eine Gebühr für die in das Handelsregister aufzunehmende Gesellschafterliste anfallen, wenn diese nicht von der Gesellschaft selbst gefertigt wird. Muss der Notar vor seiner Unterschrift unter die geänderte Gesellschafterliste den Eintritt einer Tatsache prüfen (insbesondere: Bewirkung der Gegenleistung für die Anteilsübertragung), erhält er dafür eine zusätzliche

0,5 Betreuungsgebühr (Nr. 22200 KV-GNotKG); sparsame Beteiligte werden die Anteilsübertragung also nicht von solchen Tatsachen abhängig machen.

# 6. Kapitel

## Hinweise zum Steuerrecht

Wer Gesellschafter oder Geschäftsführer einer GmbH werden will, muss sich auch mit ihrer steuerlichen Seite befassen. Regelmäßig wird eine GmbH ohnehin einen Steuerberater hinzuziehen. In diesem Abschnitt können nur erste Hinweise gegeben werden.

## I. Körperschaftsteuer

Bei Behandlung der GmbH & Co. KG (s. oben 2. Kap. XI. 3., S. 95) wurde bereits erwähnt, dass die GmbH der Körperschaftsteuer unterliegt (§ 1 I Nr. 1 KStG). Die Körperschaftsteuer ist gewissermaßen die Einkommensteuer für juristische Personen. Steuerpflichtig ist der nach den Vorschriften des Einkommensteuergesetzes zu ermittelnde Gewinn, und zwar ganz gleich, ob er ausgeschüttet wird oder nicht. Gemeinnützige GmbHs sind allerdings von der Körperschaftsteuer befreit (§ 5 I Nr. 9 KStG). Während früher die von der GmbH gezahlte Körperschaftsteuer auf die Einkommensteuer angerechnet wurde, die die Gesellschafter für die an sie ausgeschütteten Gewinne bezahlen mussten, gilt für die Tätigkeit seit 1.1.2009 das Teileinkünfteverfahren. Der wesentliche Unterschied zwischen Anrechnungsverfahren und Teileinkünfteverfahren liegt darin, dass beim Anrechnungsverfahren die von der Gesellschaft erwirtschafteten Gewinne zunächst nur vorbesteuert wurden und bei Ausschüttung der Besteuerung mit dem persönlichen Einkommensteuersatz unterlagen, während es beim Teileinkünfteverfahren zu einer doppelten, allerdings gemilderten Besteuerung der Gewinne sowohl bei der Gesellschaft als auch bei ihren Gesellschaftern kommt, und zwar so: Auf ausgeschüttete ebenso wie auf nicht ausgeschüttete Gewinne muss die GmbH Körperschaftsteuer mit einem Steuersatz von 15% bezahlen. Vom ausgeschütteten Gewinn unterliegen dann bei dem Gesellschafter, der ihn vereinnahmt, 60% noch einmal der Einkommensteuer nach seinem persönlichen Steuersatz; entsprechend kann er auch 60% der hierfür angefallenen Werbungskosten absetzen. Diese Einkommensteuer kann auch als Kapitalertragsteuer erhoben werden (Wahlrecht des Steuerpflichtigen); der Steuersatz beträgt 25% (zuzüglich Solidaritätszuschlag). Kapitalertragsteuer mit einem Steuersatz von 25% (zuzüglich Solidaritätszuschlag) wird auch auf die Zinsen erhoben, die für partiarische Gesellschafterdarlehen gezahlt werden. Seit 2001 kommt es nicht mehr darauf an, ob eine Ausschüttung aus dem „verwendbaren", d.h. über das Stammkapital der GmbH hinausgehenden Eigenkapital erfolgt.

Wenn eine GmbH aus ihrem Vermögen Vorteile gewährt, ohne dass eine förmliche Gewinnausschüttung vorliegt, spricht man von einer **„verdeckten Gewinnausschüttung".** Sie führt steuerlich dazu, dass die dadurch bewirkte Vermögensminderung bei der GmbH nicht als den Gewinn mindernd anerkannt wird. In der Regel handelt es sich um die Gewährung von Vorteilen an Gesellschafter, aber auch Zuwendungen an diesen nahestehende Personen kommen in Frage (BFH, NJW 1997, 2198); entscheidend ist, dass die Zuwendung durch das Gesellschaftsverhältnis veranlasst ist und einem Fremden nicht gemacht worden wäre. **Überstundenvergütungen** sind – selbst dann, wenn die Überstunden mit einer Stechuhr erfasst werden – stets eine verdeckte Gewinnausschüttung, weil sie mit dem Leitbild eines GmbH-Geschäftsführers nicht vereinbar sind (BFH, NJW 2002, 86); Zuschläge für Sonntags-, Feiertags- und Nachtarbeit müssen es nicht immer sein (BFH, GmbHR 2004, 1397); auch Abgeltungen für nicht in Anspruch genommenen Urlaub, wenn betriebliche Gründe der Urlaubsinanspruchnahme entgegenstehen, sind in der Wirtschaft üblich und deshalb keine verdeckte Gewinnausschüttung (BFH, GmbHR 2004, 671). **Pensionszusagen,** die man einem Außenstehenden nicht machen würde, sind bedenklich, beispielsweise eine Pensionszusage für einen 64-jährigen Geschäftsführer (BFH, NJW 1995, 3007), eine Pensionszusage, die für die Gesellschaft nicht finanzierbar ist (BFH, ZIP 2003, 348), während eine Pensionszusage, in die auch der nichteheliche Partner einbezogen wird, grundsätzlich anerkannt wird (BFH, GmbHR 2001, 398). **Tantiemen** dürfen so zugesagt werden, dass sie voraussichtlich nicht mehr als 25% der Gesamtvergütung des Geschäftsführers ausmachen (BMF-Schreiben, GmbHR 2002, 291); es ist aber unschädlich, wenn sich der Gewinn überraschend günstig entwickelt und sich deshalb ein unerwartet hoher Tantiemenanspruch ergibt (BFH, GmbHR 2004, 1536). Verdeckte Gewinnausschüttung kann es aber beispielsweise sein, wenn die Geschäftsführergehälter in einem guten Jahr schlagartig verdoppelt werden, unregelmäßig gezahlt werden (BFH, GmbHR 1997, 414) oder von Jahr zu Jahr schwanken („Gewinnabsaugung"), wenn einem Geschäftsführer überhöhte Reise- oder Übernachtungskosten bezahlt werden (BFH, NJW 1999, 1656) oder die GmbH die Trauerfeier für Gesellschafter oder den Empfang ihres Gesellschafters zum 65. Geburtstag bezahlt, auch wenn daran überwiegend Geschäftsfreunde und/oder Mitarbeiter teilnehmen (BFH, GmbHR 2004, 1350), die Golfclub-Beiträge ihrer Geschäftsführer übernimmt, auch wenn sie auf dem Golfplatz auf Kundenfang gehen (FG Hamburg, GmbHR 2002, 796), ein erst zum 1.9. bestellter Geschäftsführer zwei Monatsgehälter als Weihnachtsgeld bekommt (FG Saarbrücken, GmbHR 1994, 336), wenn ein Gesellschaftsverrechnungskonto nicht oder unangemessen niedrig verzinst wird (FG Kiel, EFG 2021, 223) oder die Gesellschaft einem Verein, in dem ein Mehrheitsgesellschafter Mitglied ist, unüblich hohe Beträge als Spende zuwendet (FG Schleswig, GmbHR 2000, 247). Schließlich kann auch die Überlassung von Wissen verdeckte Gewinnausschüttung sein (BFH, GmbHR 1996, 942). Unbedenklich sind dagegen Geschäfte mit an der Börse gehandelten Wertpapieren mit Gesellschaftern zum Börsenkurs, auch wenn der Wertpapierhandel nicht Unternehmensgegenstand ist (BFH, NJW 2005, 1456).

Besondere Vorsicht ist bei mündlichen Vereinbarungen geboten: wenn der Geschäftsführervertrag für alle Vereinbarungen die Schriftform vorsieht, kann dieser Schriftformzwang nach Meinung der BFH (GmbHR 1997, 414) nicht durch eine mündliche Vereinbarung aufgehoben werden; eine mündlich vereinbarte Gehaltserhöhung ist dann unwirksam. Ein Steuerberater, der diese Rechtsprechung übersieht, macht sich seinen Klienten gegenüber haftbar (BGH, NJW 1998, 1486).

Wenn eine verdeckte Gewinnausschüttung angenommen wird, muss die Gesellschaft hierauf die Körperschaftsteuer entrichten, der Gesellschafter, der eine Zuwendung erhält, muss sie versteuern. Wird eine verdeckte Gewinnausschüttung vom Finanzamt später entdeckt, müssen also beide Steuerbescheide geändert werden (§ 32a KStG).

Das Gegenstück zur verdeckten Gewinnausschüttung ist die „verdeckte Einlage“: Als solche ist z.B. der Verzicht eines Gesellschafter-Geschäftsführers auf sein vereinbartes Weihnachtsgeld anzusehen, wenn ein fremder Dritter in der gleichen Situation nicht verzichtet hätte, oder die Übernahme einer Bürgschaft für Schulden der GmbH und deren Ablösung durch Übernahme der Hauptschuld (BFH, NJW-RR 2005, 1393).

Verluste der GmbH wirken sich nur bei dieser aus, können also – im Gegensatz zu der Rechtslage bei Personenhandelsgesellschaften – nicht mit anderen Einkünften der Gesellschafter verrechnet werden. Hingegen kann bei der GmbH selbst ein Verlustvor- und -rücktrag erfolgen (§ 8 I KStG).

Zu den Betriebsausgaben, die den Gewinn der GmbH mindern, gehören auch die Geschäftsführergehälter, die die Gesellschaft bezahlt. Allerdings muss sie der Geschäftsführer der Einkommensteuer unterwerfen; hieraus kann sich – wenn der Geschäftsführer zugleich Gesellschafter ist – wegen des Teileinkünfteverfahrens im Ergebnis sowohl ein steuerlicher Vorteil als auch ein Nachteil ergeben, je nach der Höhe seines zu versteuernden Einkommens. Jedoch kommen die Geschäftsführergehälter in den Genuss von Arbeitnehmervergünstigungen, und es können gegebenenfalls Pensionsrückstellungen für Gesellschafter-Geschäftsführer gebildet werden.

Früher, als ausgeschüttete Gewinne niedriger besteuert wurden als nicht ausgeschüttete, war es zweckmäßig, solche Gewinnanteile, die wieder investiert werden sollten, nicht in Gewinnrücklagen einzustellen, sondern auszuschütten und im Wege der Kapitalerhöhung der GmbH wieder zuzuführen. Dieses steuerlich anerkannte **„Schütt-aus-hol-zurück-Verfahren"** hat durch die neuen Besteuerungsverfahren in vielen Fällen an Attraktivität verloren. Zu berücksichtigen ist auch, dass dabei die Regeln für eine Kapitalerhöhung aus Gesellschaftsmitteln (vgl. 3. Kap. IV. 4. c, S. 152) oder die *Sacheinlage*vorschriften beachtet werden müssen (BGH, NJW 1997, 2516).

## II. Grunderwerbsteuer

Wird ein Grundstück von einem Gesellschafter in die GmbH eingebracht, dann unterliegt dieser Vorgang der Grunderwerbsteuer aus dem vollen Wert des eingebrachten Grundbesitzes, weil die GmbH als juristische Person ein neuer Rechtsträger ist. Auf den Anteil des Einbringenden am Vermögen der GmbH kommt es deshalb für die Steuerberechnung nicht an. Unter den Voraussetzungen des § 1 III GrEStG kann auch eine Geschäftsanteilsabtretung Grunderwerbsteuer auslösen (vgl. dazu BFH, GmbHR 2022, 1270). Der Notar muss deshalb bei jeder Geschäftsanteilsabtretung die Beteiligten fragen, ob die Gesellschaft Grundbesitz hat (vgl. Muster 7 des Anhangs, S. 223). Der Steuersatz wird vom jeweiligen Bundesland festgelegt und beträgt zwischen 3,5% (Bayern, Sachsen) und 6,5% (Brandenburg, Nordrhein-Westfalen, Saarland, Schleswig-Holstein, Thüringen).

## III. Gewerbesteuer

Die GmbH unterliegt ferner der Gewerbesteuer, die an die Gemeinde fließt, in der sich die Betriebsstätte befindet. Sie kann seit 2008 nicht mehr als Betriebsausgabe abgezogen werden. Die Höhe der Gewerbesteuer ist abhängig von den örtlichen Hebesätzen und dem

Gewerbeertrag (Gewinn), dem aber Zinszahlungen und Miet- und Pachtzahlungen hinzugerechnet werden. Die Gewerbekapitalsteuer ist seit 1.1.1998 abgeschafft. GmbHs, die nach Satzung und Geschäftstätigkeit unmittelbar gemeinnützige, mildtätige oder kirchliche Zwecke verfolgen, sind nach § 3 Nr. 6 GewStG von der Gewerbesteuer befreit. Einsparungen bei der Gewerbesteuer sind durch Geschäftsführergehälter und andere Leistungen an die Gesellschafter möglich, vorausgesetzt, dass sie vom Finanzamt als Betriebsausgaben der GmbH anerkannt werden.

## IV. Vermögensteuer

Die Vermögensteuer wird seit 1.1.1997 nicht mehr erhoben.

## V. Umsatzsteuer

Wie jeder Gewerbetreibende muss die GmbH ihre Lieferungen und Leistungen schließlich auch noch der Umsatzsteuer unterwerfen. Die Geschäftsführer haben gegenüber dem Finanzamt Umsatzsteuervoranmeldungen abzugeben und die entsprechenden Vorauszahlungen zu leisten, wobei – je nach Geschäftsumfang – monatliche, vierteljährliche oder jährliche Erklärungen vorgeschrieben sind. Dabei ist ohne Beifügung von Buchführungsunterlagen anzugeben, welchen Umsatz die GmbH im Abrechnungszeitraum gehabt und welche Umsatzsteuerbeträge sie vereinnahmt hat. Diesen sind die von der GmbH im gleichen Zeitraum gezahlten Vorsteuern gegenüberzustellen. Der Differenzbetrag zwischen der berechneten Umsatzsteuer und der entrichteten Vorsteuer ist abzuführen. Für den Fall, dass die Vorsteuer die Umsatzsteuer übersteigt – was zu Beginn der Geschäftstätigkeit regelmäßig der Fall ist – erfolgt die Rückerstattung des Differenzbetrags durch das Finanzamt. Einzelheiten sind dem Umsatzsteuergesetz und der Umsatzsteuer-Durchführungsverordnung zu entnehmen.

## VI. Schenkungsteuer

Zieht eine GmbH den Geschäftsanteil eines Gesellschafters in der Weise ein, dass die Gegenleistung geringer ist als der Steuerwert des Anteils, sind die übrigen Gesellschafter durch die Wertsteigerung ihrer Geschäftsanteile bereichert. Diese Bereicherung unterliegt der Schenkungsteuer nach § 7 ErbStG und zwar unabhängig davon, ob es sich um eine Einziehung mit Zustimmung des ausscheidenden Gesellschafters oder um eine Zwangseinziehung gehandelt hat (BFH, GmbHR 2022, 875). Dagegen liegt keine (gemischte) Schenkung vor, wenn eine GmbH einer einem Gesellschafter oder Geschäftsführer nahestehenden Person überhöhte Vergütungen zahlt; hier ist nur das Verhältnis zwischen der GmbH und ihrem Gesellschafter oder Geschäftsführer betroffen (BFH, NZG 2018, 360; anders noch BFH, NZG 2008, 357).

## VII. Die GmbH & Co. KG

Wie im 2. Kap. XI. 3. (S. 96) näher ausgeführt, ist die GmbH & Co. KG Personengesellschaft und nicht Kapitalgesellschaft. Für sie gelten die Ausführungen zur Körperschaftsteuer deswegen nicht. Der einheitlich und gesondert festgestellte Gewinn ist vielmehr auf die einzelnen Gesellschafter zu verteilen und dort als Einkommen aus Gewerbebetrieb zu versteuern.

## VIII. Steuerliche Anzeigepflichten

Gründung, Kapitalerhöhung und Übertragung von Geschäftsanteilen unterliegen keiner Verkehrssteuer (mehr). Sie sind aber auf Grund des § 54 EStDV vom Notar der Finanzbehörde anzuzeigen.

# 7. Kapitel

## Hinweise zum Sozialversicherungsrecht

In der Praxis ist von erheblicher Relevanz, ob der Geschäftsführer einer GmbH in der Unfall-, Renten-, Arbeitslosen- und Krankenversicherung versicherungspflichtig ist. Dies ist auch steuerrechtlich von Bedeutung, da die Arbeitgeberanteile nur bei versicherungspflichtiger Tätigkeit einkommensteuerfrei sind (§ 3 Nr. 62 EStG). Der sozialversicherungsrechtliche Begriff der versicherungspflichtigen Tätigkeit hat nichts mit der Eigenschaft als Arbeitnehmer im Sinne des Arbeitsrechts zu tun; vgl. hierzu 3. Kap. I. 1., S. 103).

Ein Fremdgeschäftsführer, der nicht Gesellschafter ist, unterliegt stets der Versicherungspflicht in der gesetzlichen Sozialversicherung (BSG, NJW 2018, 2662). Es spielt keine Rolle, ob seine Ehefrau alle Geschäftsanteile treuhänderisch für ihn hält, ob er im Anstellungsvertrag als weisungsfrei bezeichnet ist und ob er durch die Treuhänderin unwiderruflich zur Ausübung des Stimmrechts in der Gesellschafterversammlung ermächtigt worden ist (BSG, GmbHR 2020, 894).

Ist der Geschäftsführer gleichzeitig Gesellschafter, so kommt es darauf an, ob er im Wesentlichen **weisungsfrei** handeln kann. Nur wenn dies nicht der Fall ist, besteht Sozialversicherungspflicht. Entscheidend für die Beantwortung dieser Frage sind Umfang der Beteiligung des Gesellschafters und die durch den Gesellschaftsvertrag geregelte Willensbildung in der Gesellschaft.

Ob Sozialversicherungspflicht besteht, richtet sich in erster Linie danach, ob der Geschäftsführer nach der ihm zukommenden, sich aus dem Gesellschaftsvertrag ergebenden Rechtsmacht ihm nicht genehme Weisungen verhindern oder Beschlüsse beeinflussen kann, die sein Anstellungsverhältnis betreffen (BSG, DStR 2021, 2477, 2478). Entscheidend bei der Abgrenzung von abhängiger Beschäftigung und selbständiger Tätigkeit sind der Umfang der Kapitalbeteiligung und das Ausmaß des sich daraus für ihn ergebenden Einflusses auf die Gesellschaft. Ein Gesellschafter-Geschäftsführer ist nicht per se kraft seiner Kapitalbeteiligung selbständig tätig, sondern muss über seine Gesellschafterstellung hinaus die Rechtsmacht besitzen, durch Einflussnahme auf die Gesellschafterversammlung die Geschicke der Gesellschaft bestimmen zu können.

Der Gesellschafter-Geschäftsführer einer Einpersonen-GmbH ist in keinem Fall abhängig beschäftigt. Eine solche Rechtsmacht ist aber auch bei einem Gesellschafter gegeben, der mindestens (genau) 50% der Anteile am Stammkapital hält, da er dann jeden Gesellschafterbeschluss verhindern kann (BSG, GmbHR 1991, 17). Ein Geschäftsführer, der nicht über diese Kapitalbeteiligung verfügt, ist dagegen grundsätzlich abhängig beschäftigt (BSG, NJW 2018, 2662). Er ist ausnahmsweise nur dann als Selbständiger anzusehen, wenn er trotz einer geringeren Kapitalbeteiligung die Beschlussfassung der GmbH entscheidend beeinflussen kann, weil ihm nach dem Gesellschaftsvertrag eine umfassende („echte“ oder „qualifizierte“), die gesamte Unternehmenstätigkeit erfassende **Sperrminorität** eingeräumt ist. Denn der selbständig tätige Gesellschafter-Geschäftsführer muss eine Einflussmöglichkeit auf den Inhalt von Gesellschafterbeschlüssen haben und zumindest alle ihm nicht genehmen Weisungen der Gesellschafterversammlung verhindern können. Auch für den Gesellschafter einer Rechtsanwalts-GmbH gelten keine anderen Grundsätze (BSG, NJW 2022, 3596) und auch nicht für einen Liquidator (LSG Schleswig, GmbHR 2022, 363).

Die Rechtsprechung ist hier in den letzten Jahren deutlich strenger geworden. Bei einer Beteiligung, die keinen maßgeblichen Einfluss auf die Geschicke der Gesellschaft erlaubt, war früher entscheidend, ob der Geschäftsführer nach seinem Anstellungsvertrag im Wesentlichen weisungsfrei tätig werden kann (so noch BSG, GmbHR 1991, 461). Eine rechtlich bestehende Abhängigkeit konnte durch die tatsächlichen Verhältnisse so „überlagert" sein, dass keine Versicherungspflicht als abhängig Beschäftigter bestand, vor allem dann, wenn der Geschäftsführer trotz rechtlich bestehender Abhängigkeit die Geschäfte nach eigenem Gutdünken als „Kopf und Seele" des Unternehmens wie ein eigenes führte, Das galt insbesondere bei Familienunternehmen (BSG, GmbHR 2000, 618; sog. „Kopf-und-Seele"-Rechtsprechung). Diese Argumentation ist vollständig aufgegeben (so ausdrücklich BSG, GmbHR 2020, 147); die Sozialgerichte stellen heute ausschließlich auf den Gesellschaftsvertrag ab; auf die tatsächliche Handhabung kommt es nicht an, insbesondere auch nicht auf außerhalb des Gesellschaftsvertrags getroffene Vereinbarungen (z.B. sog. „Poolvereinbarungen" über das Stimmrecht, LSG Stuttgart, 11.10.2022 – L 11 BA 4134/20) oder eine mittelbare Einflussmöglichkeit, z.B. als Gesellschafter einer anderen GmbH, die ihrerseits Alleingesellschafterin der GmbH ist, bei der der Geschäftsführer angestellt ist (BSG, DStR 2021, 2477). Auch werden Beteiligungen von Ehegatten keineswegs zusammengerechnet, auch dann nicht, wenn ihre wirtschaftlichen Interessen gleichgerichtet sind. Hat ein Geschäftsführer weder die Mehrheit der Geschäftsanteile noch eine Sperrminorität, ist er stets abhängig beschäftigt (BSG, GmbHR 2004, 490). Trotz Mehrheitsbeteiligung kann eine abhängige Beschäftigung vorliegen, wenn der Geschäftsführer wegen der Bindungen durch ein Treuhandverhältnis Beschlüsse der Gesellschaft nicht verhindern kann (BSG, GmbHR 1997, 697). Noch komplizierter ist es bei der GmbH & Co. KG: Ist hier der Geschäftsführer an der GmbH, nicht aber an der KG beteiligt, dann kann wieder abhängige Beschäftigung vorliegen.

Ist ein Geschäftsführer nach den Grundsätzen dieser Rechtsprechung nicht abhängig beschäftigt, kann er gleichwohl als Selbständiger nach § 2 S. 1 Nr. 9 SGB VI sozialversicherungspflichtig sein, dann nämlich, wenn er selbst (nicht die Gesellschaft!) keinen versicherungspflichtigen Arbeitnehmer beschäftigt und er im Wesentlichen nur für die GmbH tätig ist. Liegt diese Voraussetzung nicht vor, kann er – wenn die Voraussetzungen im Übrigen gegeben sind – Antrag auf Eintritt in die Pflichtversicherung stellen oder sich freiwillig versichern.

Trotz der umfangreichen Rechtsprechung wird es immer zweifelhafte Fälle geben. Wegen des drohenden Risikos, nach jahrelanger Beitragszahlung plötzlich ohne Renten- und Arbeitslosengeldanspruch dazustehen, empfiehlt es sich bei dem geringsten Zweifel, zur Statusklärung eine verbindliche Auskunft des Versicherungsträgers einzuholen, zu deren Erteilung dieser verpflichtet ist. Ein schwacher Trost für den Geschäftsführer: Wird irrtümlich Sozialversicherungspflicht angenommen und zahlt die Rentenkasse die Beiträge später zurück, ist davon auszugehen, dass diese Beträge dem Geschäftsführer (nicht der Gesellschaft) zustehen (OLG Düsseldorf, GmbHR 2008, 1033).

# 8. Kapitel

# Hinweise für die neuen Bundesländer

Bereits durch den Staatsvertrag vom 18.5.1990 hatte die DDR das westdeutsche GmbH-Recht praktisch vollständig übernommen. Durch das Einigungsvertragsgesetz sind alle für die Gründung und Führung einer GmbH relevanten Vorschriften auf die neuen Bundesländer erstreckt worden. Trotzdem sind einige Besonderheiten zu beachten.

## I. Stammkapital

In der früheren DDR konnten bis zum 2.10.1990 GmbHs mit einem Stammkapital von nur 20.000 DM gegründet werden. Der Termin für die Erhöhung des Stammkapitals auf 50.000 DM war für bis zum 30.6.1990 angemeldete GmbHs der 1.7.1995, für zwischen dem 1.7. und dem 2.10.1990 angemeldete GmbHs der 1.7.1992. Wurden diese Termine versäumt, war die GmbH damit kraft Gesetzes aufgelöst, die Gesellschafter konnten aber die Fortsetzung der Gesellschaft beschließen. Produktionsgenossenschaften des Handwerks (PGH) konnten bis 31.12.1992 in GmbHs umgewandelt werden (DDR-VO v. 8.3.1990), dagegen war die Einbringung von PGH-Anteilen in eine GmbH als Sacheinlage wegen deren Unübertragbarkeit nicht möglich; auch kann die GmbH Verluste der PGH steuerlich nicht geltend machen (BFH, GmbHR 1995, 396).

## II. Verheiratete Gesellschafter

Verheiratete mit der Staatsbürgerschaft der ehemaligen DDR haben bis zum 2.10.1990 im Güterstand der Vermögensgemeinschaft nach den Vorschriften des Familiengesetzbuchs der DDR gelebt; jetzt leben sie im Güterstand der Zugewinngemeinschaft nach dem BGB. Bis zum 2.10.1992 konnte jedoch gegenüber dem Kreisgericht die Erklärung abgegeben werden, dass der alte Güterstand fortgesetzt werden soll. Ist dies geschehen, so kann der Betreffende einen GmbH-Anteil nur dann allein übernehmen bzw. erwerben, wenn der Geschäftsanteil der Berufsausübung dient und deshalb dem Ehegatten allein gehören soll. Dem muss der andere Ehegatte zustimmen. Wer keine Erklärung gegenüber dem Kreisgericht abgegeben hat, braucht keine Besonderheiten zu beachten.

# Anhang

## Muster und Formulare

### Übersicht

Seite

# 1. UG (Einpersonengesellschaft), Gründung mit Musterprotokoll

*(Amtliches Muster, von dem nicht abgewichen werden darf, widrigenfalls eine „normale" Gründung vorliegt)*

**Gründung einer Einpersonengesellschaft**

UVZ-Nr. 777/2022

Heute, den elften November zweitausendzweiundzwanzig erschien vor mir, Dr. Mandy Hasenfuß, Notarin mit dem Amtssitz in Moritzburg: Frau Magdalena Tausendschön, wohnhaft in 01099 Dresden, Alaunstraße 288, geboren am 1.1.1972, ledig, ausgewiesen durch ihren Personalausweis

Auf Ersuchen der Erschienenen beurkunde ich ihre vor mir abgegebenen Erklärungen, wie folgt:

1. Die Erschienene errichtet hiermit nach § 2 Abs. 1a GmbHG eine Gesellschaft mit beschränkter Haftung unter der Firma „Friseurgeschäft Tausendschön UG (haftungsbeschränkt)" mit dem Sitz in Dresden.
2. Gegenstand des Unternehmens ist der Betrieb eines Friseursalons. Die Gesellschaft darf alle Geschäfte tätigen, die den Gegenstand des Unternehmens fördern.
3. Das Stammkapital der Gesellschaft beträgt 1.000 € – i. W. eintausend Euro –. Die Einlage ist in Geld zu erbringen, und zwar sofort in voller Höhe.
4. Zum Geschäftsführer der Gesellschaft wird Frau Magdalena Tausendschön, geboren am 1.1.1972, wohnhaft in 01099 Dresden, Alaunstraße 288, bestellt. Die Geschäftsführerin ist von den Beschränkungen des § 181 des Bürgerlichen Gesetzbuchs befreit.
5. Die Gesellschaft trägt die mit der Gründung verbundenen Kosten bis zu einem Gesamtbetrag von 300 €, höchstens jedoch bis zum Betrag ihres Stammkapitals. Darüber hinausgehende Kosten trägt der Gesellschafter.
6. Von dieser Urkunde erhält eine Ausfertigung der Gesellschafter, beglaubigte Ablichtungen die Gesellschaft und das Registergericht (in elektronischer Form) sowie eine einfache Abschrift das Finanzamt – Körperschaftsteuerstelle –.
7. Die Erschienene wurde von der Notarin insbesondere auf Folgendes hingewiesen:
   a) dass die Gesellschaft mit beschränkter Haftung als solche erst mit ihrer Eintragung im Handelsregister entsteht,

b) sie persönlich haftet, wenn sie vor Eintragung der GmbH im Handelsregister für die Gesellschaft handelt,
c) sie persönlich für den Differenzbetrag haftet, um den das Vermögen der GmbH am Tag ihrer Eintragung niedriger ist als das Stammkapital,
d) auf den Schreiben der Gesellschaft Angaben über ihren Sitz, ihre Eintragung im Handelsregister und ihre Geschäftsführung zu machen sind,
e) die Ausübung des Gewerbes der Gesellschaft handwerksrechtlich zulassungspflichtig sein kann.

Vorgelesen von der Notarin, von der Erschienenen genehmigt und eigenhändig unterschrieben

Magdalena Tausendschön
Hasenfuß, Notarin

## 2. Kurzer Gesellschaftsvertrag einer Einpersonen-GmbH mit Bestellung des alleinigen Gesellschafters zum Geschäftsführer

**Errichtung einer Gesellschaft mit beschränkter Haftung**

Heute, den elften November
zweitausendzweiundzwanzig

11. November 2022

kam zu mir,

Dr. Oskar Katzenschwanz,

Notar in Hausen, in die Amtsräume in Hausen, Brunnengasse 1:
Herr Gotthold Ritter, wohnhaft in 99869 Hausen, Bürgermeister-Schnack-Straße 12, geboren am 15.3.1958, im gesetzlichen Güterstand verheiratet.
Herr Ritter ist mir persönlich bekannt.
Auf Ersuchen des Erschienenen beurkunde ich seinen Erklärungen gemäß, wie folgt:

I.

Ich errichte hiermit eine Gesellschaft mit beschränkter Haftung, für die alle in der beigefügten Anlage enthaltenen Bestimmungen gelten sollen. Auf die Anlage wird verwiesen.

II.

Ich wurde darauf hingewiesen, dass. . . *[wie Muster 1 Ziffer 7.]*

III.

Von dieser Urkunde sollen erhalten: die Gesellschaft und ich selbst je eine Ausfertigung und das Registergericht eine elektronisch beglaubigte Abschrift.

*[Abschlussvermerk wie Muster 1.]*

Anlage

## Gesellschaftsvertrag

*§ 1. Firma und Sitz*

Die Firma der Gesellschaft lautet:

Ritter Aquarienbedarf GmbH

Sitz der Gesellschaft ist Hausen.

*§ 2. Gegenstand des Unternehmens*

Gegenstand des Unternehmens ist der Groß- und Einzelhandel mit Kalt- und Warmwasseraquarien, Terrarien, Belüftungsanlagen und überhaupt aller Arten von Aquarien- und Terrarienbedarf.
Die Gesellschaft darf alle Geschäfte tätigen und Maßnahmen ergreifen, die die Gesellschaft zu fördern geeignet sind.

*§ 3. Stammkapital und Geschäftsanteile*

Das Stammkapital der Gesellschaft beträgt: 25.000 €
– fünfundzwanzigtausend Euro –.
Das Stammkapital ist eingeteilt in einen Geschäftsanteil zu 25.000 €, den Herr Gotthold Ritter übernimmt. Es ist sofort zur Hälfte bar einzuzahlen, der Rest nach Aufforderung durch die Geschäftsführung.

*§ 4. Geschäftsführung und Vertretung*

Die Gesellschaft hat einen oder mehrere Geschäftsführer. Jeder Geschäftsführer vertritt die Gesellschaft einzeln. Die Gesellschafterversammlung kann Geschäftsführern gestatten, Rechtsgeschäfte mit sich selbst oder mit sich als Vertreter Dritter vorzunehmen.
Für die Liquidatoren gilt Absatz 1 entsprechend.
Zum ersten Geschäftsführer wird bestellt: Herr Gotthold Ritter, geboren am 15.3.1958, wohnhaft in Hausen. Er ist befugt, Rechtsgeschäfte mit sich selbst oder mit sich als Vertreter Dritter vorzunehmen.

*§ 5. Beginn und Dauer der Gesellschaft, Geschäftsjahr*

Die Gesellschaft beginnt mit der Eintragung im Handelsregister; sie ist auf unbestimmte Zeit eingegangen. Das Geschäftsjahr der Gesellschaft ist das Kalenderjahr.

*§ 6. Befreiung von Wettbewerbsverbot*

Den Gesellschaftern der Gesellschaft ist es ausdrücklich gestattet, im Geschäftszweig der Gesellschaft auch auf eigene Rechnung Geschäfte zu machen und sich an Handelsgesellschaften oder juristischen Personen zu beteiligen, die im Geschäftszweig der Gesellschaft tätig sind, ebenso die Geschäftsführung oder Vertretung solcher Handelsgesellschaften oder juristischen Personen zu übernehmen. Die Gesellschafter dürfen derartige Geschäfte im eigenen Namen oder auch im Namen Dritter unbeschränkt vornehmen.

*§ 7. Gründungskosten*

Die Kosten dieses Vertrags, der Handelsregisteranmeldung und der Eintragung gehen bis zum Höchstbetrag von 2.000 € zulasten der Gesellschaft.

*§ 8. Schlussbestimmungen*

Sollten Bestimmungen dieses Vertrags oder eine künftig in ihn aufgenommene Bestimmung ganz oder teilweise nicht rechtswirksam sein oder ihre Rechtswirksamkeit oder Durchführbarkeit später verlieren, so soll hierdurch die Gültigkeit der übrigen Bestimmungen dieses Vertrags nicht berührt werden.

## 3. Musterprotokoll (Mehrpersonen-Gesellschaft)

*(Von der Verwendung dieses Musters wird dringend abgeraten. Es bietet ab einem Stammkapital von 25.001 € keinerlei Kostenvorteil, ist bezüglich der Gründungskosten steuerlich nachteilig und lässt wesentliche Punkte ungeregelt, wie ein Vergleich mit Muster 4 zeigt.)*

**Gründung einer Mehrpersonen-Gesellschaft**

UVZ-Nr. 778/2022

Heute, den elften November zweitausendzweiundzwanzig erschienen vor mir, Dr. Mandy Hasenfuß, Notarin mit dem Amtssitz in Moritzburg:

1. Herr Hans Apsaan, wohnhaft in 80799 München, Türkenstraße 323, geboren am 29.12.1969, im gesetzlichen Güterstand verheiratet,
2. Herr Dieter Hay, wohnhaft in 08547 Hundsgrün, Hauptstraße 12, geboren am 4.1.1951, ledig,

beide persönlich bekannt.

Auf Ersuchen der Erschienenen beurkunde ich ihre vor mir abgegebenen Erklärungen, wie folgt:

1. Die Erschienenen errichten hiermit nach § 2 Abs. 1a GmbHG eine Gesellschaft mit beschränkter Haftung unter der Firma

   „Malerische Wochenendhäuser Bauträger-GmbH"
   mit dem Sitz in Hausen.
2. Gegenstand des Unternehmens ist der Gegenstand des Unternehmens ist die Errichtung von Wohngebäuden, insbesondere Wochenendhäusern, als Bauträger, die Verwaltung daraus bestehender Feriendörfer und die Vermittlung von Finanzierungen und Umschuldungen. Die Gesellschaft darf alle Geschäfte tätigen, die den Gegenstand des Unternehmens fördern.
3. Das Stammkapital der Gesellschaft beträgt 25.000 €
   – i. W. fünfundzwanzigtausend Euro – und wird wie folgt übernommen:
   Herr Hans Apsaan übernimmt einen Geschäftsanteil mit einem Nennbetrag in Höhe von 24.000 €
   (i. W. vierundzwanzigtausend Euro) (Geschäftsanteil Nr. 1),
   Herr Dieter Hay übernimmt einen Geschäftsanteil mit einem Nennbetrag von 1.000 €
   (i. W. eintausend Euro) (Geschäftsanteil Nr. 2).

Die Einlage ist in Geld zu erbringen, und zwar zu 50 Prozent sofort, im Übrigen, sobald die Gesellschafterversammlung ihre Einforderung beschließt.

4. Zur Geschäftsführerin wird Frau Tranquilla Trampeltreu, geboren am 1.2.1981, wohnhaft in 01744 Dippoldiswalde-Schmiedeberg, Bahnhofstraße 185, bestellt. Die Geschäftsführerin ist von den Beschränkungen des § 181 des Bürgerlichen Gesetzbuchs befreit.
5. Die Gesellschaft trägt die mit der Gründung verbundenen Kosten bis zu einem Gesamtbetrag von 300 €, höchstens jedoch bis zum Betrag ihres Stammkapitals. Darüber hinausgehende Kosten tragen die Gesellschafter im Verhältnis der Nennbeträge ihrer Geschäftsanteile.
6. Von dieser Urkunde erhält eine Ausfertigung jeder Gesellschafter, beglaubigte Ablichtungen die Gesellschaft und das Registergericht (in elektronischer Form) sowie eine einfache Abschrift das Finanzamt – Körperschaftsteuerstelle –.
7. Die Erschienenen wurden von der Notarin insbesondere auf Folgendes hingewiesen:

*[wie Muster 1 Ziffer 7.]*
*[Abschlussvermerk wie Muster 1.]*

## 4. Ausführlicherer Gesellschaftsvertrag einer GmbH mit zwei Gesellschaftern

### Errichtung einer Gesellschaft mit beschränkter Haftung

Heute, den elften November
zweitausendzweiundzwanzig

11. November 2022

kamen zu mir,

Dr. Oskar Katzenschwanz,

Notar in Hausen, in die Amtsräume in Hausen, Brunnengasse 1:

1. Herr Hans Apsaan, wohnhaft in 80799 München, Türkenstraße 323, geboren am 29.12.1969, im gesetzlichen Güterstand verheiratet,
2. Herr Dieter Hay, wohnhaft in 99869 Hausen, Hauptstraße 12, geboren am 4.1.1951, ledig.

Herr Hay ist mir persönlich bekannt; Herr Apsaan wies sich aus durch seinen gültigen Reisepass.

Auf Ersuchen der Erschienenen beurkunde ich ihren Erklärungen gemäß, was folgt:

I.

Wir errichten hiermit eine Gesellschaft mit beschränkter Haftung, für die alle in der beigefügten Anlage enthaltenen Bestimmungen gelten sollen. Auf die Anlage wird verwiesen.

II.

Wir wurden darauf hingewiesen, dass

a) die Gesellschaft mit beschränkter Haftung als solche erst mit ihrer Eintragung im Handelsregister entsteht,
b) die für die Gesellschaft handelnden Personen vor Eintragung in das Handelsregister persönlich und gesamtschuldnerisch haften,
c) wir persönlich und gesamtschuldnerisch für den Differenzbetrag haften, um den das Vermögen der GmbH am Tag ihrer Eintragung niedriger ist als das Stammkapital,
d) für ausstehende Geschäftsanteile eine gesamtschuldnerische Haftung aller Gesellschafter bestehen kann,
e) auf den Schreiben der Gesellschaft Angaben über ihren Sitz, ihre Eintragung in das Handelsregister und ihre Geschäftsführung zu machen sind,
f) für die Tätigkeit der Gesellschaft die Erteilung behördlicher Genehmigungen erforderlich sein kann.

III.

*[wie Muster 2., Ziffer III.]*
*[Abschlussvermerk wie Muster 1.]*

## Gesellschaftsvertrag

*§ 1. Firma und Sitz*

Die Firma der Gesellschaft lautet:

Malerische Wochenendhäuser Bauträger-GmbH

Sitz der Gesellschaft ist Hausen.

*§ 2. Gegenstand des Unternehmens*

Gegenstand des Unternehmens ist die Errichtung von Wohngebäuden, insbesondere Wochenendhäusern, als Bauträger, die Verwaltung daraus bestehender Feriendörfer und die Vermittlung von Finanzierungen und Umschuldungen.
Ferner darf die Gesellschaft andere Unternehmen gleicher oder ähnlicher Art übernehmen, vertreten und sich an solchen Unternehmen beteiligen; sie darf auch Zweigniederlassungen errichten. Die Gesellschaft darf darüber hinaus alle Geschäfte tätigen, die den Gegenstand des Unternehmens fördern.

*§ 3. Stammkapital*

Das Stammkapital der Gesellschaft beträgt 100.000 €
– hunderttausend Euro –.
Von diesem Stammkapital übernehmen:
a) Herr Hans Apsaan einen Geschäftsanteil zu 50.000 €
– fünfzigtausend Euro – (Geschäftsanteil Nr. 1)
b) Herr Dieter Hay, Kaufmann, einen Geschäftsanteil zu 50.000 €
– fünfzigtausend Euro – (Geschäftsanteil Nr. 2).

Auf jeden Geschäftsanteil ist ein Viertel sofort einzuzahlen, der Rest nach Anforderung durch die Geschäftsführung aufgrund eines Beschlusses der Gesellschafterversammlung.
Eine Erhöhung des Stammkapitals bedarf eines einstimmigen Beschlusses aller Gesellschafter.

*§ 4. Verfügung über Geschäftsanteile*

Jede Verfügung über Geschäftsanteile oder Teile von solchen oder deren Verpfändung ist nur mit Zustimmung der Gesellschaft auf Grund eines Beschlusses der Gesellschafterversammlung zulässig.

Die Gesellschafter räumen sich gegenseitig das Vorkaufsrecht im Verhältnis ihrer Geschäftsanteile ein, wenn ein Geschäftsanteil ganz oder teilweise veräußert wird.

*§ 5. Geschäftsführung und Vertretung*

Die Gesellschaft hat einen oder mehrere Geschäftsführer.
Ist nur ein Geschäftsführer bestellt, so vertritt er die Gesellschaft allein. Sind mehrere Geschäftsführer bestellt, so wird die Gesellschaft durch zwei Geschäftsführer oder durch einen Geschäftsführer in Gemeinschaft mit einem Prokuristen vertreten.
Die Gesellschafterversammlung kann einem, mehreren oder allen Geschäftsführern Einzelvertretungsbefugnis und Befreiung von den Beschränkungen des § 181 BGB erteilen.
Für die Liquidatoren gelten die Absätze 1 bis 3 entsprechend.
Die Geschäftsführer sind an die gesetzlichen Vorschriften, die Beschlüsse der Gesellschafterversammlung und deren sonstige Weisungen sowie an die Bestimmungen eines etwaigen Anstellungsvertrags gebunden, all dies aber nur im Innenverhältnis.
Zu ersten Geschäftsführern der Gesellschaft werden bestellt:
Herr Hans Apsaan, geboren am 29.12.1969, wohnhaft in München,
Herr Dieter Hay, geboren am 4.1.1951, wohnhaft in Hausen.
Jeder von ihnen vertritt die Gesellschaft einzeln, auch wenn mehrere Geschäftsführer bestellt sind.
Von den Beschränkungen des § 181 BGB ist keiner von ihnen befreit.
Die Bestellung im Gesellschaftsvertrag bedeutet kein Sonderrecht des Geschäftsführers. Er kann deshalb mit einfacher Mehrheit ohne Änderung des Gesellschaftsvertrags abberufen werden.

*§ 6. Gesellschafterversammlung*

Die Gesellschafterversammlung ist zur Beschlussfassung in den von Gesetz und Gesellschaftsvertrag genannten Fällen zuständig.
Jeder Gesellschafter kann sich in der Gesellschafterversammlung nur von einem anderen Gesellschafter oder von einem Dritten vertreten lassen, der in solchen Fällen zur Berufsverschwiegenheit verpflichtet ist. Die Vollmacht bedarf der Textform.
Nur wer Vertreter sein könnte, darf als Berater eines Gesellschafters an der Gesellschafterversammlung teilnehmen.
Für die Einberufung und Durchführung der Gesellschafterversammlung sowie für die Beschlussfassung und Abstimmung gelten im Übrigen die gesetzlichen Bestimmungen, insbesondere die §§ 46 ff. GmbHG.

Die Beschlussfassung kann auch schriftlich oder mittels Telefon, Telefax oder E-Mail erfolgen, soweit nicht gesetzliche Bestimmungen entgegenstehen. In diesem Fall bedarf es nicht der Abhaltung einer Gesellschafterversammlung, wenn sich sämtliche Gesellschafter in der genannten Form mit dem zu fassenden Beschluss oder mit der genannten Art der Stimmabgabe außerhalb der Gesellschafterversammlung einverstanden erklären.

*§ 7. Beginn und Dauer der Gesellschaft, Geschäftsjahr*

Die Gesellschaft beginnt mit der Eintragung im Handelsregister. Sie ist auf unbestimmte Zeit eingegangen. Das Geschäftsjahr ist das Kalenderjahr.

*§ 8. Rechte und Pflichten der Gesellschafter*

Jeder Gesellschafter kann innerhalb und außerhalb einer Gesellschafterversammlung Auskunft in Angelegenheiten der Gesellschaft verlangen, Bücher und Schriften einsehen und sich Bilanzen anfertigen oder auf eigene Kosten anfertigen lassen. Die Gesellschafter können das Informations- und Kontrollrecht selbst ausüben oder es durch einen zur Berufsverschwiegenheit verpflichteten Sachverständigen ausüben lassen.
Die Gesellschafter unterliegen nach näherer Maßgabe des § 14 einem Wettbewerbsverbot.
Alle Gesellschafter haben in Angelegenheiten der Gesellschaft Stillschweigen zu bewahren.

*§ 9. Jahresabschluss und Gewinnverwendung*

Spätestens drei Monate nach Beendigung des Geschäftsjahrs ist von der Geschäftsführung die Bilanz nebst Gewinn- und Verlustrechnung für das abgelaufene Kalenderjahr aufzustellen. Die Frist verlängert sich auf sechs Monate, soweit dies gesetzlich zulässig ist. Der festgestellte Jahresabschluss ist von allen Geschäftsführern zu unterschreiben.
Für die Buchführung, Bilanzierung und Gliederung der Bilanz und der Gewinn- und Verlustrechnung gelten die einschlägigen handelsrechtlichen Vorschriften (§§ 264 ff. HGB).
Über die Ergebnisverwendung beschließt jeweils die Gesellschafterversammlung.

*§ 10. Einziehung von Geschäftsanteilen*

Mit Zustimmung eines Gesellschafters kann die Gesellschaft jederzeit die ganze oder teilweise Einziehung von Geschäftsanteilen des betreffenden Gesellschafters beschließen.

Die Einziehung von Geschäftsanteilen kann ohne Zustimmung des betroffenen Gesellschafters beschlossen werden, wenn

a) über sein Vermögen das Insolvenzverfahren eröffnet oder die Eröffnung des Insolvenzverfahrens mangels Masse abgelehnt worden ist, oder
b) die Zwangsvollstreckung in seinen Geschäftsanteil betrieben wird oder
c) er seine Pflichten gegenüber der Gesellschaft in grober Weise verletzt, insbesondere wenn ein dem § 140 HGB entsprechender Tatbestand gegeben ist.

Die Eröffnung des Insolvenzverfahrens sowie Zwangsvollstreckungsmaßnahmen in den Geschäftsanteil berechtigen nur dann zur Einziehung, wenn sie nicht innerhalb von zwei Monaten wieder aufgehoben worden sind.
Statt der Einziehung kann die Gesellschafterversammlung beschließen, dass der Anteil von der Gesellschaft – unter Beachtung der §§ 30, 33 GmbHG – erworben oder auf eine oder mehrere von ihr benannte Personen übertragen wird. Im Fall der Zwangsvollstreckung in einen Geschäftsanteil kann die Einziehung auf den Teil eines Geschäftsanteils beschränkt werden, dessen nach § 13 zu berechnender Wert zur Befriedigung des Gläubigers ausreicht.
In den Fällen der Absätze 2 und 4 hat der betreffende Gesellschafter kein Stimmrecht in der Gesellschafterversammlung.

*§ 11. Kündigung der Gesellschaft*

Jeder Gesellschafter kann seine Beteiligung mit einer Frist von einem Jahr auf den Schluss eines Geschäftsjahrs durch eingeschriebenen Brief an die Gesellschaft kündigen.
Der kündigende Gesellschafter ist verpflichtet, seinen Geschäftsanteil – unter Beachtung der §§ 30, 33 GmbHG – auf die Gesellschaft oder einen von ihr benannten Gesellschafter oder auf eine andere Person, Personengesellschaft oder juristische Person zu übertragen. Der Geschäftsanteil kann auch nach Maßgabe des § 10 eingezogen werden.
Ist der Anteil des kündigenden Gesellschafters nicht spätestens mit Ablauf von drei Monaten, nach dem Tag, auf den die Kündigung erfolgt ist, von der Gesellschaft oder von einem Dritten übernommen oder eingezogen, so tritt die Gesellschaft in Liquidation.

*§ 12. Tod eines Gesellschafters*

Beim Tod eines Gesellschafters soll immer nur ein Erbe oder Vermächtnisnehmer Inhaber seiner Geschäftsanteile werden. Dieser Nachfolger ist durch letztwillige Verfügung des berechtigten Gesellschafters zu bestimmen, ersatzweise durch den überlebenden Ehegatten, der sich auch selbst benennen kann. Haben mehrere Erben die Geschäftsanteile erworben, so ist der Anteil auf Verlangen der Gesellschaft an den Nachfolger abzutreten. Verweigert ein Miterbe die Abtretung oder ist eine Bestimmung des Nachfolgers nicht möglich, so kann der Geschäftsanteil nach Maßgabe des § 10 eingezogen werden.

*§ 13. Entgelt bei Ausscheiden*

Im Fall der Einziehung eines Geschäftsanteils (§§ 10, 11 Abs. 2 S. 2, 12 S. 4 des Gesellschaftsvertrags) oder der Übertragung (§ 11 Abs. 2 S. 1 des Gesellschaftsvertrags) ist der Wert des Geschäftsanteils zu vergüten, wie er sich unter Anwendung des bis 2008 von der Finanzverwaltung verwendeten Verfahrens für die Bewertung von Anteilen an nicht börsennotierten Kapitalgesellschaften ergibt (sog. „Stuttgarter Verfahren"). Dasselbe gilt in allen anderen Fällen des Ausscheidens eines Gesellschafters, wenn nichts anderes vereinbart wird.

Stichtag für die Berechnung des Entgelts ist das Ende des vorangegangenen Kalenderjahrs, wenn die Einziehung oder das Ausscheiden in der ersten Hälfte des Geschäftsjahrs erfolgt, dagegen das Ende des laufenden Geschäftsjahrs, wenn die Einziehung oder das Ausscheiden in der zweiten Hälfte des Geschäftsjahrs erfolgt.

Das Entgelt ist in drei gleichen Jahresraten zu zahlen, wobei die erste Rate zwei Monate nach Feststellung des Entgelts zur Zahlung fällig ist. Das restliche Entgelt ist ab diesem Zeitpunkt jährlich mit 2% über dem jeweiligen Basiszinssatz zu verzinsen. Die Zinsen sind jeweils nachträglich zum Ende des Geschäftsjahrs zu berechnen und zahlungsfällig. Die erste Rate muss aber mindestens so hoch sein, dass sie zur Begleichung der infolge des Ausscheidens entstehenden Steuerschuld des Ausscheidenden ausreicht.

Eine frühere Zahlung des Entgelts ist jederzeit möglich, Sicherheitsleistung für das Entgelt kann nicht verlangt werden.

Das einmal festgestellte Entgelt ändert sich durch eine spätere abweichende steuerliche Veranlagung oder steuerliche Betriebsprüfung nicht.

Können sich die Parteien über die Höhe des Entgelts nicht einigen, so wird dieses durch einen von der für die Gesellschaft zuständigen Industrie- und Handelskammer zu benennenden unabhängigen Wirtschaftsprüfer oder Steuerberater, der nach billigem Ermessen zu entscheiden hat, mit bindender Wirkung für die Beteiligten festgestellt. Die Kosten des Wirtschaftsprüfers oder Steuerberaters tragen die Gesellschaft und der ausscheidende Gesellschafter je zur Hälfte.

*§ 14. Wettbewerbsverbot*

Kein Gesellschafter darf ohne Einwilligung der Gesellschaft ein gleiches oder ähnliches Gewerbe betreiben. Er darf nicht Mitglied des Vorstands, Geschäftsführer oder persönlich haftender Gesellschafter einer anderen Handelsgesellschaft sein. Er darf auch nicht unmittelbar, unter eigenem oder fremdem Namen, für eigene oder fremde Rechnung sonst im Handelszweig der Gesellschaft tätig werden oder sich als Mitunternehmer an einem Konkurrenzunternehmen beteiligen.

*§ 15. Gründungskosten*

Die Kosten dieses Vertrags, der Handelsregisteranmeldung und Eintragung gehen bis zum Höchstbetrag von 2.500 € zulasten der Gesellschaft.

*§ 16. Schlussbestimmungen*

Sollten Bestimmungen dieses Vertrags oder eine künftig in ihn aufgenommene Bestimmung ganz oder teilweise nicht rechtswirksam sein oder ihre Rechtswirksamkeit oder Durchführbarkeit später verlieren, so soll hierdurch die Gültigkeit der übrigen Bestimmungen dieses Vertrags nicht berührt werden.
Das Gleiche gilt, soweit sich herausstellen sollte, dass der Vertrag eine Regelungslücke enthält. Anstelle der unwirksamen oder undurchführbaren Bestimmungen oder zur Ausfüllung der Lücke soll eine angemessene Regelung gelten, die, soweit rechtlich möglich, dem am nächsten kommt, was die Gesellschafter gewollt haben würden, sofern sie bei Abschluss dieses Vertrags oder bei späterer Aufnahme einer Bestimmung den Punkt beachtet hätten.

*§ 17. Steuerklausel (zu der Frage, ob diese Klausel sinnvoll ist, vgl. 2. Kap. III., S. 55)*

Es ist unzulässig, Gesellschaftern oder diesen nahe stehenden Dritten entgegen dem Gesellschaftsvertrag Vorteile irgendwelcher Art zuzuwenden. Derartige Zuwendungen sind unwirksam, soweit sie unangemessen sind; über die Frage der Unangemessenheit entscheiden die Finanzbehörden bzw. Finanzgerichte mit der Folge, dass der Begünstigte oder, soweit gegen diesen kein Anspruch gegeben ist, der Gesellschafter, dem der Begünstigte nahesteht, der Gesellschaft zur Rückerstattung bzw. zum Wertersatz verpflichtet ist. Rückzahlungen sind mit jährlich 2% über dem Basiszinssatz zu verzinsen.

# 5. Sachgründung

## Errichtung einer Gesellschaft mit beschränkter Haftung

*[Urkundenmantel entsprechend Muster 1.]*

Anlage

**Gesellschaftsvertrag**

*§§ 1 und 2 [entsprechend Muster 1.]*

*§ 3. Stammkapital und Geschäftsanteile*

Das Stammkapital der Gesellschaft beträgt 25.000 €
– fünfundzwanzigtausend Euro –.
Das Stammkapital ist eingeteilt in einen Geschäftsanteil zu 25.000 €, die Herr Theo Brumm übernimmt.
Der Geschäftsanteil wird dadurch erbracht, dass Herr Theo Brumm hiermit die ihm gehörenden beiden Kraftfahrzeuge, nämlich den Lastkraftwagen Marke MAN mit Ladegerät Typ . . ., Fahrgestellnummer. . ., Fahrzeugbriefnummer. . ., polizeiliches Kennzeichen. . und den Lastwagenanhänger Marke Kögel, Typ . . ., Fahrgestellnummer. ., Fahrzeugbriefnummer. . . an die GmbH übereignet. Die Sachen gehen im vorhandenen Zustand auf die Gesellschaft über; für eine bestimmte Güte und Beschaffenheit wird keine Gewähr geleistet, die Haftung für Fehler oder Mängel, soweit gesetzlich zulässig, ausgeschlossen.
Diese Sacheinlagen werden mit einem Annahmewert von 40.000 € in Ansatz gebracht. Der Betrag, um den der Annahmewert den Betrag des übernommenen Geschäftsanteils übersteigt, wird der Gesellschaft von dem Gesellschafter Theo Brumm als Darlehen gewährt, das mit einem von der Gesellschafterversammlung festzulegenden Zinssatz zu verzinsen ist.

*§§ 4 ff. [entsprechend Muster 2]*

# 6. Kapitalerhöhung und Satzungsänderung mit Übernahmeerklärung

**Änderung eines Gesellschaftsvertrags**

Heute, den elften November
zweitausendzweiundzwanzig

11. November 2022

kam zu mir,

Dr. Oskar Katzenschwanz,

Notar in Hausen, in die Amtsräume in Hausen, Brunnengasse 1:
Herr Hans Fischer, wohnhaft in 99869 Hausen, Dresdner Straße 1, geboren am 25.9.1954, im gesetzlichen Güterstand verheiratet, mir persönlich bekannt.
Auf Ersuchen des Erschienenen beurkunde ich seine vor mir abgegebenen Erklärungen, wie folgt:

I.

Im Handelsregister des Amtsgerichts Jena ist unter HR B 22 die Firma

„Fischer Fleischtechnik GmbH"
mit dem Sitz in Hausen

eingetragen. Das Stammkapital der Gesellschaft beträgt 25.000 €.
Das Stammkapital ist eingeteilt in einen Geschäftsanteil zu 25.000 €, den Herr Hans Fischer übernommen hat. Das Stammkapital ist zur Hälfte einbezahlt.

II.

Der Erschienene tritt nunmehr zu einer Gesellschafterversammlung der Firma „Fischer Fleischtechnik GmbH" mit dem Sitz in Hausen zusammen, verzichtet auf die Einhaltung aller Form- und Fristvorschriften und beschließt einstimmig und mit allen Stimmen:

1. Das Stammkapital der Gesellschaft wird von 25.000 € um 50.000 € auf 75.000 € erhöht. Das erhöhte Stammkapital ist eingeteilt in zwei Geschäftsanteile zu 15.000 € und 35.000 €, die der Erschienene und sein Sohn Marcus Fischer übernehmen wollen.
   § 3 des Gesellschaftsvertrags erhält folgende Fassung:
   „Das Stammkapital der Gesellschaft beträgt 75.000 €
   – fünfundsiebzigtausend Euro –.

Bei der Gründung der Gesellschaft hat übernommen:
Herr Hans Fischer einen Geschäftsanteil zu 25.000 €.
Bei der Erhöhung des Stammkapitals von 25.000 € auf 75.000 € haben übernommen:
Herr Hans Fischer einen Geschäftsanteil zu 15.000 €,
Herr Marcus Fischer einen Geschäftsanteil zu 35.000 €.
Auf den ursprünglichen Geschäftsanteil ist die Hälfte einbezahlt.
Auf die neuen Geschäftsanteile ist ein Viertel sofort einzuzahlen, der Rest nach Anforderung durch die Geschäftsführung."

2. Der Gegenstand des Unternehmens wird auf die Entwicklung, Herstellung und Wartung von und den Handel mit Maschinen und Einrichtungen aller Art zur Verarbeitung von Süß- und Salzwasserfischen erweitert.
§ 2 Abs. 1 des Gesellschaftsvertrags erhält folgende Fassung:
„Gegenstand des Unternehmens ist die Entwicklung, Herstellung und Wartung von und der Handel mit Maschinen und Einrichtungen aller Art zur Verarbeitung von Kalb-, Rind- und Schweinefleisch sowie von Süß- und Salzwasserfischen."
3. Die Firma der Gesellschaft lautet künftig:
„Fischer Fleisch- und Fischtechnik GmbH".
§ 1 Abs. 1 des Gesellschaftsvertrags wird in Anpassung an den erweiterten Unternehmensgegenstand entsprechend geändert.
4. Zur Übernahme des neuen Geschäftsanteils zu 15.000 € wird der Gesellschafter Hans Fischer zugelassen. Zur Übernahme des neuen Geschäftsanteils zu 35.000 € wird zugelassen: Herr Marcus Fischer, geboren am 1.1.1980, Cuxhaven.

III.

Der Beteiligte wurde darauf hingewiesen, dass
1. die Satzungsänderung erst mit ihrer Eintragung in das Handelsregister wirksam wird,
2. die Übernehmer neuer Geschäftsanteile bis zu ihrer Erbringung auch persönlich haften.

IV.

Die Kosten dieser Urkunde, der Handelsregisteranmeldung und der Handelsregistereintragung trägt die Gesellschaft.
Von dieser Urkunde erhalten Ausfertigungen: die Gesellschaft und beide künftigen Gesellschafter. Das Registergericht erhält eine elektronisch beglaubigte Abschrift.

*[Abschlussvermerk wie Muster 1.]*

## Übernahmeerklärungen

zur Urkunde des Notars Dr. Katzenschwanz in Hausen
vom 11. November 2022, UVZ-Nr. 1115/2022

Der Gesellschafter Hans Fischer erklärt: Auf das mit der in der Überschrift genannten Urkunde erhöhte Stammkapital der Firma

„Fischer Fleischtechnik GmbH"
mit dem Sitz in Hausen

übernehme ich einen Geschäftsanteil zu 15.000 €, auf den ich ein Viertel sofort in bar einzahle, den Rest nach Aufforderung durch die Geschäftsführung.
Herr Marcus Fischer erklärt: Auf das mit der in der Überschrift genannten Urkunde erhöhte Stammkapital der Firma

„Fischer Fleischtechnik GmbH"
mit dem Sitz in Hausen

übernehme ich einen Geschäftsanteil zu 35.000 €, auf den ich ein Viertel sofort in bar einzahle, den Rest nach Aufforderung durch die Geschäftsführung.

Hausen, den 11. November 2022

gez. Hans Fischer
gez. Marcus Fischer

*[Notarielle Beglaubigung]*

# 7. Abtretung eines Geschäftsanteils

**Geschäftsanteilsabtretung**

Heute, den elften November
zweitausendzweiundzwanzig

11. November 2022

kamen zu mir,

Dr. Oskar Katzenschwanz,

Notar in Hausen, in die Amtsräume in Hausen, Brunnengasse 1:

1. Herr Gotthold Ritter, wohnhaft in 99869 Hausen, Bürgermeister-Schnack-Straße 12, geboren am 15.3.1968, im gesetzlichen Güterstand verheiratet,
2. Herr Hans Glück, Maurermeister in 99869 Hausen, Brunnengasse 10 a, geboren am 1.1.1959, nicht verheiratet,
3. Herr Felix Schmitt, Geschäftsführer in 91719 Neustadt am Hahnenkamm, Industriestraße 5, hier handelnd für die Firma „Ritter & Partner GmbH" mit dem Sitz in Neustadt am Hahnenkamm als deren Geschäftsführer; hierzu bescheinige ich auf Grund Einsicht in das Handelsregister bei dem Amtsgericht München vom 10. November 2022, dass dort unter HR B 7777 die vorgenannte Firma eingetragen und Herr Felix Schmitt als Geschäftsführer allein zur Vertretung der vorgenannten Firma berechtigt ist.

Die Erschienenen sind mir persönlich bekannt.

Auf Ersuchen der Erschienenen beurkunde ich ihre bei gleichzeitiger Anwesenheit vor mir abgegebenen Erklärungen, wie folgt:

I.

Im Handelsregister des Amtsgerichts München ist unter HR B 7777 die seit 1994 bestehende Firma „Ritter & Partner GmbH" mit dem Sitz in Neustadt am Hahnenkamm eingetragen. Das Stammkapital der Gesellschaft beträgt 100.000 €. Herr Gotthold Ritter ist nach seinen Angaben Inhaber eines Geschäftsanteils zu 12.500 € an vorbezeichneter GmbH. Der Geschäftsanteil ist nach seinen Angaben zur Hälfte einbezahlt.

II.

Herr Gotthold Ritter
– im Folgenden auch „Veräußerer" genannt –

verkauft hiermit seinen Geschäftsanteil zu 12.500 € mit allen Rechten und Pflichten, einschließlich etwaiger Guthaben aus bisher nicht ausgeschütteten Gewinnen an Herrn Hans Glück
– im Folgenden „Erwerber" genannt –
und tritt ihn mit sofortiger Wirkung an diesen ab.
Der Erwerber nimmt die Abtretung an.
Der Kaufpreis beträgt 3.000 €
– dreitausend Euro –.
Der Kaufpreis ist sofort zur Zahlung fällig.
Wegen der eingegangenen Zahlungsverpflichtung unterwirft sich der Erwerber der sofortigen Zwangsvollstreckung aus dieser Urkunde in sein gesamtes Vermögen. Vollstreckbare Ausfertigung ist ohne weitere Nachweise zu erteilen.
Das Gewinnbezugsrecht sowie alle weiteren Rechte aus dem Geschäftsanteil gehen mit Wirkung vom 1.1.2023 auf den Erwerber über.
Der Veräußerer haftet dem Erwerber lediglich für den Bestand des übertragenen Geschäftsanteils sowie dafür, dass der Geschäftsanteil zur Hälfte einbezahlt ist und nicht mit Rechten Dritter belastet ist, sonst für nichts.
Die restliche Einzahlung des Geschäftsanteils nach Anforderung durch die Gesellschaft ist Sache des Erwerbers.
Die Gesellschaft hat keinen Grundbesitz.

III.

Herr Felix Schmitt stimmt für die von ihm vertretene Gesellschaft der vorstehenden Geschäftsanteilsabtretung zu. Sollten für deren Wirksamkeit noch weitere Zustimmungserklärungen erforderlich sein, so werden die Beteiligten sie selbst erholen.
Die Gesellschaft nimmt von der Abtretung Kenntnis.

IV.

Die Beteiligten wurden auf die Haftungsbestimmungen des GmbH-Gesetzes hingewiesen, insbesondere auf die Vorschriften zur Sicherstellung der Aufbringung des Stammkapitals und die gesamtschuldnerische Haftung jedes einzelnen Gesellschafters und seiner Rechtsvorgänger hierfür, ferner darauf, dass sich die rechtlichen Verhältnisse von Geschäftsanteilen nicht aus einem öffentlichen Register ergeben; der Erwerber wird nur in den engen Grenzen des § 16 GmbHG in seinem Vertrauen auf die Angaben des Veräußerers geschützt.

V.

Die Gesellschaft, der Veräußerer und der Erwerber erhalten je eine Ausfertigung dieser Urkunde. Die durch diese Urkunde veranlassten Kosten trägt der Erwerber.

*[Abschlussvermerk wie Muster 1.]*

## 8. Anpassung an den Euro

**Änderung eines Gesellschaftsvertrags**

Heute, den elften November
zweitausendzweiundzwanzig

11. November 2022

kamen zu mir,

Dr. Oskar Katzenschwanz,

Notar in Hausen, in die Amtsräume in Hausen, Brunnengasse 1:

1. Herr Anton Alt, wohnhaft in 99869 Hausen, Glasscherbenstraße 17, geboren am 24.6.1953, ledig,
2. Frau Berta Bäcker, geb. Alt, wohnhaft in 99869 Hausen, Maxplatz 18, geboren am 27.7.1956, im gesetzlichen Güterstand verheiratet,
3. Frau Paula Punzel, geb. Alt, wohnhaft in 90491 Nürnberg-Erlenstegen, Novalisstraße 96, geboren am 25.9.1957, in Gütertrennung verheiratet.

Die Erschienenen sind mir persönlich bekannt.

Auf Ersuchen der Erschienenen beurkunde ich ihre bei gleichzeitiger Anwesenheit vor mir abgegebenen Erklärungen, wie folgt:

I.

Im Handelsregister des Amtsgerichts München ist unter HR B 23 die Firma

„Bäckerei Anton Alt GmbH"
mit dem Sitz in Hausen

eingetragen. Das Stammkapital der Gesellschaft beträgt 50.000 DM. Das Stammkapital ist eingeteilt in einen Geschäftsanteil zu 25.000 DM des Herrn Anton Alt, einen Geschäftsanteil zu 10.000 DM der Frau Berta Bäcker und einen Geschäftsanteil zu 15.000 DM der Frau Paula Punzel. Das Stammkapital ist voll einbezahlt.

II.

Die Erschienenen treten zu einer Gesellschafterversammlung der Firma „Bäckerei Anton Alt GmbH" mit dem Sitz in Hausen zusammen, verzichten auf die Einhaltung aller Form- und Fristvorschriften und beschließen einstimmig und mit allen Stimmen:

1. Die vorhandenen Geschäftsanteile werden auf Euro umgestellt und betragen somit zunächst 12.782,29 €, 7.669,37 € und 5.112,92 €; ebenso wird das sich daraus ergebende Stammkapital der Gesellschaft auf Euro umgestellt und beträgt somit zunächst 25.564,58 €. Das Stammkapital

wird nunmehr durch Erhöhung der Nennbeträge der vorhandenen Geschäftsanteile auf 25.570 € erhöht. Die Kapitalerhöhung erfolgt in der Weise, dass der Geschäftsanteil des Gesellschafters Anton Alt um 2,71 € auf 12.785 €, der Geschäftsanteil der Gesellschafterin Berta Bäcker um 1,08 € auf 5.114 € und der Geschäftsanteil der Gesellschafterin Paula Punzel um 1,63 € auf 7.671 € erhöht wird. Zur Übernahme der Erhöhungsbeträge werden die Inhaber der aufzustockenden Geschäftsanteile zugelassen. Die Erhöhungsbeträge sind sofort in voller Höhe bar zu erbringen.

2. § 3 des Gesellschaftsvertrags (Stammkapital) erhält folgende Fassung:
   „Das Stammkapital der Gesellschaft beträgt 25.570 €.
   Auf das Stammkapital haben übernommen:
   der Gesellschafter Anton Alt einen Geschäftsanteil zu 12.785 €,
   die Gesellschafterin Berta Bäcker einen Geschäftsanteil zu 5.114 €,
   die Gesellschafterin Paula Punzel einen Geschäftsanteil zu 7.671 €."

III.

Herr Anton Alt erklärt: Auf das erhöhte Stammkapital übernehme ich zur Aufstockung meines Geschäftsanteils den Betrag von 2,71 €, den ich sofort in bar einzahle.

Frau Berta Bäcker erklärt: Auf das erhöhte Stammkapital übernehme ich zur Aufstockung meines Geschäftsanteils den Betrag von 1,02 €, den ich sofort in bar einzahle.

Frau Paula Punzel erklärt: Auf das erhöhte Stammkapital übernehme ich zur Aufstockung meines Geschäftsanteils den Betrag von 1,63 €, den ich sofort in bar einzahle.

IV., V.

*(wie Muster 6., Ziff III. und IV.)*

## 9. Ausgliederung eines einzelkaufmännischen Handelsgeschäfts zur Gründung einer GmbH

### Errichtung einer Gesellschaft mit beschränkter Haftung durch Ausgliederung

Heute, den elften November
zweitausendzweiundzwanzig

11. November 2022

kam zu mir,

Dr. Oskar Katzenschwanz,

Notar in Hausen, in die Amtsräume in Hausen, Brunnengasse 1:
Frau Josepha Buddenbrook, Kauffrau in 96260 Kleinziegenbach, Dorfstraße 12, geboren am 12.1.1948, verwitwet, mir persönlich bekannt, auf deren Ersuchen ich beurkunde, was folgt:

I.

Im Handelsregister des Amtsgerichts München ist unter HRA 27 897 das einzelkaufmännische Handelsgeschäft

„Zigarren-Buddenbrook Josepha Buddenbrook"

eingetragen, dessen Inhaberin ich bin.

II.

Das Vermögen dieses einzelkaufmännischen Handelsgeschäfts soll durch Ausgliederung auf eine zu errichtende GmbH übertragen werden. Ich versichere, dass meine Verbindlichkeiten mein Vermögen nicht übersteigen.
Ich erkläre hiermit die Ausgliederung gemäß § 152 des Umwandlungsgesetzes zur Gründung einer Gesellschaft mit beschränkter Haftung unter der Firma

„Zigarren-Buddenbrook Josepha Buddenbrook GmbH".

An der Gesellschaft mit beschränkter Haftung bin ich als einzige Gesellschafterin beteiligt.
Die Ausgliederung erfolgt dadurch, dass ich das Geschäftsvermögen meiner bisherigen Einzelfirma Zigarren-Buddenbrook Josepha Buddenbrook hiermit auf die „Zigarren-Buddenbrook Josepha Buddenbrook GmbH" übertrage. Das Geschäftsvermögen ergibt sich aus der Bilanz zum 30.6.2022, die Bestandteil der Satzung der Gesellschaft ist. Das Handelsgeschäft gilt seit dem 1.7.2022 als für Rechnung der GmbH geführt.

Für die Gesellschaft sollen die Bestimmungen der Satzung gelten, die dieser Urkunde als Anlage beigefügt ist. Auf die Anlage wird verwiesen.

III.

Ich wurde darauf hingewiesen, dass
a) die Gesellschaft mit beschränkter Haftung erst mit der Eintragung der Ausgliederung im Handelsregister entsteht und ich bis dahin persönlich für die Verbindlichkeiten des Handelsgeschäfts hafte,
b) auf den Schreiben der Gesellschaft Angaben über den Sitz der Gesellschaft, ihre Eintragung im Handelsregister und ihre Geschäftsführung zu machen sind.

IV.

*[wie Muster 2, Ziff. III.]*
*[Abschlussvermerk wie Muster 1.]*

Anlage

**Gesellschaftsvertrag**

*§§ 1 und 2*

*[entsprechend Muster 2]*

*§ 3. Stammkapital und Geschäftsanteile*

Das Stammkapital der Gesellschaft beträgt 25.000 €.
– fünfundzwanzigtausend Euro –.
Von dem Stammkapital übernimmt die Gesellschafterin
Josepha Buddenbrook einen Geschäftsanteil von 25.000 €.
Der Geschäftsanteil wird erbracht durch Ausgliederung des unter der Firma „Zigarren-Buddenbrook Josepha Buddenbrook" betriebenen einzelkaufmännischen Handelsgeschäfts gemäß § 152 Umwandlungsgesetz unter Übertragung des dem Betrieb des ausgegliederten Handelsgeschäfts dienenden Geschäftsvermögens auf Grund der Ausgliederungsbilanz zum 30.6.2022. Die Ausgliederungsbilanz ist dieser Satzung als Anlage beigefügt und Bestandteil dieser Satzung. Das Handelsgeschäft gilt seit dem 1.7.2022als für Rechnung der Gesellschaft geführt. Alle in der Zwischenzeit gezogenen Nutzungen sowie Einnahmen und Ausgaben und sonst eingetretene Veränderungen gehen zugunsten und zulasten der Gesellschaft.
Die Gesellschaft hat in alle am 1.7.2022 bestehenden sowie in alle sich im Rahmen der Betriebsführung nach diesem Zeitpunkt ergebenden Verpflichtungen einzutreten.

Der Betrag, um den das Nettovermögen der Gesellschaft in der Eröffnungsbilanz den Betrag des übernommenen Geschäftsanteils übersteigt, wird der Gesellschaft von der Gesellschafterin Josepha Buddenbrook als Darlehen gewährt, das mit einem von der Gesellschafterversammlung festzulegenden Zinssatz zu verzinsen ist.

*§§ 4 ff.*

*[wie Muster 2.]*

## 10. Auflösungsbeschluss

**Beschluss**

Wir, Hans Apsaan und Dieter Hay, sind die alleinigen Gesellschafter der Firma „Malerische Wochenendhäuser Bauträger GmbH" mit dem Sitz in Weißensand. Wir treten hiermit zu einer Gesellschafterversammlung der vorgenannten Firma zusammen, verzichten auf die Einhaltung aller Form- und Fristvorschriften und beschließen einstimmig und mit allen Stimmen: Die Gesellschaft ist aufgelöst. Die bisherigen Geschäftsführer sind als Liquidatoren berufen. Ist nur ein Liquidator bestellt, so vertritt er die Gesellschaft allein. Sind mehrere Liquidatoren bestellt, so vertreten sie die Gesellschaft gemeinsam. Liquidationsgeschäftsjahr ist das Kalenderjahr. Nach Beendigung der Liquidation werden die Bücher und Schriften dem Liquidator Dieter Hay in Verwahrung gegeben.

Weißensand, den 8. August 2022

gez. Apsaan
gez. Hay

*[Beurkundung bzw. Beglaubigung in der Regel nicht erforderlich, s. oben 4. Kap. I. 1., S. 168; Handelsregisteranmeldung hierzu siehe Muster 18.].*

## 11. Neuanmeldung der mit Muster 1 gegründeten UG

An das
Amtsgericht
– Registergericht –
Dresden

Betreff: Neuanmeldung der „Friseurgeschäft Tausendschön UG (haftungsbeschränkt)" mit dem Sitz in Dresden

Ich überreiche anbei: elektronisch beglaubigte Abschrift der Errichtungsurkunde vom 11.11.2022, UVZ-Nr. 777/2022 der Notarin Dr. Hasenfuß.
Ich melde zur Eintragung in das Handelsregister an:

1. die im Betreff bezeichnete GmbH (UG [haftungsbeschränkt]) mit der sich aus der anliegenden Gründungsurkunde ergebenden Satzung,
2. mich selbst als Geschäftsführerin und über die Vertretungsbefugnis Folgendes: Die Gesellschaft hat einen oder mehrere Geschäftsführer. Ist nur ein Geschäftsführer bestellt, so vertritt er die Gesellschaft allein. Mehrere Geschäftsführer vertreten die Gesellschaft gemeinschaftlich. Ich vertrete die Gesellschaft entsprechend der allgemeinen Vertretungsregelung. Ich bin befugt, Rechtsgeschäfte mit mir selbst oder mit mir als Vertreter Dritter vorzunehmen. Ich versichere, dass auf meinen Geschäftsanteil zu 1.000 € der volle Betrag, also 1.000 € einbezahlt ist und der Betrag von 1.000 € endgültig zu meiner freien Verfügung als Geschäftsführer steht, und auch in der Folge nicht an mich zurückgezahlt worden ist und dass das Anfangskapital der Gesellschaft nicht mit Verbindlichkeiten vorbelastet ist mit Ausnahme des in der Gründungsurkunde genannten Gründungsaufwands. Ich versichere ferner, dass
   - ich nicht wegen Unterlassens der Stellung des Antrags auf Eröffnung des Insolvenzverfahrens (Insolvenzverschleppung) oder einer Straftat nach den §§ 283 bis 283d des Strafgesetzbuchs (Insolvenzstraftaten) oder wegen falscher Angaben nach § 82 GmbHG oder § 399 AktG oder wegen unrichtiger Darstellung nach § 400 AktG, § 331 HGB, § 313 UmwG oder § 17 PublG oder nach den §§ 263 bis 264a oder §§ 265b bis 266a des Strafgesetzbuchs (Betrug , Untreue und ähnliche Delikte) oder im Ausland wegen einer mit vorstehenden Straftaten vergleichbaren Tat verurteilt wurde,

- mir nicht durch Urteil oder vollziehbare Entscheidung einer Verwaltungsbehörde die Ausübung eines Berufs, Berufszweigs, Gewerbes oder Gewerbezweiges untersagt wurde,
- ich vom Notar über die unbeschränkte Auskunftspflicht gegenüber dem Registergericht belehrt worden bin.

Die Geschäftsräume befinden sich in 01099 Dresden, Alaunstraße 288; dies ist zugleich die inländische Geschäftsanschrift.

Moritzburg, den 11. November 2022

gez. Magdalena Tausendschön

*UVZ-Nr. 787/2022*

Beglaubigt wird hiermit die Echtheit der vorstehenden, vor mir vollzogenen Unterschrift von Frau Magdalena Tausendschön, geboren am 1.1.1972, wohnhaft in 01099 Dresden, Alaunstraße 288, ausgewiesen durch ihren Personalausweis.

Moritzburg, den 11. November 2022

Mandy Hasenfuß
(Dr. Hasenfuß)
Notarin

## 12. Neuanmeldung der mit Muster 2 gegründeten GmbH

An das
Amtsgericht
– Registergericht –
München

Betreff: Neuanmeldung der „Ritter Aquarienbedarf GmbH" mit dem Sitz in Hausen

Ich überreiche anbei:
a) elektronisch beglaubigte Abschrift der Errichtungsurkunde vom 11.11.2022, UVZ-Nr. 1111/2022 des Notars Dr. Katzenschwanz,
b) von mir unterzeichnete Gesellschafterliste.
Ich melde zur Eintragung in das Handelsregister an:
1. die im Betreff bezeichnete GmbH mit der sich aus der überreichten Urkundenausfertigung ergebenden Satzung,
2. mich selbst als Geschäftsführer und über die Vertretungsbefugnis Folgendes:
   Die Gesellschaft hat einen oder mehrere Geschäftsführer. Jeder Geschäftsführer vertritt die Gesellschaft einzeln.
   Ich bin befugt, Rechtsgeschäfte mit mir selbst oder mit mir als Vertreter Dritter vorzunehmen.
   Ich versichere, dass auf meinen Geschäftsanteil zu 25.000 € die Hälfte, also ein Betrag von 12.500 €, eingezahlt ist und der Betrag von 12.500 € endgültig zu meiner freien Verfügung als Geschäftsführer steht, und auch in der Folge nicht an mich zurückgezahlt worden ist und dass das Stammkapital der Gesellschaft nicht mit Verbindlichkeiten vorbelastet ist mit Ausnahme des im Gesellschaftsvertrag genannten Gründungsaufwands.
   Ich versichere ferner. . . *[wie Muster 11]*

*[Notarielle Beglaubigung erforderlich.]*

Liste des Gesellschafters der Ritter Aquarienbedarf GmbH
mit dem Sitz in Hausen

| lfd. Nr. | Name | Wohnort | Geburtsdatum | Betrag des übernommenen Geschäftsanteils |
|---|---|---|---|---|
| 1 | Ritter, Gotthold | Hausen | 15.3.1958 | 25.000 € |

gez. Ritter

*[Notarielle Beglaubigung nicht erforderlich.]*

## 13. Neuanmeldung der mit Muster 4 gegründeten GmbH

An das
Amtsgericht
– Handelsregister –
München

Betreff: Neuanmeldung der Firma „Malerische Wochenendhäuser Bauträger-GmbH" mit dem Sitz in Hausen

Wir überreichen anbei:
a) elektronisch beglaubigte Abschrift der Errichtungsurkunde vom 11.11. 2022, UVZ-Nr. 1112/2022 des Notars Dr. Katzenschwanz,
b) von uns unterzeichnete Gesellschafterliste.

Wir melden zur Eintragung in das Handelsregister an:
1. die im Betreff bezeichnete GmbH mit der sich aus der überreichten Errichtungsurkunde ergebenden Satzung,
2. uns selbst als Geschäftsführer und über die Vertretungsbefugnis Folgendes:
   Die Gesellschaft hat einen oder mehrere Geschäftsführer. Ist nur ein Geschäftsführer bestellt, so vertritt dieser die Gesellschaft allein. Sind mehrere Geschäftsführer bestellt, so vertreten jeweils zwei Geschäftsführer gemeinsam oder ein Geschäftsführer in Gemeinschaft mit einem Prokuristen die Gesellschaft.
   Die Gesellschaft kann einzelnen oder mehreren oder allen Geschäftsführern Einzelvertretungsbefugnis erteilen.
   Die Geschäftsführer Hans Apsaan und Dieter Hay sind stets einzeln vertretungsberechtigt, auch wenn mehrere Geschäftsführer bestellt sind. Keiner von ihnen ist berechtigt, Rechtsgeschäfte mit sich selbst oder mit sich als Vertreter Dritter vorzunehmen;
3. die Erteilung von Gesamtprokura an Herrn Franz Beifuß, geboren am 10.12.1971, Hausen. Er vertritt die Gesellschaft zusammen mit einem Geschäftsführer oder einem weiteren Prokuristen. Er ist zur Veräußerung und Belastung von Grundbesitz ermächtigt.
   Wir versichern, dass auf den Geschäftsanteil zu 50.000 € des Herrn Hans Apsaan ein Betrag von 12.500 €, nämlich ein Viertel, einbezahlt ist, und dass auf den Geschäftsanteil zu 50.000 € des Herrn Dieter Hay ein Betrag von 12 500 €, nämlich ein Viertel, einbezahlt ist und damit insge-

samt 25.000 € zu unserer freien Verfügung als Geschäftsführer stehen, und auch in der Folge nicht an die Einleger zurückgezahlt worden ist und dass das Stammkapital der Gesellschaft nicht mit Verbindlichkeiten vorbelastet ist mit Ausnahme des im Gesellschaftsvertrag genannten Gründungsaufwands.

Jeder von uns versichert ferner, dass

- er nicht wegen Unterlassens der Stellung des Antrags auf Eröffnung des Insolvenzverfahrens (Insolvenzverschleppung) oder einer Straftat nach den §§ 283 bis 283d des Strafgesetzbuchs (Insolvenzstraftaten) oder wegen falscher Angaben nach § 82 GmbHG oder § 399 AktG oder wegen unrichtiger Darstellung nach § 400 AktG, § 331 HGB, § 313 UmwG oder § 17 PublG oder nach den §§ 263 bis 264a oder §§ 265b bis 266a des Strafgesetzbuchs (Betrug, Untreue und ähnliche Delikte) oder im Ausland wegen einer mit vorstehenden Straftaten vergleichbaren Tat verurteilt wurde,
- ihm nicht durch Urteil oder vollziehbare Entscheidung einer Verwaltungsbehörde die Ausübung eines Berufs, Berufszweigs, Gewerbes oder Gewerbezweiges untersagt wurde,
- er vom Notar über die unbeschränkte Auskunftspflicht gegenüber dem Registergericht belehrt worden ist.

*[Notarielle Beglaubigung erforderlich.]*

Liste der Gesellschafter der
„Malerische Wochenendhäuser Bauträger-GmbH"
mit dem Sitz in Hausen

| lfd. Nr. | Name | Wohnort | Geburts-datum | Betrag des übernommenen Geschäftsanteils |
|---|---|---|---|---|
| 1 | Apsaan, Hans | München | 29.12.1969 | 50.000 € |
| 2 | Hay, Dieter | Hausen | 4.1.1951 | 50.000 € |

gez. Apsaan
gez. Hay

*[Notarielle Beglaubigung nicht erforderlich]*

## 14. Neuanmeldung einer Sachgründung

An das
Amtsgericht
– Registergericht –
München

Betreff: Neuanmeldung der „Sandgrube Brumm GmbH" mit dem Sitz in Weißensand

Ich überreiche anbei:

a) elektronisch beglaubigte Abschrift der Errichtungsurkunde vom heutigen Tage, UVZ-Nr. 1119/2022 des Notars Dr. Katzenschwanz,
b) von mir unterzeichnete Gesellschafterliste,
c) Sachgründungsgericht gemäß § 5 Abs. 4 GmbHG,
d) zwei Schätzgutachten der DAT für die eingebrachten Kraftfahrzeuge. Ich melde zur Eintragung in das Handelsregister an:
. . . *[wie Muster 12.]*

Ich versichere, dass die Sacheinlage an die Gesellschaft übereignet ist und endgültig zu meiner freien Verfügung als Geschäftsführer steht, und dass das Stammkapital der Gesellschaft nicht mit Verbindlichkeiten vorbelastet ist mit Ausnahme des im Gesellschaftsvertrag genannten Gründungsaufwands.
Ich versichere ferner. . . *[wie Muster 12.]*
Die Geschäftsräume befinden sich in Weißensand, An der Sandgrube 12.

Hausen, den 11. November 2022

gez. Theo Brumm

*[Notarielle Beglaubigung erforderlich.]*

## Sachgründungsbericht

Mit Urkunde des Notars Dr. Katzenschwanz in Hausen vom 11. November 2022, UVZ-Nr. 1119, habe ich eine Gesellschaft mit beschränkter Haftung unter der Firma „Sandgrube Brumm GmbH" gegründet und mich zum Geschäftsführer bestellt.
Den Geschäftsanteil von 25.000 € bringe ich dadurch in die Gesellschaft ein, dass ich an sie den Lastkraftwagen Marke MAN mit Ladegerät Typ 15 240 F Diesel, Fahrgestellnummer. . . Fahrzeugbriefnummer. . ., polizeiliches Kennzeichen. . . und den Lastwagenanhänger Marke Kögel, Typ . . ., Fahrgestellnummer. . ., Fahrzeugbriefnummer. . . übereignet habe.
Als Annahmewert sind zusammen 40.000 € in Ansatz gebracht. Dieser Annahmewert wird durch die beiden, diesem Sachgründungsbericht beigefügten Schätzgutachten bestätigt, wonach sich ein Wert von 32.500 € und 9.000 € ergibt, der den Annahmewert und erst recht den zu leistenden Geschäftsanteil bei weitem übersteigt.

Hausen, den 11. November 2022

gez. Theo Brumm

*[Beglaubigung nicht erforderlich]*

Liste des Gesellschafters

*[entsprechend Muster 12.]*

## 15. Handelsregisteranmeldung der in Muster 6 beschlossenen Änderungen

An das
Amtsgericht
– Handelsregister –
München

Betreff: Firma „Fischer Fleischtechnik GmbH" mit dem Sitz in Hausen HRB 22

Zur Eintragung in das Handelsregister melde ich an:
Die Gesellschafterversammlung vom 11.11.2022 hat die Erhöhung des Stammkapitals der Gesellschaft von 25.000 € auf 75.000 € beschlossen. § 3 des Gesellschaftsvertrags (Stammkapital) wurde entsprechend geändert. Sie hat ferner den Gegenstand des Unternehmens auf die Entwicklung, Herstellung, Wartung von und den Handel mit Maschinen und Einrichtungen aller Art zur Verarbeitung von Süß- und Salzwasserfischen erweitert und § 1 Abs. 1 (Firma) und § 2 Abs. 1 (Gegenstand des Unternehmens) des Gesellschaftsvertrags entsprechend geändert. Die Firma der Gesellschaft lautet künftig: „Fischer Fleisch- und Fischtechnik GmbH".
Ich versichere, dass auf den neuen Geschäftsanteil zu 15.000 €, den ich übernommen habe, ein Viertel, also ein Betrag von 3.750 € einbezahlt ist, und dass auf den neuen Geschäftsanteil des Herrn Marcus Fischer zu 35.000 € ebenfalls ein Viertel, also ein Betrag von 8.750 € einbezahlt ist, so dass insgesamt 12.500 € endgültig zu meiner freien Verfügung als Geschäftsführer einbezahlt und auch in der Folge nicht an die Einleger zurückgezahlt worden sind.
Beigefügt sind eine elektronisch beglaubigte Abschrift der Niederschrift über die Gesellschafterversammlung vom 11.11.2022, Urkunde des Notars Dr. Katzenschwanz in Hausen, UVZ-Nr. 1115/2022, die Liste der Übernehmer der neuen Geschäftsanteile, die Liste der Gesellschafter nach Eintragung der Kapitalerhöhung in das Handelsregister und der vollständige Wortlaut des Gesellschaftsvertrags mit der notariellen Bescheinigung nach § 54 GmbHG.

Hausen, den 14. November 2022

gez. Hans Fischer

*[Notarielle Beglaubigung]*

Liste der Gesellschafter, die bei der Kapitalerhöhung der Firma
„Fischer Fleischtechnik GmbH"
mit dem Sitz in Hausen
einen neuen Geschäftsanteil übernommen haben

| Name | Geburtsdatum | Wohnort | Betrag des übernommenen Geschäftsanteils | lfd. Nummer des übernommenen Geschäftsanteils |
|---|---|---|---|---|
| Fischer, Hans | 25.9.1954 | Hausen | 15.000 € | 2 |
| Fischer, Marcus | 1.1.1970 | Cuxhaven | 35.000 € | 3 |

gez. Hans Fischer

*[Notarielle Beglaubigung nicht erforderlich]*

Liste der Gesellschafter der „Fischer Fleisch- und Fischtechnik GmbH"
mit dem Sitz in Hausen
nach Eintragung der am 11.11.2022 beschlossenen Änderung
des Gesellschaftsvertrags in das Handelsregister

| lfd. Nr. des Geschäftsanteils | bisherige lfd. Nr. des Geschäftsanteils | Name, Geburtsdatum | Wohnort | Betrag des Geschäftsanteils |
|---|---|---|---|---|
| 1 | 1 | Fischer, Hans, 25.9.1954 | Hausen | 25.000 € |
| 2 | - | Fischer, Hans, 25.9.1954 | Hausen | 15.000 € |
| 3 | - | Fischer, Marcus, 1.1.1970 | Cuxhaven | 35.000 € |

gez. Dr. Katzenschwanz
(Dr. Katzenschwanz) Notar

UVZ-Nr. 1121/2022

Hiermit bescheinige ich, dass die in vorstehender Liste geänderten Eintragungen mit den Vereinbarungen in meiner Urkunde vom 11.11.2022, UVZ-Nr. 1115/2022, und die übrigen Eintragungen mit der zuletzt im Handelsregister aufgenommenen Gesellschafterliste (eingereicht bei Gründung der Gesellschaft) übereinstimmen.

Hausen, den 14. November 2022

gez. Dr. Katzenschwanz
(Dr. Katzenschwanz) Notar

## 16. Handelsregisteranmeldung der Anpassung an den Euro

An das
Amtsgericht
– Handelsregister –
München

Betreff: Firma „Bäckerei Anton Alt GmbH" mit dem Sitz in Hausen – HRB 23

Zur Eintragung in das Handelsregister melde ich an:
Die Gesellschafterversammlung von heute hat das Stammkapital von 50.000 DM auf 25.564,58 € umgestellt und durch Erhöhung der Nennbeträge der bisherigen Geschäftsanteile um 5,42 € auf 25.570 € erhöht. § 3 des Gesellschaftsvertrags (Stammkapital) wurde entsprechend geändert.
Ich versichere, dass mein eigener Geschäftsanteil zu 12.782,29 € voll einbezahlt war und der Aufstockungsbetrag auf meinen eigenen Geschäftsanteil von 2,71 € voll einbezahlt ist und der Geschäftsanteil der Gesellschafterin Berta Bäcker zu 5.112,92 € voll einbezahlt war und der Aufstockungsbetrag auf ihren Geschäftsanteil voll mit 1,08 € einbezahlt ist und der Geschäftsanteil der Gesellschafterin Paula Punzel zu 7.669,37 € voll einbezahlt war und der Aufstockungsbetrag auf ihren Geschäftsanteil voll mit 1,63 € einbezahlt ist und dass der Erhöhungsbetrag von 5,42 € endgültig zu meiner freien Verfügung als Geschäftsführer einbezahlt und auch in der Folge nicht an die Einleger zurückgezahlt worden ist.
Beigefügt sind eine Niederschrift über die Gesellschafterversammlung von heute, Urkunde des Notars Dr. Katzenschwanz in Hausen, UVZ-Nr. 1120/2022, der auch die Übernahmeerklärungen enthält, der vollständige Wortlaut des Gesellschaftsvertrags mit der notariellen Bescheinigung nach § 54 GmbHG und eine Liste der Gesellschafter, deren Geschäftsanteile aufgestockt wurden.
Die inländische Geschäftsanschrift lautet: 99869 Hausen, Dresdner Straße 97.

Hausen, den 11. November 2022

gez. Anton Alt

*[Notarielle Beglaubigung]*

Liste der Gesellschafter, deren Geschäftsanteile bei der Kapitalerhöhung der Firma „Bäckerei Anton Alt GmbH" in Hausen aufgestockt wurden

| Name | Geburtsdatum | Wohnort | Betrag um den der Geschäftsanteil aufgestockt wurde | lfd. Nummer des aufgestockten Geschäftsanteils |
|---|---|---|---|---|
| Alt, Anton | 24.6.1953 | Hausen | 2,71 € | 1 |
| Bäcker, Berta | 27.7.1956 | Hausen | 1,63 € | 2 |
| Punzel, Paula | 25.9.1957 | Nürnberg-Erlenstegen | 1,06 € | 3 |

*[Notarielle Beglaubigung nicht erforderlich]*

Liste der Gesellschafter der „Bäckerei Anton Alt GmbH" mit dem Sitz in Hausen nach Eintragung der am 11.11.2022 beschlossenen Änderung des Gesellschaftsvertrags in das Handelsregister

| lfd. Nr. des Geschäftsanteils | Name, Geburtsdatum | Wohnort | Betrag des Geschäftsante ls | prozentuale Beteiligung | Veränderungsspalte |
|---|---|---|---|---|---|
| 1 | Alt, Anton, 24.6.1953 | Hausen | 12.785 € | 50% | Umstellung auf Euro |
| 2 | Bäcker, Berta, 27.7.1956 | Hausen | 5.114 € | 20% | Umstellung auf Euro |
| 3 | Punzel, Paula, 25.9.1957 | Nürnberg-Erlenstegen | 7.671 € | 30% | Umstellung auf Euro |

gez. Dr. Katzenschwanz
(Dr. Katzenschwanz) Notar

UVZ-Nr. 1122/2022

Hiermit bescheinige ich, dass die in vorstehender Liste geänderten Eintragungen mit den Vereinbarungen in meiner Urkunde vom 11.11.2022, UVZ-Nr. 1120/2022, und die übrigen Eintragungen mit der zuletzt im Handelsregister aufgenommenen Gesellschafterliste (eingereicht bei Gründung der Gesellschaft) übereinstimmen.

Hausen, den 14. November 2022

gez. Dr. Katzenschwanz
(Dr. Katzenschwanz) Notar

## 17. Handelsregisteranmeldung der in Muster 9 beschlossenen Ausgliederung

An das
Handelsregister
beim Amtsgericht München

Betreff: Ausgliederung der Firma „Zigarren-Buddenbrook Josepha Buddenbrook“ HRA 27897

Ich überreiche anbei:
a) elektronisch beglaubigte Abschrift der Ausgliederungsurkunde vom heutigen Tage, UVZ-Nr. 1122 des Notars Dr. Katzenschwanz, welcher die Ausgliederungsbilanz zum 30.6.2022 als Anlage beigefügt ist,
b) Liste des Gesellschafters,
c) Sachgründungsbericht gemäß § 5 Abs. 4 GmbHG mit Geschäftsverlauf und Lage des Unternehmens.

Ich melde zur Eintragung in das Handelsregister an:
1. Durch Ausgliederungserklärung vom heutigen Tage ist das einzelkaufmännische Handelsgeschäft „Zigarren-Buddenbrook Josepha Buddenbrook“ durch Neugründung einer Gesellschaft mit beschränkter Haftung ausgegliedert und als GmbH errichtet worden. Die Firma des ausgegliederten Unternehmens lautet: „Zigarren-Buddenbrook Josepha Buddenbrook GmbH“.
2. Ich wurde zur Geschäftsführerin bestellt. Für die Vertretungsbefugnis gilt folgendes: Die Gesellschaft hat einen oder mehrere Geschäftsführer. Jeder Geschäftsführer vertritt die Gesellschaft einzeln.
3. Ich bin befugt, Rechtsgeschäfte mit mir selbst oder mit mir als Vertreterin Dritter vorzunehmen. Ich versichere, dass der zu leistende Geschäftsanteil mit der Ausgliederungserklärung bewirkt ist, dass sich alle Vermögensgegenstände des bisherigen einzelkaufmännischen Handelsgeschäfts endgültig zu meiner freien Verfügung als Geschäftsführerin befinden, dass sich seit dem Bilanzstichtag die Vermögensverhältnisse des Unternehmens nicht verschlechtert haben und dass das Stammkapital der Gesellschaft nicht mit Verbindlichkeiten vorbelastet ist mit Ausnahme des im Gesellschaftsvertrag genannten Gründungsaufwands. Ich versichere ferner. . .

   *[entsprechend Muster 11.].*

Die Geschäftsräume befinden sich in 96260 Kleinziegenbach, Dorfstraße 12.

Hausen, den 11. November 2022

gez. Josepha Buddenbrook

*[Notarielle Beglaubigung]*

Liste des Gesellschafters

*[entsprechend Muster 12.]*

**Sachgründungsbericht**

Durch Ausgliederung meines bisher im Handelsregister unter Nummer HR A 27 897 eingetragenen Handelsgeschäfts unter der Firma „Zigarren-Buddenbrook Josepha Buddenbrook" in Kleinziegenbach habe ich, Josepha Buddenbrook, Kauffrau in Kleinziegenbach, unter der Firma

„Zigarren-Buddenbrook Josepha Buddenbrook GmbH"

eine Gesellschaft mit beschränkter Haftung mit dem Sitz in Kleinziegenbach errichtet.
Der Umwandlung habe ich die Bilanz meines Handelsgeschäfts zum 30.6.2022 zugrunde gelegt. In dieser Bilanz ist das gesamte Aktivvermögen nach dem Mindestwertprinzip bewertet. Alle steuerlich zulässigen Abschreibungen wurden vorgenommen. Waren, die vor mehr als 2 Jahren angeschafft worden sind, sind in den Aktiva nur noch mit ca. 300 € enthalten.
Nach der Bilanz meines Unternehmens zum 30.6.2022 betrugen
die Aktiva ca. 277.000 €,
die Passiva ca. 189.000 €,
so dass sich ein Überschuss der Aktiva über die Passiva von ca. 88.000 € ergibt. Dieser Überschuss geht über 25.000 €, d.h. den Betrag, mit dem das umgewandelte Unternehmen auf den Geschäftsanteil in Ansatz gebracht wird, wesentlich hinaus. Seit dem Bilanzstichtag, dem 30.6.2022, waren keine Auffälligkeiten des Geschäftsverlaufs zu beobachten, besondere Umstände, die Sonderabschreibungen erforderlich machen könnten, sind seitdem nicht eingetreten. Verkauf und Einkauf hielten sich seit dem Bilanzstichtag im üblichen Umfang. Die Lage des Unternehmens hat sich danach seit dem Bilanzstichtag nicht verändert, insbesondere ist keine wesentliche Veränderung des Unternehmenswerts seit dem 30.6.2022 eingetreten.

Das von meinem Vater Thomas Buddenbrook übernommene Unternehmen besteht seit etwa 125 Jahren.
Der Bilanzgewinn betrug 2021/2022 17.561,47 €, 2020/2021 30.811,15 € und 2019/2020 73.416,13 €.

Hausen, den 11. November 2022

gez. Josepha Buddenbrook

*[Notarielle Beglaubigung nicht erforderlich]*

# 18. Anmeldung der Auflösung und der Liquidatoren

An das
Amtsgericht
– Handelsregister –
München

Betreff: HR B 22222
Firma „Malerische Wochenendhäuser Bauträger-GmbH" mit dem Sitz in Weißensand

Zur Eintragung in das Handelsregister melden wir an:
Die Gesellschafterversammlung vom 8.8.2022 hat die Auflösung der Gesellschaft beschlossen. Ist nur ein Liquidator bestellt, so vertritt er die Gesellschaft allein. Sind mehrere Liquidatoren bestellt, wird die Gesellschaft durch die Liquidatoren gemeinschaftlich vertreten.
Wir sind gemäß Gesellschafterbeschluss zu Liquidatoren bestellt. Wir vertreten die Gesellschaft gemeinschaftlich. Wir sind nicht mehr Geschäftsführer.
Wir versichern, dass. . . *[entsprechend Muster 13.]*
Beigefügt ist der Gesellschafterbeschluss vom 8.8.2022 *[= Muster 10.]*.

Hausen, den 8. August 2022

gez. Apsaan
gez. Hay

*[Notarielle Beglaubigung]*

## 19. Anmeldung des Erlöschens

An das
Amtsgericht
– Handelsregister –
München

Betreff: HR B 10001
Firma „Rechenfix-Rechenschieber Gustav Müller GmbH" mit dem Sitz in München

Zur Eintragung in das Handelsregister melde ich an: Die Liquidation ist beendet. Die Firma ist erloschen.
Beigefügt ist ein Ausdruck der Bekanntmachung im elektronischen Bundesanzeiger vom 5. August 2015, in der die Gläubiger der Gesellschaft aufgefordert wurden, sich zu melden.
Die Bücher und Schriften der Gesellschaft habe ich in Verwahrung.

Hausen, den 8. August 2016

gez. Müller

*[Notarielle Beglaubigung]*

## 20. Handelsregisterblatt (chronologischer Ausdruck)

Nachstehendes Handelsregisterblatt gibt den möglichen Eintragungsbestand für die GmbH an, deren Erlöschen mit Nr. 19 angemeldet wurde (vor Eintragung dieser Löschung).
Kursivdruck bezeichnet später wieder gelöschte („gerötete", vgl. 2. Kap. VI. 4., S. 78) Eintragungen.

**Handelsregister des Amtsgerichts München Abteilung B** **HR B 10001**

| Nummer der Eintragung | a) Firma<br>b) Sitz, Niederlassung, inländische Geschäftsanschrift, empfangsberechtigte Person Zweigniederlassungen<br>c) Gegenstand des Unternehmens | Grund- oder Stammkapital | a) Allgemeine Vertretungsregelung<br>b) Vorstand, Leitungsorgan, geschäftsführende Direktoren, persönlich haftende Gesellschafter, Geschäftsführer, Vertretungsberechtigte und besondere Vertretungsberechtigte | Prokura | a) Rechtsform, Beginn, Satzung oder Gesellschaftsvertrag<br>b) Sonstige Rechtsverhältnisse | a) Tag der Eintragung<br>b) Bemerkungen |
|---|---|---|---|---|---|---|
| 1 | 2 | 3 | 4 | 5 | 6 | 7 |
| 1 | *a) Gustav Müller & Co. GmbH*<br>b) München<br>c) Die Entwicklung, die Herstellung und der Vertrieb von Rechenschiebern | *50.000 DM* | a) Ist nur ein Geschäftsführer bestellt, so vertritt er die Gesellschaft allein. Sind mehrere Geschäftsführer bestellt, so wird die Gesellschaft durch zwei Geschäftsführer oder durch einen Geschäftsführer in Gemeinschaft mit einem Prokuristen vertreten.<br>*b) Geschäftsführer: Gustav Müller, Ingenieur in Gauting, alleinvertretungsberechtigt; Hans Müller, Dipl.-Mathematiker in München-Trudering* | | a) Gesellschaft mit beschränkter Haftung. Der Gesellschaftsvertrag ist am 1.9.1971 abgeschlossen. | a) 12.1.1972 Panter<br>b) Gesellschaftsvertrag Bl. 4 ff. SoB. |
| 2 | | | | *Gesamtprokura gemeinsam mit einem Geschäftsführer oder einem anderen Prokuristen: Adolf Schneider, München* | | a) 1.9.1973 Panter |

| Nummer der Eintragung | a) Firma<br>b) Sitz, Niederlassung, inländische Geschäftsanschrift, empfangsberechtigte Person Zweigniederlassungen<br>c) Gegenstand des Unternehmens | Grund- oder Stammkapital | a) Allgemeine Vertretungsregelung<br>b) Vorstand, Leitungsorgan, geschäftsführende Direktoren, persönlich haftende Gesellschafter, Geschäftsführer, Vertretungsberechtigte und besondere Vertretungsberechtigte | Prokura | a) Rechtsform, Beginn, Satzung oder Gesellschaftsvertrag<br>b) Sonstige Rechtsverhältnisse | a) Tag der Eintragung<br>b) Bemerkungen |
|---|---|---|---|---|---|---|
| 1 | 2 | 3 | 4 | 5 | 6 | 7 |
| 3 | a) Rechenfix-Rechenschieber Gustav Müller GmbH | 30.000 € | | | a) Durch Beschluß der Gesellschafterversammlung vom 20.3.1999 ist der Gesellschaftsvertrag in den §§ 1 (Firma) und 3 (Stammkapital) geändert. Das Stammkapital ist nach Umstellung auf 25.564,59 € um 4435,42 € auf 30.000 € erhöht. | a) 20.4.1999 Panter<br>b) Beschl. Bl. 20 SoB. |

| Nummer der Eintragung | a) Firma<br>b) Sitz, Niederlassung, inländische Geschäftsanschrift, empfangsberechtigte Person Zweigniederlassungen<br>c) Gegenstand des Unternehmens | Grund- oder Stammkapital | a) Allgemeine Vertretungsregelung<br>b) Vorstand, Leitungsorgan, geschäftsführende Direktoren, persönlich haftende Gesellschafter, Geschäftsführer, Vertretungsberechtigte und besondere Vertretungsberechtigte | Prokura | a) Rechtsform, Beginn, Satzung oder Gesellschaftsvertrag<br>b) Sonstige Rechtsverhältnisse | a) Tag der Eintragung<br>b) Bemerkungen |
|---|---|---|---|---|---|---|
| 1 | 2 | 3 | 4 | 5 | 6 | 7 |
| 4 | | | b) *Gustav Müller ist nicht mehr Geschäftsführer. Geändert: Geschäftsführer: Hans Müller; mit der Befugnis, Rechtsgeschäfte der Gesellschaft mit sich selbst oder mit sich als Vertreter Dritter vorzunehmen.* | *Prokura erloschen: Adolf Schneider, München.* | | a) 3.8.2000 Panter<br>b) Beschl. Bl. 41 SoB. |

| Nummer der Eintragung | a) Firma<br>b) Sitz, Niederlassung, inländische Geschäftsanschrift, empfangsberechtigte Person Zweigniederlassungen<br>c) Gegenstand des Unternehmens | Grund- oder Stammkapital | a) Allgemeine Vertretungsregelung<br>b) Vorstand, Leitungsorgan, geschäftsführende Direktoren, persönlich haftende Gesellschafter, Geschäftsführer, Vertretungsberechtigte und besondere Vertretungsberechtigte | Prokura | a) Rechtsform, Beginn, Satzung oder Gesellschaftsvertrag<br>b) Sonstige Rechtsverhältnisse | a) Tag der Eintragung<br>b) Bemerkungen |
|---|---|---|---|---|---|---|
| 1 | 2 | 3 | 4 | 5 | 6 | 7 |
| 5 | b) Geschäftsanschrift: 80799 München, Türkenstraße 323 | | Ist nur ein Liquidator bestellt, so vertritt er die Gesellschaft allein. Mehrere Liquidatoren vertreten die Gesellschaft gemeinschaftlich. Liquidator: Hans Müller, *12.12.1949, München-Trudering | | Die Gesellschafterversammlung vom 5.6.2015 hat die Auflösung der Gesellschaft beschlossen. | a) 7.7.2015 Panter |

## 21. Handelsregisterblatt (aktueller Ausdruck)

*Es handelt sich um das gleiche Handelsregisterblatt wie Muster 20.*

| Handelsregister B des Amtsgerichts München | Abteilung B Wiedergabe des aktuellen Registerinhalts | Nummer der Firma HR B 10001 |
|---|---|---|
| – Ausdruck – | Seite 1 von 1 | |

1. Nummer der Eintragung:

   5

2. a) Firma:

   Rechenfix-Rechenschieber Gustav Müller GmbH

   b) Sitz, Niederlassung, inländische Geschäftsanschrift, empfangsberechtigte Person, Zweigniederlassungen:

   Sitz: München

   Geschäftsanschrift: 80799 München, Türkenstraße 333

   c) Gegenstand des Unternehmens:

   Die Entwicklung, die Herstellung und der Vertrieb von Rechenschiebern

3. Grund- oder Stammkapital:

   30.000 €

4. a) Allgemeine Vertretungsregelung:

   Ist nur ein Liquidator bestellt, so vertritt er die Gesellschaft allein. Mehrere Liquidatoren vertreten die Gesellschaft gemeinschaftlich.

   b) Geschäftsführer, Vertretungsberechtigte und besondere Vertretungsbefugnis:

   Liquidator: Hans Müller, München-Trudering, *12.12.1949

5. Prokura: –

6. a) Gesellschaftsvertrag/Satzung:

   Gesellschaft mit beschränkter Haftung
   Gesellschaftsvertrag vom 1.9.1971
   Zuletzt geändert durch Beschluss vom 20.3.1999

   b) Sonstige Rechtsverhältnisse:

   Die Gesellschafterversammlung vom 5.6.2015 hat die Auflösung der Gesellschaft beschlossen.

7. a) Tag der letzten Eintragung:

   7.7.2015

# Sachverzeichnis

## A

## B



## C



## D



## E

## F



## G

## H



## I

## W



## Z